번역 보편소

Translation universals

존 벤자민스 통번역 총서 07
한 국 통 역 번 역 학 회

John Benjamins Series

07

번역 보편소

Translation universals

Mauranen, Anna and Kujamäki, pekka 지음 | 조재범 옮김

HUINE

발간사

통역학을 포함하는 넓은 의미의 번역학은 1960년대 캣포드(J. C. Catford)와 니다(E. Nida) 이후 현대적인 본격 학문 분야로 부상하기 시작하였다. 캣포드의 '언어학적 접근'과 니다의 성서 번역을 위한 '소통 효과 중심'의 접근에 이어 '문화전환(cultural turn)'과 '맥락전환(contextual turn)'의 패러다임 시프트를 거치면서 번역학은 학제적 성격(interdisciplinarity)을 더욱더 공고히 하게 되었다.

번역학이 대표적인 학제적 학문분야인 것은 연구대상인 문제와 현상의 설명을 위해 가져오는 이론 틀과 연구방법의 다양성 때문이라 할 수 있다. 번역학은 번역과정과 번역 결과물을 모두 연구 대상으로 삼는다. 번역사의 '블랙박스' 안에서 번역 행위를 둘러싸고 연속적으로 이루어지는 무수한 의사결정 과정과 그 과정에 작용하는 다양한 변수들을 설명하는 한편 이들 작용의 가시적 구현체로서의 번역결과물을 모두 다룬다. 이렇다 보니 번역사의 머릿속에서 이루어지는 일들을 들여다보기 위해 사고발화법(TAP), 기능적 자기 공명 영상 기법(fMRI), 통계처리를 포함하는 코퍼스 분석, 담화분석 및 체계기능문법 등 다양한 인접학문분야의 연구성과와 분석도구를 차용하기도 한다. 이런 다양성 덕분에 번역학은 일견 상당한 성과를 이룬 것처럼 보이기도 한다.

그러나 번역학이 언제까지나 학제성에 만족하고 있을 수만은 없다. 번역학의 학제성은 그동안 어쩌면 번역학의 일방적 '짝사랑'이었을 수도 있다는 문제의식이 필요한 시점에 와있다. 프랑스 번역학자 질(D. Gile)의 이야기는 이런 면에서 시사하는 바가 크다.

> [번역학이] 타 학문 분야와 맺은 파트너십은 균형을 이루지 못한 경우가 대부분 이어서, [우월한] 지위, 파워, 재정능력 및 실제 리서치 능력은 일반적으로 파트너 관계에 있는 학문분야에 있다. 뿐만 아니라 학제성이 패러다임의 확산을 도와 결과적으로 독립적인 학문분야로서의 통번역 연구의 지위를 약화시키고 있다.
>
> (질 2004: 29)

질의 이야기는 학제성을 장점으로 부각시켜온 번역학의 입장에서 다시 한 번 곱씹어볼 만하다. 핌(A. Pym) 역시 번역학의 대표적 학술지의 하나인 『타겟(TARGET)』의 역할을 돌아보면서, 번역학이 인접 학문분야의 연구 성과를 도입해오고 있지만, 정작 번역학의 연구 성과가 인접 학문분야로 전파되는 경우는 상대적으로 드물다는 점을 지적하고 있다. 그만큼 쌍방향의 균형 잡힌 호혜적 지적(知的) 파트너십은 이루어지지 못했다는 이야기일 것이다.

이런 시점에서 번역학을 연구하는 우리가 해야 할 일은 번역학 자체의 고유 연구영역을 더욱 분명하게 규정하는 한편, 학문적 엄격성(academic rigor)을 갖춘 연구방법론을 확립하는 일일 것이다. 이런 맥락에서 그동안 전 세계적으로 번역학의 다양한 연구 성과와 새롭게 개척되는 연구방법론을 선도적으로 꾸준히 소개해온 존 벤자민스

(John Benjamins) 출판사의 통번역 총서의 기여를 인정해야 할 것이다. 번역학 연구자라면 누구나 이 총서 가운데 최소한 서너 권 이상은 읽어보았을 정도로 번역학의 학문적 성과를 집대성하여 소개하였기 때문이다. 『존 벤자민스 통번역 총서』 번역 작업에 누구보다도 바쁘신 교수연구자들이 다수 자원한 것은 바로 이 총서에 대한 지적 향수(知的 鄕愁) 때문은 아닐지.

국내 최초의 전문통번역학 연구단체인 한국통역번역학회(KSCI)가 이번에 『존 벤자민스 통번역 총서』 가운데 대표적인 업적들을 선별하여 번역 출간하게 된 것은 특별히 의미가 크다. 1998년 학회 창립 이래 국내 최초의 한국연구재단 등재지 『통역과 번역』, 국제전문학술지 『포럼(FORUM)』을 발행해오면서 국내외 통번역학의 발전과 소통에 이바지 해온 본 학회의 통번역총서 번역 발간이 우리말로 쓰인 번역학 자료에 목말라해 온 연구자들에게 도움이 될 수 있기를 희망한다.

경기침체로 출판계 전망이 장밋빛이지만은 않은 상황에서, "뜻있는 기획출판일수록 대학 출판부에서 맡아야 한다."며 선뜻 『존 벤자민스 통번역 총서』 출판 추진에 합의해주신 한국외국어대학교, 특히 가정준 지식출판원장님과 신선호 팀장님께 고개 숙여 감사를 드린다. 학회를 대표하여 출간을 총괄해주신 김대진 서울과학기술대학교 교수님과 실무조정을 도와준 최은아 교수님, 이주연 교수님 등 학회 회원들께도 감사의 마음을 전한다.

2016년 9월

한국외국어대학교 영어통번역학부 교수

존 벤자민스 통번역 총서 기획위원장

정호정

서 문

번역 보편소 모색에 관한 연구 관심은 1990년대 중반 이후, 특히 전자 코퍼스가 번역학 연구 도구로 도입되면서 급증하였다. 이와 관련한 대표적인 논문은 모나 베이커(Mona Baker, 1993)의 연구이다. 베이커는 출발 텍스트(ST: source text)나 번역되지 않은 도착어 텍스트(target language text)와의 대조에 이용되는 대규모 전자 코퍼스가 번역의 언어학적 성격을 규명하는데 이상적인 도구일 수 있다고 제안하였다. 베이커는 과거 여러 연구자들이 소규모로 직접 작성하여 대조 연구에 국한해서 진행했던 번역의 보편성에 관한 제반 가설로부터 전자 코퍼스가 유용한 도구로 활용될 수 있는 가능성을 보았다. 베이커는 외연화 경향(블룸-쿨카(Blum-Kulka), 1986; 투리(Toury), 1991a), 중의성 제거(disambiguation) 및 단순화(블룸-쿨카와 레벤스턴(Blum-Kulka & Levenston), 1983; 판데어아우브라(Vanderauwera), 1985), 문법 규약성(grammatical conventionality)의 강화 및 도착어의 전형적 특징에 대한 과잉대표 경향(투리, 1980; 판데어아우브라, 1985; 슐레징어(Shlesinger), 1991), 그리고 번역에서 중복성을 제거하는 특징(슐레징어, 1991, 투리, 1991b) 등을 보편소 후보 목록으로 제시하였다. 베이커의 논문 발표 이후 언어적 번역 보편소에 관한 견해는 번역학의 주요 논의 대상으로 부상한다.

번역학에서 일반 법칙과 규칙성 모색에 대한 견해는 이전부터 존재하였다. 예컨대 번역의 일반 법칙을 옹호한 대표적 학자는 일반 법칙 모색을 기술론적 번역학(descriptive translation studies: DTS)의 기본 작업으로 제시한 기드온 투리(Gideon Toury, 1980, 1995)이다. 이보다 최근에 앤드류 체스터만(Andrew Chesterman, 1998, 2000)이 엄격한 학문으로서의 번역학을 추구하고자 여타 학문과 같은 일반화를 모색하였다. 여기에 번역된 언어는 일종의 '혼종 언어(hybrid language)' (트로스보리(Trosborg), 1996, 1997; 셰프너와 아다브(Schäffner & Adab), 2001 등 참조), 또는 '제 3의 코드(third code)' (프롤리(Frawley), 1984)라는 주장이 뒤따르면서 번역학에서 일반 법칙을 모색하려는 언어학적 관심이 분명하게 드러난다.

보편소와 관련한 열띤 논쟁은 여전히 진행 중이다. 라비오사-브레이스웨이트(Laviosa-Braithwaite, 1996)를 비롯한 일군의 학자들은 단순화 등 번역 언어에서 나타나는 일반적인 언어 특징 관련 가설을 분명히 지지한다. 반면 다른 학자군(티모츠코(Tymoczko, 1998), 팔로포스키(Paloposki, 2002) 등)은 모든 시기와 모든 언어의 번역을 수집할 수 없으므로 번역 보편소에 관한 주장은 상상할 수도 없다는 견해를 피력한다. 여기에 보편소의 새로운 아류형(subtypes)을 제안하거나(체스터만, 2001), 이미 정립된 개념에 의문을 제기하거나 더욱 발전시키는 주장(투리, 2001; 클라우디(Klaudy), 2001 등), 또는 보편소라는 용어가 매우 적절한지에 대한 의문을 제기하는 견해(베이커, 2001)도 존재한다. 따라서 우리는 현재 진행형인 보편소 논의에 기름을 붓고자 해석이 필요한 실제 자료에서 제반 증거를 신속하게 수집 중이다.

언어학 분야에서 보편소 관련 논의는 상당 기간 진행되었는데, 언어 보편소 연구가 결실을 맺으려면 그린버그 외(Greenberg et al., 1966)의 고전 '언어 보편소에 관한 보고서(Memorandum concerning language universals)'에서 "언어 보편소는 본질적으로 모든 인간 화자가 공유하는 제반 특징 또는 경향에 관한 요약문"으로 소개된 '절대적(absolute)'

보편소 뿐 아니라 많은 언어에서 공유되는 중요한 경향 등 여러 상이한 제반 요소를 고려하여야 한다. 제반 경향을 포함할 정도로 확장된 견해는 번역학에도 적용할 수 있을 것이다. 더욱이 인간의 일반적인 인지 능력으로 거슬러 올라가는 보편소와 여러 언어의 언어 구조 및 기능적 용법에 관한 보편소를 구분한 연구(콤리(Comrie), 2003 참조)는 번역학과 번역 언어의 특징 연구에 생각거리를 제공한다. 어쩌면 우리는 첫째, 인지 번역 과정에서 가장 일반적인 것을 모색하고, 둘째, 번역의 사회적, 역사적 결정 요인을 밝혀내 결과적으로 번역의 전형적인 언어적 특징을 모색하는 단계로의 구분을 바라는 지도 모른다. 그러나 지금까지 진행된 번역 보편소에 대한 경험적 연구는 대부분 언어적 특징에 초점을 둔 반면 이론적 논의는 보편적 경향의 타당성, 종류, 그리고 결정 요인 등에 편중되었다. 이에 여러 이슈를 규명하는 한편 지금껏 제시된 견해를 최대한 수집할 필요가 있다.

분명 번역 보편소 모색은 연구에서 사용되는 데이터와 방법론이 목적에 부합되는 경우에만 의미가 있다. 번역에 대한 우리의 이해를 심화하는 과정에서 보편소의 가치는 인지적, 사회적, 언어적 영역 등 보편소와 유관한 3대 영역 전반에 걸친 이론 개발과 증거 축적에서 비롯된다. 따라서 비록 번역 보편소에 대한 체계적 언어 연구의 동력이 코퍼스 연구에서 비롯되었다 하더라도 방법론적 일원론을 수용할 이유는 없다. 코퍼스 방법론은 대규모로 언어적 특징 비교가 가능하므로 번역학 분야에 중대한 기여를 하리라 충분히 예상할 수 있다. 이는 번역물을 출발 텍스트(병렬 코퍼스)와 비교하는 전통적 접근법은 물론 비교적 최근에 잠재력이 발견된 방법, 즉 번역물을 당초 도착어로 작성된 유사한 텍스트(유관 코퍼스)와 비교하는 방법에 모두 적용된다. 이와 같은 대규모 영역 연구의 주요 방법론적 원칙은 언어 다양성을 염두에 두고, 유형학적으로 유사성이 매우 높은 언어에만 국한하거나 극히 소규모의 언어 범위에 대한 비교를 근거로 너무 성급하게 결론을 도출하지 않아야 한다는 것이다.

본서는 2001년 10월, 핀란드 사본린나(Savonlinna)에서 이 책과 동일한 제목으로 개최되어 번역 보편소 관련 주제를 다룬 국제 학술대회 "번역 보편소는 존재하는가? (Translation Universals - Do They Exist?)?" (역주: 한국어판 제목은 "번역 보편소"로 제시)의 발표 논문을 모은 것이다. 각 논문은 통일된 주제 하에 집필되었으나 본서는 번역 보편소에 관한 이론적 논의에서부터 그간 소개된 주요 가설을 검증하는 경험적 연구까지 다양한 접근법을 다루고 있다. 보편소 연구는 아직 신생 분야이며 1990년대 후반에 들어서야 경험적 연구가 본격화되었다. 수록된 논문 중 여럿은 최근 여러 언어권에서 진행된 연구 결과를 바탕으로 보편소에 관하여 성립된 주요 가설을 논하며, 일부 논문은 지난 2~3년간 수행된 연구 결과에서 파생된 새로운 가설을 검증한다. 이 책의 중심 이슈는 번역 보편소와 관련한 간섭의 역할(role of interference)인데, 간섭의 지위는 다양한 경험적 접근법에 따라 제시되는 경우가 많다. 본서에 수록한 논문은 대부분 현재 많은 언어권에서 진행 중인 대규모 번역 코퍼스에 기반한 연구물이며, 번역사 교육을 다룬 논문도 포함하고 있다. 수록 논문은 다수의 출발어와 도착어를 다루고 있는 바, 영어 편중이 심한 번역학의 현재 상황에 비추어볼 때 고무적이라 하겠다.

본서는 연구의 주요 초점에 따라 4부로 구성된다. 1부 보편소 개념화하기(Conceptualising universals)는 보편소 및 보편성(universality)의 개념과 관련한 이슈를 번역학 연구에 적절한 방향, 또는 번역학 연구에서 결실을 맺을 수 있는 범위에서 다룬다. 먼저 기드온 투리(Gideon Toury)와 앤드류 체스터만(Andrew Chesterman)은 각각 번역에서 보편소를 발견할 가능성, 나아가 타당성을 고려하면서 보편소를 논한다. 두 저자 모두 보편소 모색 과정은 본질적으로 노력을 많이 기울이고 방법론적으로 지난하다는 점을 강조한다. 그럼에도 두 저자는 특히 번역의 '학문'적 특징과 신뢰도라는 관점에서 보편소 모색을 번역학의 중요한 과정으로 본다. 나아가 두 학자 모두 개인적으로는 코퍼스 연구에 관여하지 않았음에도 코퍼스 기반 연구를 번역학 분야의 발전을 이끌어갈 주요 도구로 반긴다. 본서의 첫 번째 논문저자인 기드온 투리는 규칙성 발견 과정에서 나타나는 상이한 추상 층위의 역할을 다루고, 이후 가장 높은 층위의 일반성 지점에서 확률론적 진술을 상정한다. 이어서 확률론적 명제 또는 조건부 규칙성이 기술론적 번역학에서 희망하는 최상의 대상인지, 만일 최상이라면 이러한 보편소가 우리가 모색해온 대상인지에 대하여 의문을 제기한다. 투리는 보편소 개념의 가치는 보편소 법칙 존재의 가능성이 아니라 당분간 설명력의 타당성에 있다고 본다. 투리는 '보편소'보다 '법칙'이라는 용어를 선호하지만 본서에서는 흐름 상 큰 문제 없이 보편소라는 용어를 사용한다.

앤드류 체스터만은 모든 학문의 특징은 일반성을 향한 여정이라는 생각의 끈을 이어간다. 체스터만은 번역학에서 여러 방법으로 모색해온 일반성을 고찰한 후 이를 처방적 견해, 경멸적 견해, 기술적 견해라는 용어로 구분한다. 이어서 각 견해의 기여 및 문제를 소개하고, 현재 주류로 자리잡은 기술론적 번역학을 바탕으로 추가적으로 유용한 구분, 즉 출발 텍스트에서 도착 텍스트로 번역되는 과정과 연관된 보편소(체스터만은 이를 'S-보편소'라 함)와 번역 텍스트를 여타 도착 텍스트와 비교하는 보편소('T-보편소')로 구분한다. 체스터만은 증거의 성격, 경향의 개념, 그리고 매우 높은 층위의 가설 검증에 관한 문제 등 여러 근원적 문제를 제기하면서 현재 사용하는 각각의 개념화와 용어가 지나치게 광범위하고 모호하다고 지적한다. 결론에서 체스터만은 번역학계에서 기술(記述)을 넘어 설명, 그리고 인과관계 문제를 고려하자고 제안한다. 이를 위하여 체스터만은 제반 가설, 개념의 표준화 및 조작화를 검증하고 새로운 가설을 만들자는 제안으로 논문을 마무리한다.

1부의 마지막 편은 코퍼스 기반 보편소 모색 연구의 적절성을 평가한 실비아 베르나르디니(Silvia Bernardini)와 페데리코 자네틴(Federico Zanettin)의 논문이다. 이 논문의 저자들은 용어 관점에서 투리와 같이 '보편소'보다 '법칙'을 선호하는데, 선호하는 이유는 다르다(논문 저자들은 퍼드 언어학 틀에 더 가까움). 저자들은 일반화의 최고 층위에서 번역 가설에 대한 시험대를 제공하는 능력 관점에서 코퍼스 설계 문제를 다룬다. 이들은 양방향 병렬 코퍼스 형태인 영어-이탈리아어 번역 코퍼스 구축이라는 예시 사례로 논의를 이어간다. 논문은 투리의 "번역환경규범(preliminary norms)", 즉 번역용 텍스트 선정 등을 결정하는 번역 정책을 반영한다. 번역물이 존재하는 여러 텍스트를 대상으로 설문 조사를 실시한 결과, 곧바로 장르 비중에 따라 언어 간 편차가 상당한 것으로 나타났다. 전체적인 숫자만 보더라도 제시된 하나의 언어 쌍을 살펴보면 한쪽 방향의 번역이 반대 방향보다 높게 나타났다. 더욱이 한쪽 방향 번역은 명성, 원본 생성 일자, 그리고 기타 사회적 제약 요인 등에 따라 편향성이 달라질 가능성이 높다. 확장 코퍼스는 비교 가능성과 규범 반영이라는 두 기준을 모두 포함하고자 하였으나 앞서 언급한 편향성으로 인하여 텍스트 간 비교 가능성이 주도적인 번역환경규범을 반영한다는 목표와 상충하는 딜레마가 발생한다. 이에 저자들은 번역이 존재하는 사회적 맥락을 충분히 인정하는 번역 코퍼스를 작성하는 경우 광범위한 방법론적 접근법을 해결책으로 제안한다.

2부 번역 언어의 대규모 연구 경향(Large-Scale tendencies in translated language)은 각 논문이 코퍼스 기반 연구를 사용하고 코퍼스 기반 접근법으로 보편소 모색 문제를 해결한다는 측면에서 상당히 통일된 방법론을 사용한다. 더욱이 2부의 논문은 모두 총 1천만 단어로 구성되고, 여러 장르에서 핀란드어로의 번역과 당초 핀란드어로 작성된 유관 텍스트로 구성된 유관 코퍼스인 번역 핀란드어 코퍼스(CTF: Corpus of Translated Finnish)라는 동일한 코퍼스를 사용한다. 사용된 텍스트의 작성 시기는 현대이며, 출발어가 상이한 다양한 번역물을 포함한다. 현존하는 최대 규모의 유관 코퍼스인 CTF는 사본린나 번역대학에서 1995년부터 5년 간 구축되었다. 2부의 첫 논문은 사본린나 프로젝트의 창시자이자 관리자인 안나 마우라넨(Anna Mauranen)의 연구로 CTF의 구조와 기원을 설명한다. 마우라넨은 부주의하게 사용되고 다양하게 해석되는 번역의 간섭 문제에 대한 고찰로 논문을 시작하고, 이후 간섭과 전이의 역할에 대한 증거를 찾는 과정에서 상이한 코퍼스를 비교하는 절차를 설명하고 테스트를 실시한다. 전체를 대상으로 코퍼스 비교를 실시하는 것은 문제의 소지가 있다. 따라서 어휘 및 순위에 근거한 비교를 해결책으로 제시하면서 연구 결과를 지지 또는 기각하려면 다른 유형의 증거가 분명히 필요하다고 제안한다. 그럼에도 마우라넨의 연구 방법은 번역 텍스트가 도착어 원문 텍스트보다 다른 번역 텍스트와 더 유사하지만, 특정 출발어 및 출발 문화의 번역물은 도착어 텍스트로부터의 거리가 서로 다르다는 결론을 도출한다. 이는 간섭이 번역의 근원적 속성이나 번역 특정적인 모든 언어적 특징을 간섭으로 축소할 수는 없음을 의미하므로 번역 텍스트와 비(非)번역 텍스트의 거리, 그리고 번역 텍스트 간 상호 인접성 등 남은 분야를 설명하려면 다른 출처가 필요하다.

다음은 간섭 개념을 중립적이고 비(非)경멸적 용어로 보자는 새로운 해석을 옹호하는 사리 에스콜라(Sari Eskola)가 간섭을 주제로 다룬 논문이다. 에스콜라는 규칙성에 관한 '규범' 및 '보편소'의 개념 규명에 대한 이론에도 관심을 보이며, 관찰된 규칙성에 대한 공통 용어는 투리의 '법칙'이어야 한다고 제안한 후, 법칙을 국소적 법칙과 전체적 법칙을 구분하는데, 여기서 전체적 법칙은 보편소를 의미한다. 에스콜라는 핀란드어로 번역된 텍스트의 통사론을 당초 핀란드어로 작성된 텍스트, 그리고 출발어가 핀란드어와 유형이 매우 다른 두 언어, 즉 러시아어 및 영어 출발어 텍스트와 비교한다. 특히 비전형적 구조에 연구 초점을 맞추는데, 비전형적 구조는 출발어 및 도착어의 통사적 차이를 편리하게 극복하는 방법을 제공한다는 측면에서 표면적으로는 번역의 전형적 특징으로 가정할 수 있다. 연구 결과 원문 TL 텍스트와 비교할 때 번역 텍스트는 TL에 단순 번역 등가가 존재하는 SL의 특징을 과잉대표 하지만, 역으로 TL 특정적 특징은 과소대표 되는 것으로 나타났다. 이러한 결과는 티르코넨-콩디(Tirkkonen-Condit, 2000, 본서)가 제시한 특수소의 상대적 과소대표 가설, 그리고 단어 결합에 관한 마우라넨(2000)의 연구 결과를 지지한다. 마우라넨의 연구는 어휘에 근거하므로 연구를 통사론적으로 확대한 에스콜라의 연구 결과는 중요한 자원이 된다. 출발어가 러시아어인 번역 텍스트와 핀란드어 원문 텍스트 사이의 차이가 출발어가 영어인 번역 텍스트와 핀란드어 원문 텍스트 사이의 차이보다 크다는 결과는 마우라넨의 어휘 관련 연구 결과(본서)와도 맥을 같이 한다.

이어서 야르모 하리 얀투넨(Jarmo Harri Jantunen)은 유관 도착어 코퍼스를 이용하여 보편소 모색에 관한 방법론적 이슈를 다룬다. 얀투넨의 연구 역시 번역 핀란드어 코퍼스(CTF)의 하위 코퍼스에 근거한다. 연구 초점은 어휘 패턴, 더욱 구체적으로는 준(準) 동의어 빈도 강의어인 반면 논문의 주요 목표는 SL이 번역에 미치는 영향을 연구하는 과정에서 정량적인 방법론적 해결책을 제시하는 것이다. CTF의 구축 원칙에 근거하여 3단계 비교 방법론을 제시하는 얀투넨은 자료에서 신뢰도 있는 방법으로 유의미한 규칙성 발견하는데 도움이 될 수 있는 여러 통계 기법의 적합성 모색에 공을 들인다. 연구 결과는 흥미롭게도 복잡한데, 연구 대상으로 선택한 극소수의 준(準) 동의어가 연어 및 유연결 관점 모두에서 상이한 패턴을 보이기 때문이다. 논문의 주요 결론은 반드시 구체적 사례를 대상으로 정교한 연구를 계속 해야만 번역 언어 및 비(非)번역 언어에서 SL의 영향, 그리고 기타 차이점 및 유사성과 관련한 결정요인의 정도를 가늠할 수 있다는 것이다.

3부 기본 원리 검증(Testing the basics)은 번역 언어의 특수성에 대한 일부 기본 가정을 여러 병렬 및 유관 코퍼스로 검증하는 여러 논문으로 구성된다. 3부는 영어-스웨덴어 번역 텍스트에서 코퍼스 위주 방법론을 사용하여 번역 특정적 어휘문법을 열정적으로 연구한 페르-올라 닐손(Per-Ola Nilsson)이 문을 연다. 원문 스웨덴어 텍스트와 번역 스웨덴어 텍스트의 정량적 비교 결과, 문법어 *av*와 *av*를 포함하는 다수의 연어 패턴 및 구조에서 유의한 과잉대표가 목도되었다. 닐손은 영어-스웨덴어 병렬 코퍼스(ESPC)의 픽션 파트를 정렬 하위 코퍼스와 함께 사용함으로써 과잉대표의 원인을 모색할 수 있었다. 분석 결과 빈도가 높은 여러 SL 패턴이 번역 스웨덴어 텍스트와 비(非)번역 스웨덴어 텍스트 간 빈도 차이를 유발하므로 영어 원문과 스웨덴어 번역 텍스트 사이에는 강력한 구조적 대응 관계가 존재하는 것으로 나타났다.

외연화는 번역 보편소 후보이다. 외연화 가설은 번역 텍스트를 출발 텍스트보다 더욱 명확하게 만드는 과정이나 전략, 또는 번역 텍스트가 동일한 TL의 원문, 즉 비(非)번역 텍스트에 비하여 높은 수준의 명시성을 보이는 경향을 가리킬 때 모두 사용된다. 이러한 두 가지 가정을 모두 다루기 위하여 빌마 파포이(Vilma Pápai)는 논문에서 헝가리어-영어 문학 및 비(非)문학 텍스트의 병렬 유관 코퍼스(아라보나(ARRABONA) 코퍼스)의 조합을 분석한다. 먼저 병렬 코퍼스에서 번역사의 전환을 분석한 결과 상이한 언어 층위에서 외연화 전략의 빈도가 연달아 높게 나타났다. 2단계에서는 헝가리어 유관 코퍼스를 통하여 드러난 외연화 전략사례를 더욱 면밀히 분석한다. 연구 결과에서 외연화는 번역 과정의 두드러진 특징이며, 비(非)번역 텍스트보다 번역 텍스트의 명시성이 강하다는 외연화 가설을 지지하는 증거가 제시된다. 그러나 정량적 자료의 경우 파포이의 추가 가설과는 반대로 분석 대상 장르, 즉 문학과 비(非)문학 텍스트 사이에서는 유의한 차이가 나타나지 않았다. 마지막으로 파포이는 번역 텍스트와 비(非)번역 텍스트의 어휘 복잡성(타입/토큰 비율)을 조사한 결과 다양한 외연화 전략(어휘 반복, 접속사 추가, 생략 표현 추가 등)과 또 다른 번역 보편소 후보인 단순화 사이에 연계성이 있음을 제시한다.

외연화를 다룬 두 번째 논문의 저자는 티나 푸르티넨(Tina Puurtinen)이다. 파포이와 달리 푸르티넨은 외연화를 "동일한 유형의 비(非)번역 TL 텍스트와 비교할 때 번역 텍스트에서 잠재적으로 두드러지는 자질"로만 한정한 후 현대 아동 문학을 대상으로 연구를 진행하였다. 절(節) 관계의 명시적 신호는 그 자체가 번역 텍스트에서 비정형 구조(NC: non-finite construction) 등 암묵적이고 복잡하게 구현되는 대상의 대안으로 사용되는데, 이러한 절 관계의 명시적 신호로 외연화의 자질을 표현할 수 있다. 번역 아동 문학에 관한 푸르티넨의 선행 연구는 비정형 구조가 텍스트의 가독성(可讀性)과 가화성(可話性)을 감소시키고 아동의 텍스트 이해도를 더욱 어렵게 만들기는 하지만, 이는 결코 일반적인 현상이 아니며, 비(非)번역 아동 픽션보다 번역 픽션에서 유의하게 높은 빈도로 사용된다고 지적한다. 푸르티넨은 이를 외연화의 보편적 경향 가설에 역행하는 증거로 해석한다. 이에 논문 저자의 기본적 연구 질문은 이러한 특징과 번역 아동 문학에서 낮은 빈도로 사용되는 명시적 연결사 사이에 상관관계가 성립하는지 여부이다. 연결사의 낮은 사용 빈도와 비정형 구조의 높은 사용 빈도 간에 명확한 상관관계가 드러나지 않았으므로 논문은 확정적인 결론을 내리지 않는다. 대신 논문 저자는 서로 다른 하위 코퍼스와 서로 다른 연결사의 특정 용례 사이의

미묘한 차이를 제시한다.

푸르티넨의 연구, 그리고 3부를 마무리하는 소냐 티르코넨-콩디(Sonja Tirkkonen-Condit)의 연구는 모두 유관 코퍼스인 번역 핀란드어 코퍼스를 자료로 활용한다. 티르코넨-콩디의 논문은 도착어에서 전형적인 언어 특징이 번역에서 보편적으로 과잉대표 된다는 가설에서 출발한다. 티르코넨-콩디는 핀란드어의 여러 충분성 동사, 그리고 핀란드어에서는 매우 전형적이나 논문의 출발어인 영어에 언어적 대응 표현이 없는 "특수소" 2개 사례를 중심으로 일부 접어 화용 첨사의 빈도 비교를 실시하여 위의 가설을 검증한다. 티르코넨-콩디의 가설이 해석하는 바와 같이 이러한 이유로 대응 표현이 없는 특수소 자체가 번역에서 일순위로 선택되지 않는다. 그러므로 도착어 특정적 특징이 상대적으로 과소대표 된다는 가설이 새로운 보편소 후보가 된다. 이어 결론에서는 전체 비교 결과를 논하고 이를 일반적인 번역 과정에 대한 관찰 결과와 연계한다.

본서의 마지막 장인 4부 번역 보편소 교육(Universals in the translation class)은 페카 쿠야매키(Pekka Kujamäki)의 "특수소(unique items)" 개념으로 시작한다. 쿠야매키는 학생들에게 투리의 "간섭의 법칙(law of interference)"의 기능을 보여주기 위하여 학생들의 핀란드어 번역 텍스트를 영어 및 독일어 출발 텍스트와 비교한 이후 이를 소규모 빈칸 채우기 시험으로 드러나는 학생들의 비(非)번역 언어와 비교한다. 실험 결과, 앞서 제시한 티르코넨-콩디의 가설에 꼭 들어맞게 학습자 번역물은 출발 텍스트의 표층 구조에 심히 얽매이는 것으로 나타난 바, "특수소"가 도착어에서 더욱 자연스럽게 들리는 등가로 번역하는 것보다 영어와 독일어 자극의 단순한 어휘적 또는 사전적 등가로 번역하는 것이 훨씬 더 용이하다.

마지막으로 리타 예스켈레이넨(Ritta Jääskeläinen)은 번역 학습자가 텍스트의 문체적 반복 기능을 이해하는지, 이해한다면 어떤 방식으로 이해하는지 알아보기 위한 연구 프로젝트 보고 논문으로 본서를 마무리한다. 논문은 번역 수업에서 한 가지 번역 보편소 후보, 즉 학습자는 번역에서 반복 표현을 없애는 경향이 있다는 가설 관찰에서 출발한다. 에스켈레이넨은 "감수성 훈련(sensitivity training)" 제공 유무에 따른 번역 결과물을 비교한 후 학습자의 전략을 번역에서 활용되는 여러 기재와 비교한다.

본서의 모든 논문에서는 아닐지라도 반복적으로 제기되는 이슈는 '번역 보편소'라는 용어의 적절성 여부인데, 많은 저자들은 이 용어가 다소 불편한지 개인적 선호도에 따라 다른 관련 용어를 제안하기도 한다. 그러나 현 시점에서 보편소 개념을 도구로 활용하는 유용성을 부정할 만큼 심각하게 반대하지는 않는다. 어쩌면 많은 학자들이 보편소라는 용어를 너무 급진적이거나, 뜻밖이거나, 절대적으로 받아들일 지도 모르겠다. 이러한 이유로 보편소라는 용어를 반대한다면 얼마나 깊이 다루느냐에 따라 '규칙성', '법칙' 또는 '경향' 등 다른 일반적인 용어를 선호하는 결과로 이어질 수도 있다. 보편소를 어떻게 가정하느냐에 따라 오늘날 발전된 세계에서 주류이자 전형적인 번역에 대한 우리의 초점을 제한함으로써 더욱 주변적이고 역사적인 번역 관행을 배제하자는 요구를 할 지도 모르겠다.

아직 축적된 증거가 부족한 상황에서 '모든 번역은 2개의 언어 코드가 개입한다' 또는 번역의 정의에 부합하는 일반적인 명제 등과 같은 뻔한 말로 끝내지 않고는 일반적 기술의 경계를 설정하기가 불가능하다. 이렇게 획일적인 최상위 일반화는 번역 정의에 관한 논쟁으로 이어질 뿐이다. 분명 번역학의 이론적 틀은 관찰 대상에 관한 가능성을 규정하므로 무작정 이슈를 해결할 만큼 증거가 충분히 축적되기만 기다릴 수는 없다. 그러나 해당 분야에서 강력한 주장을 만들고, 번역학 관련 자료에 탄탄한 틀을 적용함으로써 우리는 새로운 접근법의 한계는 물론 장점을 파악할 수 있게 된다. 본서가 번역학의 일반성 모색에 도움이 되고, 방법론적 해결책을 이끌어내며, 예전에 비하여 규모가 확대된 연구로 일반성에 관한 여러 증거를 제시하는 방법 등으로 기존 가설의 정교화 및 수정, 그리고 기존 가설에 대한 의문 제기에 기여하기를 희망한다. 실용성을 강화하면서도 결코 중요성이 떨어지지 않는 차원에서, 제반 가설과 연구 결과의 번역사 교육 적용 여부는 항상 번역학 연구의 관심사이다.

참고문헌

Baker, Mona (1993). Corpus linguistics and translation studies – Implications and applications. In M. Baker, G. Francis, & E. Tognini-Bonelli (Eds.), *Text and Technology. In Honour of John Sinclair* (pp.233-250). Amsterdam: John Benjamins.

Baker, Mona (2001). Patterns of idiomaticity in translated vs. original English. Paper given at the Third EST Congress Translation Studies: Claims, Changes and Challenges, August 30 - Sept. 1, 2001, Copenhagen.

Blum-Kulka, Shoshana (1986). Shifts of cohesion and coherence in translation. In J. House & S. Blum-kulka (eds.) *Interlingual and Intercultual Communication: Discourse and Cognition in Translation and Second Language Acquisition Studies* (pp.17-35). Tübingen: Gunter Narr.

Blum-Kulka, Shoshana, & Levenston, Eddie A. (1983). Universals of lexical simplification. In C. Faerch & G. Kasper (eds.), *Strategies in Interlanguage Communication* (pp.119-139). London/New York: Longman.

Chesterman, Andrew (1998). Causes, Translations, effects. *Target, 10* (2), 201-230.

Chesterman, Andrew (2000). A causal model for Translation Studies. In M. Olohan (Ed.), *Intercultural Faultlines. Research Models in Translation Studies 1. Textual and Cognitive Aspects* (pp.15-27). Manchester: St. Jerome Publishing.

Chesterman, Andrew (2001). Classifying translation universals. Paper given at the Third EST Congress Translation Studies: Claims, Changes and Challenges, August 30 - Sept. 1, 2001, Copenhagen.

Comrie, Bernard (2003). On explaining language universals. In M.

Tomasello (Ed.), *The New Psychology of Language.* Vol. 2 (pp.195-209). Mahwah, NJ: Lawrence Erlbaum.

Frawley, William (1984). Prolegomenon to a theory of translation. In W. Frawley (Ed.), *Translation. Literary, Linguistic and Philosophical Perspectives* (pp.159-175). Newark: University of Delaware Press.

Greenberg, Joseph H. (1966). *Universals of Language.* 2nd edition. Cambridge, Mass. The MIT Press.

Klaudy, Kinga (2001). The asymmetry hypothesis. Testing the asymmetric relationship between explicitations and irnplicitations. Paper given at the Third EST Congress Translation Studies: Claims, Changes and Challenges, August 30 - Sept. 1, 2001, Copenhagen.

Laviosa-Braithwaite, Sara (1996). *The English Comparable Corpus (ECC): A Resource and a Methodology for the Empirical Study of Translation.* Unpublished PhD thesis. UMIST, Department of Language Engineering.

Mauranen, Anna (2000). Strange Strings in Translated Language: A Study on Corpora. In M. Olohan (Ed.), *Intercultural Faultlines. Research Models in Translation Studies 1: Textual and Cognitive Aspects* (pp.119-141). Manchester: St. Jerome Publishing.

Mauranen, Anna (this volume). Corpora, Universals and Interference. In A. Mauranen & P.Kujamäki (Eds.), *Translation Universals - Do They Exist?* Amsterdam/Philadelphia: John Benjamins.

Paloposki, Outi (2002). *Variation in Translation. Literary Translation into Finnish 1809- 1850.* Unpublished PhD thesis, University of Helsinki.

Schäffner, Christina, & Adab, Beverly (2001). The idea of the hybrid text in translation: Contact as conflict. *Across Languages and Cultures.* Special issue on Hybrid Texts and Translation. C. Schäffner & B.

Adab (guest Eds.), 167-180.

Shlesinger, Miriam (1991). Interpreter latitude vs. due process. Simultaneous and consecutive interpretation in multilingual trials. In S. Tirkkonen-Condit (Ed.), *Empirical Research in Translation and Intercultural Studies* (pp.147-155). Tübingen: Gunter Narr.

Tirkkonen-Condit, Sonja (2000). In search of translation universals: Non-equivalence or 'unique' items in a corpus text. Paper presented at the conference Research Models in Translation Studies, UMIST, 28-30.4.2000, Manchester.

Tirkkonen-Condit, Sonja (this volume). Unique Items - Over- or Under-Represented in Translated Language? In A. Mauranen & P.Kujämaki (Eds.), *Translation Universals - Do They Exist?* Amsterdam/ Philadelphia: John Benjamins.

Toury, Gideon (1980). *In Search of a Theory of Translation.* Tel Aviv: The Porter Institute for Poetics and Semiotics.

Toury, Gideon (1991a). Experimentation in translation studies: achievements, prospects and some pitfalls. In S. Tirkkonen-Condit (Ed.), *Empirical Research in Translation and Intercultural Studies* (pp, 45-66). Tübingen: Gunter Narr.

Toury, Gideon (1991b). What are descriptive translation studies into translation likely to yield apart from isolated descriptions. In K. M. van Leuven-Zwart & T. Naaijkens (Eds.), *Translation Studies: The State of the Art* (pp.179- 192). Amsterdam: Rodopi.

Toury, Gideon (1995). *Descriptive Translation Studies - and Beyond.* Amsterdam: John Benjamins.

Toury, Gideon (2001). Probabilistic Explanations in Translation Studies: Universals – Or a Challenge to the Very Concept? Paper given at the Third EST Congress Translation Studies: Claims, Changes and Challenges August 30 - Sept. 1,2001, Copenhagen.

Trosborg, Anna (1996). Hybrid texts as a product of a supranational discourse. Paper given at AILA 96, the 11th International Congress of Applied Linguistics, 4-9. 8. 1996, Jyväskylä, Finland.

Trosborg, Anna (1997). Translating Hybrid Political Texts. In A. Trosborg (Ed.), *Analysing Professional Genres* (pp.145-158). Amsterdam: John Benjamins.

Tymoczko, Maria (1998). Computerized corpora and Translation Studies. *Meta,* 43(4), 652-659.

Vanderauwera, Ria (1985). *Dutch Novels Translated into English: The Transformation of a Minority Literature.* Amsterdam: Rodopi.

차례

John Benjamins Series

07 Translation universals

John Benjamins Series

07 Translation universals

제 1 부

보편소 개념화하기

번역학에서 확률론적 설명

고무적이나 보편소로서 자격을 갖추고 있는가*

기드온 투리(Gideon Toury)
텔아비브대학교(Tel Aviv University), 이스라엘

[…]시스템 의미의 일부는 해당 용어의 상대 확률이다. (할리데이(Halliday), 1991a, p.48)

확실히 특정한 번역 행위를 선택하거나 회피하는데 영향을 줄 수 있는 방대한 요소들은 존재한다. 비록 실제 목록은 없으나 이러한 요소들은 본질적으로 분명히 *이질적(heterogeneous)*이다. 인지적 변수, 교차언어적 변수, 사회문화적 변수 외에도 분명 여러 변수가 존재한다. 이처럼 번역학에서는 방대하고 이질적인 요소로 인하여 *결정론적(deterministic)* 설명이 존재하지 않을 수 있다. 첫째, 하나의 요소는 다른 요소가 존재하지 않으면 강화, 완화, 심지어 상쇄될 수도 없을 것이다. 둘째, 서로 다른 여러 변수들은 하나씩 등장하기보다 *한꺼번에* 출현(및 활성화)하므로 항상 여러 요소가 상호 작용을 하며, 요소들은 서로는 물론 선택된 행위에도 영향을 준다. 결정론적 추론의 함정에서 벗어나고자 필자는 다른 설명 방식, 즉 *조건부(conditioned)*로 *확률론적(probabilistic)* 방식을 제안하였으며, 점진적이면서 통제된 방식을 통하여 상호 연결되고 심지어 상호 의존적인 확률론적 진술 체계로 구성되

어 실험으로 입증되는 이론을 지향하는 것으로 향후 번역학의 궁극적 목표를 정의하였다. 본고의 목적은 최근 각광을 받고 있는 여러 설명과 관련된 모든 이슈를 되짚어 과연 "번역 행위의 보편소"로서 자질을 갖추고 있는지 살펴보되, 그렇지 않은 경우 다른 보편소 후보가 있는지 모색하는 것이다.

1. 서론

학계에서 신중하게 규칙성을 모색하는 것은 오랫동안 학문의 내재된 특징으로 인식되었으나 번역학계의 경우 보편소를 모색하는 여정은 결코 일반적인 관행이 아니었다. 사실 이와 정반대 상황이나 마찬가지이다. 짐작하건대 예전에도, 지금도, 앞으로도 많은 학자들은 항상 유사성보다 차이에 가치를 둘 것이다. 나아가 일부 학자들은 특정한 시점에서 자신들의 관심사에 대한 *특수성*을 제시하기 위하여 규칙성에 관심이 없다고 밝히거나, 심지어 반복되는 패턴을 모색한다는 생각 자체에 적대감마저 드러낼 것이다.

이러한 견해에 동조하는 것이 어렵지는 않다. 어쨌든 우리 모두 한 번쯤은 그러한 입장을 가졌기 때문이다. 그러나 동시에 그러한 입장을 취하는 학자들이 어떻게 진정한 특수성을 알게 될지에 대하여는 의문을 갖지 않을 수 없다(비록 일부 번역 사례는 분명 특수성을 드러내지 않으나 모든 번역에서 특수성을 측정하는 방안이 *있다고* 확신한다). 진정한 특수성은 적어도 즉각적인 연구 대상이 다른 연구 대상과 *공유하는* 바에 대한 생각을 가져야 알 수 있을 것이다. 아니면 아직도 번역은 본질적으로 불규칙하기에 만약, 실제 공유 특징이 나타날 때 이를 단지 우연이라고 주장하는 학자가 있을까? 조만간 공유 특질은 각 층위 별로 드러날 텐데 말이다.

실제 초보 학자들은 모든 것이 흥미롭게 보일 때가 있을 것이다. 때로는 모든 것이 진정한 발견처럼 보일 수도 있다. 그러나 이는 초심자의 순진함은 물론 기존 경험의 부족을 드러내는 시각적 이탈에 불과하다. 따라서 지식을 늘리거나 대상 분야를 확대하면 일부 현상은 반복되기 시작하고, 점차 다른 현상에 비하여 예측이 용이해진다. 특히 연구 대상을 체계적(즉 명시적인 1개 이상의 기준에 근거하되, 기준은 자체적인 통제에 적합한 방식)으로 확대하면 특수성에 대한 첫 인상을 누그러뜨리고, 이를 뒤집는데 도움이 될 것이다. 그러나 그리 될 즈음에 많은 학자들은 활동적인 번역 연구를 중단하거나 학계를 떠나게 되어 (어쩔 수 없이 순진한) 신참들이 연구를 맡기 마련이다. 신참 연구자들은 이전 세대 학자들이 남겨놓은 항구적인 인상으로 (어쩌면) 조금은 더 빠를 수도 있으나 결국 다시 기존 학자들의 전철을 밟게 될 것이다. 반면 이렇게 남게 되는 극소수 학자들은 그렇게 많은 놀라움을 경험하지는 않게 된다. 이들은 핵심과 관련된 거의 모든 것, 분명 모든 것에 대하여 훨씬 높은 예측력을 갖게 될 것이다.

이와 같은 번역학자들의 두 가지 입장 상 균형과 무관하게 필자 자신은 순진한 가정, 즉 "번역 보편소"를 다룬 워크숍에 자율 의지로 참석한 (또는 발표 요약문을 읽어본) 모든 학자들은 번역 행위에 규칙성이 존재한다고 보고 이러한 규칙성을 탐색한다는 생각, 그리고 공통적으로 '보편소' 모색을 시도하거나 적어도 불신을 잠시 유보한다는 기본적 의지가 있다는 가정에서 시작하고자 한다. 아울러 보편소는 규칙성을 전제로 하지만, 이러한 전제의 역(逆)이 반드시 성립하지는 않는다는 사실을 염두에 두는 것이 중요하다. 특정 규칙성이 번역*에서* 발견되었다는 것과 관찰된 규칙성이 존재하는 이유는 번역이기 *때문*이라는 것은 별개이기 때문이다.

따라서 일반적인 '규칙성'에서 출발하여 더욱 제한적이며 구체적인 '보편소'로의 전환은 저절로 되지도, 될 수도 없다. 오히려 이러한 전환은 보편소에 관한 우리의 주장에서 실마리를 얻는 연구 작업이 필요하다. 이러한 전환 과정에서 양(量)은 분명 중요한 역할을 하지만 그렇다고 결코 정량적 연구에만 근거할 필요는 없다.

그러므로 본고에서는 앞으로 번역 등의 분야에서 보편소 모색에 사용할 수 있는 근거, 또는 세부적인 검토와 분석을 통한 개별 보편소 후보 등은 언급하지 않기로 한다.[1]

어떠한 단일 명제의 지위에 관한 합의가 이루어지지 않은 상태에서 이를 보편소 후보로 제시하는 행위는 비논리적일뿐더러 보편소 개념 자체의 오류를 입증하는 행위이다. 마지막으로 필자는 보편소 후보의 분류도 시도하지 않을 것이다. 필자가 혹여 학술적 분류 애호가라 할지언정(개인적으로 결코 학술 분류 애호가는 아니며 특히 순전히 추정에 근거하여 이미 정립된 학술 분류가 이루어졌다면 더더욱 아니다) 보편소 후보를 분류하기엔 시기적으로 아직 이르다. 본고의 주요 관심사는 규칙성에서 보편소로의 *변환 자체*이다. 이러한 맥락에서 본고는 다음의 두 가지 이슈를 다룬다.

- 번역 보편소가 위치할 수 있는 장소
- 보편소의 존재와 유용성이 확인될 경우 해당 보편소의 형태

2. 보편소는 너무 구체적인 층위에서 모색해서는 안 된다

먼저 분명한 내용부터 다루도록 하겠다.

필자는 확인된 규칙성 중 다수가 상당히 쉽게 *정확한 수치*와 빈도로 표현되는 너무 구체적인 층위에서는 분명히 보편소를 모색해서는 안 된다고(합의된 것으로) 가정한다. 개별적 행위의 사례, 특히 범위 제한과

발견이 상대적으로 쉬운 특정한 낮은 층위 현상과 비교하는 개별 번역사의 개별 행위 사례에서도 마찬가지이다. 비록 드물기는 하지만 이론적으로는 사용 가능하지만 실제로는 *결코* 사용되지 않거나, 대상과 무관하게 *항상* 나타나는 사례에서는 간혹 빈도가 0 또는 1로 나타나기도 한다.

그러나 번역 행위의 개별 사례는 물론이거니와 사람 집단(소위 번역사 '학파'), 행위 집단(또는 '가정된 번역(assumed translation)' 코퍼스 등 행위 집단의 가시적 결과물)[2] 등 규정 가능한 구성체 역시 보편소성(universal-ship)의 후보로는 보이지 않는다. 보편소 후보로서의 자질은 해당 집단을 정의하는 요인 관점에서 연구 결과를 *상대화 해야* 하는데, 이렇게 되면 일종의 '줌 아웃' 모션으로 볼 수 있는 유리한 시각에서 상당히 멀어져 대상 분야는 확대되지만 세부적인 내용에 대한 시각은 잃게 되는 결과로 이어질 가능성이 있다. 그러므로 낮은 층위의 반복성이 추후 더욱 높은 층위의 보편소 예시화 사례로 나타나더라도, 이렇게 짧은 거리에서 드러난 예시화 자체는 연구 대상의 규모나 이질성 정도에 따라 규범성, 특이성, 개인 혹은 집단의 전형성 등과 같이 항상 *국소적(local)* 결과를 보일 것이다.

이러한 제반 규범, 심지어 많은 특이성은 모두 규칙성을 내포한다. 다만 내포된 규칙성은 조사 대상 현상의 모집단이나 범위 관점에서 보편소로 간주할 만큼 일반성이 충분하지 않을 뿐이다. 낮은 층위의 현상을 더욱 확대하여 다룬다면, 특히 동질성이 강화된 코퍼스로 다룬다면 일반적으로 빈도 값이 바로 *하락*하는 결과로 이어질 것이다. 그러나 해당 현상을 자체적인 관점이 아니라, 층위와 일반적인 범주(대체어(replacing word) 반복 대(對) 언어 구성체(speech organizer) 또는 비유 등)를 확대하여 나타날 수 있는 다양한 예시화 관점에서 본다면 빈도 값은 다시 상승할 것이다.

아래에 제시한 바와 같이 가능한 중간 단계를 상당 부분 건너뛰어

서 단순화와 상당한 파편화가 모두 진행된 일련의 연구 과제를 살펴보자.[3]

히브리어 ~의 번역 대체:

언어 구성체 *well* (= 반복 *단어*)

영어에서 번역된 한 편의 특정한 이야기에서

영어에서 번역된 모든 이야기에서

특정한 1년에

10년에

한 세대에

천 년에

다른 유형의 영어 텍스트에서

일반적으로 영어 텍스트에서

영어 언어 구성체 *oh*의 히브리어 번역 대체 (=또 다른 반복 *단어*)

동일한 제반 여건 하에

영어 언어 구성체의 히브리어 번역 대체 (=특정한 하나의 언어에서 구현된 전체 *기능적 범주*). 영어의 *oh, well* 또는 *well, well* 등의 조합을 포함, *well*과 *oh*의 구현 상관관계 정립을 전제로 다루게 된다.

히브리어로 번역 대체되는 일반적인 언어 구성체 (=초언어적(super-linguistic) 범주). 일차적으로 여러 상이한 도착어 연구를 전제로 하고, 히브리어 맥락에서 의미적 색체를 제거한 어휘 항목(여전히 *포괄성이 강한* 범주)의 번역 처리, 위의 모든 관행에 대한 시간적 변화:

개통 발생론에서

개체 발생론에서

[일련의] 상이한 (여러) 도착어에서 반복되는 전체 목록, 여러 도착어(또는 일반적으로 '도착어'이므로 *그러한 번역*일 수 있음)[4]

지금쯤이면 본고에서 관심을 갖는 요점이 보일 것이다. 예컨대 '수행 상 규칙성'과 '체계 내 규칙성'을 구분한다면 명시성을 더욱 강화할 수 있다. '수행 상 규칙성'은 *빈도*(예컨대 "Y라는 번역사가 X라는 텍스트를 번역하면서 히브리어 어휘소 *u-vexen*을 영어에서 *well*로 대체한 발생 빈도는 0.99이다")로, '체계 내 규칙성'은 *확률적* 용어로 표현된다(예컨대 "1950년대 산문 픽션에서 기존의 히브리어 언어 구성체가 영어의 언어 구성체로 대체될 개연성은 1960년대 대비 3배 낮다").

분명 위의 두 개념은 다르지만 서로 연관된다. 실제로 마이클 A.K. 할리데이(Michael A.K. Halliday)는 언어학의 확률론적 해석의 용례를 다룬 기념비적 논문에서 "텍스트에서 빈도는 체계 안에서 확률이 예시화된 것"으로 정의한다(할리데이, 1991a, p.42). 다시 말해 "체계는 무한할 수 있으나 텍스트의 한정체를 생산하며, 텍스트는 셀 수 있다(할리데이, 1991a, p.41).[5]

따라서 빈도는 추상성이 강한 범주의 표층 구현을 근거로 직접 다룰 수 있는 반면 확률은 항상 추후 여러 단계를 제거해야 한다. 실제 한스 라이헨바흐(Hans Reichenbach)는 1948년판 <확률론>에서 "확률[이란] 빈도를 대표하는 무한 연속체의 한계"라고 정의하였는데, 여기에서 '한계'란 순전히 수학적 의미로 사용된 용어이다. 이를 약간 다른 용어로 설명하자면 빈도는 최우선적으로 *지나간* 것에 적용하며, 확률은 *앞으로의* 유효성에 관한 주장을 편다. 그럼에도 번역학 등의 분야에서 "[…] 체계에서 용어에 대한 확률"을 추정하는 최선의 방법은 "코퍼스에서 관찰된 빈도"에서 출발하는 것이다(할리데이, 1991a, p.42).

3. 보편소는 너무 높은 층위에서 모색해서도 안 된다

반면 본고에서 모색하는 보편소, 특히 번역에 대한 지식과 이해에 무언가를 추가하더라도 중요한 보편소 종류로는 *너무* 높은 일반성 층위도 있다. 따라서 필자에게 '번역은 **외연화를 포함한다**,[6] 또는 **단순화, 표준화**를 포함한다' 등의 포괄적 기술은 적어도 의구심이 생기며, 이러한 측면에서 '더욱 약하게' 또는 '더욱 강하게' 읽힌다(이처럼 명확한 진술은 모호성이 내재되므로 반드시 다양한 해석을 항상 적용해야 함. 자세한 관련 내용은 곧 출간 예정인 투리(Toury)를 참조).

이러한 제언이 *배타성* 주장, 가령 **번역은 외연화를 포함한다**는 진술의 경우 외연화가 나타나는 사례에 한정한다는 의미로 받아들여 내포화는 물론 외연화가 아닌 대상을 배제한다는 의미로 이해된다면, 이 주장은 분명 *잘못된 것*이다. 실제 어떠한 번역이든 개별 사례에서 내포화보다 외연화 사례가 *더* 많다는 주장은 성립하지도 않는다.

여기에서 일부 학자는 분명 위와 같은 주장은 일반적인 '번역'이 아니라 자신들의 용어로 '전형적' 혹은 '원형적' 번역으로 이해해야 한다고 주장할 것이다(할베르손(Halverson), 2000 등). 그러나 번역학에서 전형성[원형성]의 구성 요소는 자명한 것과는 거리가 있으므로 이러한 인식을 받아들이기는 쉽지 않다. 실제 이러한 설명은 보편소 모색의 출발점이 아니라 보편소 모색을 위한 필수 요소를 구성한 다음에야 사용할 수 있을 것이다.[7]

이와 반대로 위의 제언이 비(非)외연화와 내포화 사례와 더불어 외연화가 단순히 번역 텍스트에서 발견될 수 있다는 주장으로 이해된다면, 이는 단순히 확실한 내용을 기술하는 것이므로 용어를 만드는 과정에서 중요성의 요건과 지식, 그리고 이해의 확장을 고려했는지에 대하여 매우 강한 의구심을 갖게 될 것이다. 설상가상으로 이러한 '중립화' 진술은 외연화와 내포화라는 상반된 2개의 개념이 번역에서 *동일한 위치*에 있다는 의미로 오해될 소지가 있다. 물론 두 개념이 실제로 개별 번역, 어쩌면 모든 번역에서 발견된다면 이러한 진술은 참이다. 그러나 '번역'에 대한 일반적인 개념, 심지어 '전형적[원형적]'에 대한 일반적인 개념에서 이러한 진술은 확률을 가리키는 내용이 누락되어 있으므로 적어도 반(反)직관적이다. 어떤 용어가 일반적이라면 발생 건수의 예측 가능성이 반대의 경우보다 높을까?

분명 이러한 류의 진술은 모호성이 덜할수록 논박이 용이해진다. (지금까지와 같이) 추정 측면은 물론 경험적 토대, 즉 *사실 증거* 측면에서도 마찬가지이다. 다시 라이헨바흐를 인용하면, "빈도 개념으로 변형할 수 없는 확률 개념은 불필요하다". 확실히 어떠한 진술이든 반증이 한 개만 있어도 충분히 보편성을 흔들 수 있다. 실제 '조작된' (또는 '모조') 번역은 모두 번역의 일종이며 단지 번역일 뿐이므로[8] 자의로 반증 사례를 만들어낼 가능성 자체로도 보편성 관련 진술의 주장을 약화시킬 수 있고, '진정한(genuine)' 번역, 즉 누군가 사회적으로나 문화적으로 연관된 번역을 한다면 지금도, 또는 앞으로도 동일한 과정을 거칠 가능성은 상존한다.

4. "전이"의 존재가 보편소를 구성할까?

그렇다면 '일반적'인 것은 문제가 아니다. 오히려 *일반성의 등급 척도(graded scale of generality)*가 존재하는 것으로 보인다. 이제 사다리를 한 칸 더 올라가 어떤 상황이 벌어지는지 살펴보겠다.

독자 여러분은 모든 진술에는 "번역은 X를 포함한다"라는 핵심적인 특징이 있다는 사실을 알 것이다. 즉 술부의 목적어 "X"에 들어가는 외연화, 내포화, 단순화, 복잡화 등이 이른바 *전환(shift)*은 모두 번역 전환이다.[9] 이제 단순한 '규칙성'이 본연의 '보편소'로 바뀌는 지점을 확인한다는 관점에서 그 지점이 어디인지, 그리고 공통 분모 자체의 지위, 또는 **번역은 전환을 포함한다**는 기본 가정의 지위는 무엇인지에 대한 질문을 해야 한다.

사다리 칸을 조금은 과하게 올라왔을지도 모르겠으나 우리는 이제 분석적 진술의 영역, 어쩌면 단순한 항진명제(tautology) 영역으로 들어왔다고 본다.

따라서 외연화, 내포화, 단순화 등 파생적 구현은 낮은 층위의 경우와는 달리 **번역은 전환을 포함한다**는 진술이 참이라는 데에는 이견이 없을 수 있다. 그러나 전환은 많은 특징 중 하나에 불과할뿐더러 *번역의 정의적 특징*에 가까워 전환 개념의 핵심을 구성하므로 **번역은 전환을 포함한다**는 소위 정의에 근거한 참이다. 따라서 번역은 반드시 전환을 드러낼 것이라는 진술은 "글쎄, 번역은 번역이지!"라는 말과 진배 없다.

그러므로 번역의 변별적 특징으로서 **번역은 전환을 포함한다**는 명제는 **번역은 기억력을 포함한다**(자명성과 구체성 결여로 번역 보편소 후보로 제안할 학자는 아마 없을 것), 혹은 **번역은 규범을 포함한다**, 심지어 **번역은 규범이 작용하는 활동이다**(일부 학자는 보편소 후보로 제시할 수도 있겠다) 등의 명제와 다르지 않다. 그러나 각 사례에서 술부('전환'에 대한 일반적 개념이 구체성을 드러내는 부분)의 진술 출처는 각각 교차 언어적, 인지적, 사회 문화적 견해에서 유래한다.

항진명제가 본질적으로 오류가 있다는 의미는 아니다. 항진명제는 실제 맥락 교육에 상당히 유익하고 도움이 되는 경우가 많다. 다만 항진명제는 번역이 포함하는 대상 이해의 폭을 전혀 늘리지 않는다고 생각할 뿐이다. 따라서 항진명제는 정확히 우리가 지향하는 보편소의 모습이 아니라는, 즉 크게 중요하지 않은 사안일 수도 있다.

우리가 직면한 질문은 앞서 살펴본 바와 같이 번역 보편소의 *존재* 여부(워크숍의 세부 주제이기도 함)가 아니라 번역 보편소 개념이 *새로운* 통

*찰력*의 제공 여부이다. 다시 말해 (누구도 부정하지 않을) 예측 이득이 이미 필수 포함 사항으로 가득 찬 번역학에 완전히 새로운 범주 층위를 도입하는 불편함을 능가하는지 살펴보아야 할 것이다.

개인적으로는 번역 이론이 번역학(기술 및 설명을 모두 포함)의 모든 *개별 현상*을 설명할 수 있어야 한다는 관점에서 일정한 이점이 있으리라 기대하는데, 이러한 이점이 없다면 이는 경험적 학문으로서의 번역학의 본질 문제와 연관된다. 번역은 이런 저런 종류의 전환을 포함한다는 주장이 번역 이론의 설명력을 강화하는가? 이는 이미 알고 있던 것 아닌가? 그리고 이렇게 이미 알려진 사실이 번역의 번역성(飜譯性)을 직접적으로 반영하는가? 혹은 우리가 간과한 측면이 있는가?

이러한 진술은 지금까지 살펴본 무엇보다 더 나은 보편소 후보임은 분명하나, 그럼에도 필자는 특이성과 규범 통제성의 중간 지점 어딘가, 그리고 자명성의 어딘가에서 일반적인 규칙성이 진정한 보편소로 전환되는 지점을 계속해서 찾아보고자 한다.

5. 번역학의 확률론적 사고

미완이지만 가끔 다시 살펴볼만한 필자의 1976년 박사학위논문의 논평에서 시작하고자 한다. 논평은 히브리어로 작성하였으므로 영어 번역본에서 일부만 인용한다.

> 하나의 초점으로부터 전환을 정의한 바, […] 모든 전환은 **이분법적 쌍으로 구성된다**[…]. 외연화/내포화, 정보의 추가/손실, 일반화/구체화 등이 그 예이다. 그 결과 [이미 언급한 바와 같이] 다음과 같은 규칙을 구성할 수 있을 것이다. 전환이 발생한다면 반드시 한 방향, 또는 완전히 다른 방향으로 발생한다. 이분법적 쌍, 주어진 두 가지 선택 사항에서 번역 규범이 명령한대로 [선택의 의미임], 규

정하는 범위 내에서 하나를 선택한다. (투리, 1987, p.6, 굵은체는 본 연구자가 추가)

당시 필자의 이론적, 방법론적, 기술-설명적 연구 초점은 번역 규범을 이론적으로 개념화하고, 이를 연구 도구로 활용하며, 해당 규범을 특정하고 명확한 분야로 예시화하는데 맞춰져 있었다. 관찰 결과를 여타 다른 방향으로 확장하는 데에는 미흡했다. 1990년대에 이르러서야 보편소에 관한 주장을 펼칠 수 있는 중간 지대에서 실질적인 무언가를 제공할 수 있음을 깨달았는데, 관찰 대상이 번역이기 때문에 규칙성에 관한 중요한 주장이 존재한다는 것이다.

번역은 전환을 포함한다와 같이 **번역은 규범이 작용하는 활동이다** 등의 진술은 본질적으로 분석적이다. 실제 두 진술 모두 처음에 명시적으로 제시되고 학계 이슈로 편입되었을 때에는 어느 정도 참신하다는 분위기였다. 그러나 처음과는 달리 참신성은 그간 완전히 소멸된 것으로 보인다. 따라서 본고에서 강조하고자 하는 바는 규범 자체의 개념이 아니라 *보완적 성격의 전환 쌍*을 포함하여 180도 반대 방향으로 움직이는 행동 방식 중에서 번역 선택을 관장하는 규범에 대한 생각이다. 중간 영점은 대부분 0에 가까워 확률이 극히 낮으므로 예외로 한다.

번역 선택이 임의적으로 이루어지고 번역 텍스트로 표현되는 결과가 완전히 편향되었다면 개별 사례를 훌륭히 묘사할 수는 있겠으나(개인적으로 전혀 확신할 수 없음) 설명 관점에서는 할 수 있는 것이 거의 없을 것이다. 심지어 연구자들이 정말 좋아하는 방식, 즉 과거 번역 행위 사례에 관한 가설을 제시하고, 이미 종료되었으나 (또는 이미 번역 텍스트가 존재하나) 아직 연구가 진행되지 않은 실제 행위에 대하여 검증을 실시하는 '역방향 예측(backward prediction)' 류의 연구마저 *예측*에는 전혀 기여하는 바가 없다는 사실이 더욱 분명해진다. 앞서 언급한 바와 같이 번역 전략과 번역 대체는 완전히 임의로 선택된다고 주장하는 학자는 전무하다고 보는데, 그러한 주장을 펼친다면 한동안 불신을 받게 될 것이다.

개인적 직관이지만 이와 함께 모든 행동 방식, 모든 현상, 이로 인해 발생하는 모든 전환의 확률이 같은 경우, 즉 무엇과도 상관 없이 똑같이 선택되는 경우는 성립하지 않는다는데 동의하리라 생각한다. 오히려 발생 가능한 [거의?] 모든 보완 쌍('긍정' 또는 '부정') 전환의 경우 두 조건 가운데 하나, 즉 확률이 높으면 무표적으로, 높지 않다면 유표적으로 나타날 것이다. 그러나 확률이 높은 조건이란 무엇일까? 이것이 바로 상이하게 나타나는 '전환' 개념에 관한 대상 연구, 특히 경험적 연구의 주요 이슈이다. (앞서 지적한 대로 '전환 없음'이라는 '중립적' 중간 현상은 확률이 [거의] 0이므로 논외로 한다).

이제 마침내 필자가 지난 10여 년 간 옹호해온 확률 영역에 도착했다. 필자는 본고 제목의 절반을 구성하지만 출판이 되리라고는 전혀 기대하지 않았던 1993년 사본린나 번역대학 강의를 아직도 기억한다. 당시 내 강의는 이미 언급한(그리고 인용한) 할리데이(1991a)의 논문 "확률론적 해석을 향하여(Towards Probabilistic Interpretations)"으로부터 많은 도움을 받았다. 이 논문은 당시로서는 새로운 체계기능언어학의 관련 구조 범위에서 확률 개념을 적용하였다(관련 내용은 할리데이, 1991b, 1993b를 참조).

번역과 번역 관행에 확률론적 설명을 시도하게 된 동기는 특정한 *행동 방식*(또는 관찰 가능한 결과)을 한 편에 두고, 특정 행동의 선택 혹은 회피 능력을 강화(또는 약화)하는 일련의 변수를 다른 한 편에 모아놓으면, 관찰 및 실험 연구를 통한 경험적 증명이 가능하리라 보았기 때문이다. 빈도에서 확률에 이르는 전환의 양적 측면에 관한 문제는 차치하더라도 당시 연구 프로젝트는 정량적 측면에서 어려움이 내재되어 있었다. 이러한 어려움은 앞서 언급한 변수 집합의 방대함이 아니라, 관련 변수는 인지적, 언어적(또는 교차언어적, 또는 텍스트적), 의사소통적,

사회적 변수 외에도 여러 출처에서 비롯되기에 필연적으로 다양하므로 변수의 엄청난 이질성이 가장 먼저 나타나기 때문이다.

확률론적 사고와 결정론적 입장은 대개는 서로 배척하므로 응당 동시에 나타나지 않을 것이다. 실제 번역에 영향을 주는 단일 변수 중 다른 변수의 출현으로 강화, 완화, 심지어 상쇄되지도 않는 변수는 없을 것이다. 더욱이 실제로는 상호 영향을 주면서 번역 행위 전반에 영향을 주는 변수는 항상 *2개* 이상일 것이므로 이러한 문제는 더욱 복잡해진다. 번역사의 성별, 연령, 경험, 피로도, 납기 부담, 번역사의 언어 지배력 편차, 급여, 사회의 용인성, 기타 등등에서 파생된 변수는 한 번에 한 개가 아니라 모두 *한꺼번에* 영향을 주기 때문에, 적어도 방법론적 목적을 위해서 이렇게 복잡다단한 상황을 어떻게든 풀어 나가야만 하며, 잠재성, 번역 특정성 정도 등에 따라 상이한 제반 변수는 어느 정도 위계 순서를 정해야만 한다.

번역학 분야에서 확률론적 사고는 결정론적 방법("만일 a이면 b"의 형식)보다 *조건부(conditioned)* 방법(다음 절 참조)이 가장 많은 도움을 준다. 원론적 입장에서 번역학의 타당한 궁극적 목표는 상호 연관되고, 서로 조건을 제시하는 진술로 이루어지는 체계를 구축하는 것이겠으나 그러한 체계가 어떠한 모습일지 말하기에는 분명 시기상조이다. 현 시점에서 확보한 변수는 완전한 후보 목록 작성은커녕 검증하지 않은 추정 목록 작성도 하지 못할 만큼 많지 않다. 더욱이 모든 관련 변수를 모두 발견했는지 여부도 확신할 수 없다. 그럼에도 비록 변수의 수가 적더라도 일정한 정도만 된다면 번역 행위와 관련한 변수의 강약(말하자면 변수 자체의 강약), 다른 출처에서 유래된 변수를 중심으로 상이한 변수 쌍의 구성 요소 간 상호 작용 방식 및 이러한 상호 작용의 결과, 또는 변수 *쌍*의 구성 요소 중 하나가 더욱 *실제적인* 변수 네트워크로 이동하는 방식과 번역 행위에 미치는 영향 등은 논할 수 있을 것이다.

6. 번역학에서 조건부 진술의 형식

지칭 대상에 대한 표현이 없다면 무엇도 설명할 수 없으므로 번역학에서 조건부 진술의 형식이 어떨지 다시금 살펴볼 필요가 있다.

조건부 진술의 가장 기본적인 형식은 다음과 같다.

1, 2, 3, 그리고 ∞라면, X일 개연성이 높다(또는 X가 아닐 개연성이 낮다)

위의 진술에서 숫자(1, 2, 3, … ∞)는 번역 행위 선택에 영향을 줄 수 있는 상이한 변수를 의미하며, X 이하는 실제 선택한 번역 행위의 종류, 또는 실제 직접적인 방식으로는 번역 행위를 관찰할 수 없다는 점을 고려하여 (본질적으로 회고적인 대부분의 연구 패러다임 관점에서) 더욱 적절하게 표현하자면 번역 행위의 실행이 외적으로 표현된 것을 의미한다.

사용이 더욱 용이할 수도 있는 변형된 진술은 다음과 같다.

1, 2, 3, … ∞의 출현은 X의 개연성을 높인다(또는 X가 아닐 개연성을 낮춘다)

예컨대,

경험 부족(변수 1)과 피로(변수 2)가 동시에 발생한다면 번역 절차에 짧거나 낮은 층위의 텍스트 언어체를 적용할 개연성이 높아진다 (또는 개념을 어떻게든 호도하는 텍스트 '전체'는 말할 것도 없이 길거나 높은 층위의 텍스트 언어체를 사용할 개연성이 낮아진다)

(앞서 소개한 예는 유효성을 주장하기 위한 진술이 아니다. 예문은 단지 설명을 소개하기 위한 진술이므로 유효성을 논하기에는 이르다. 언급한 강화의 규모(조건 별로 각각의 행위가 발생할 확률) 및 통계 값 역시 마찬가지이다. 이 밖에도 아직 연구 대상이 산적해있다.)

비록 두 번째 소개한 진술 방식이 그렇게 적절하지는 않으나, 해당 진술은 각각의 변수가 기타 모든 변수와는 완전히 별개로 작용한다는 가정하에 변수를 하나씩 고른 후 *순차적으로* 배열하는 선형 추론법을 반영한다는 이유만으로 적절성이 떨어진다. 용인도를 강화하려면 진술 방식은 개연성이 아니라 전술한 바와 같이 상이한 변수가 서로 영향을 줄 수 있다는 가능성을 고려해야만 할 것이다.

> 1과 2가 동시에 있으면 1만 있을 때보다 X의 개연성이 높아지며, 3이 출현하면 개연성은 더더욱 높아진다. 3의 효과는 1을 완전히 기각할 정도로 강력하다.

앞서 소개한 두 번째 예문을 더욱 정교하게 바꾸면 다음과 같을 것이다.

> 번역사가 경험이 적고(변수 1) 피로하면(변수 2) 번역 과정에서 짧거나 낮은 층위의 텍스트 언어체를 적용할 개연성이 높아지며, 도착 문화가 이러한 행위의 결과를 상당히 용인한다면(변수 3) 개연성은 더욱 높아진다. 용인의 효과는 경험 있는 번역사(변수 1의 역(逆))가 이러한 전략을 고수하게 만들 만큼 강력하여 번역의 '기본성'(또는 '원형성')으로 나타날 수 있다.

이러한 진술이 타당 하려면(아직 타당하다고 하지 않았다!) 번역 활동에서 관찰 가능한 '정상 상태'로부터 텍스트언어적 이탈을 문화적으로 용인하는 고도의 조절 능력이 있다는 가능성을 추론할 수 있어야 할 것이다. 이러한 번역 활동이 실제 실현된다면 많은(어쩌면 모든) 비(非)문화적 변수를 기각할 수 있다. 이러한 견해는 비록 정량적 견해 관점 외에도 가다듬어야 할 부분이 많지만 확률 조건부 기재의 방법론적 타당성을 제시할 수 있으므로 직관적으로는 상당히 유의미하다(번역에 대한 소위 '공식 관계(formal relationship)'의 특수 지위에 대한 주장 참조 [투리, 1980,

p.48 등]). 아울러 '[원형적]전형적' 번역이라는 복잡한 사안을 더욱 분명하게 조망할 수도 있다.

그러므로 지금 살펴보고 있는 중간 층위 단계에서 확률 조건부 진술의 분명한 장점은 이러한 진술을 통하여 여러 상이한 현상과 집단을 대상으로 정교한 설명을 포함하는 체계적 기술, 그리고 이를 대상으로 상당한 일관성을 보이는 현상 기술이 가능하다는 것이다. 또한 앞서 언급했던 '역방향 예측'을 통하여 관련 변수를 규명하고, 변수 간 가중치를 설정하여 연구에 반영할 수도 있을 것이다. 실제 행위가 예측과 달리 나타나는 경우 예측 실패로 이어진 방법론적 틀을 배제하지 않은 상태에서도 명백한 차이를 설명할 수 있다는 점 역시 중요하다. 필자의 추측으로는 (당분간 경험에 따른 추측에 불과함) 정상적인 과정이라면 새로 작성될 목록에 변수를 추가하는 작업, 또는 상이한 방식으로 구현되는 변수 사이의 구분을 명확히 하는 작업이 진행되겠으나, 두 작업 모두 완전한 변경보다는 단순 *수정*이 이루어짐으로써 (필자가 반기는) 안정성의 징표가 나타날 것이다.

확률론적 방법의 *조작성(operability)* 역시 중요한 문제이다. 무엇보다 방법론적 진술이 어떻게 제시되는지가 중요하다. 번역 행위에 영향을 줄 수 있는 변수는 어떻게 구현되며, 변수의 상대적 관련성 및 영향력은 어떻게 결정되며, 변수는 서로 어떻게 작용하는가? 여기에서는 '하향식(top-down)'과 '상향식(bottom-up)' 방법을 일정 정도 혼용하는 작업이 안전하다고 판단된다(슈타이너(Steiner), 2001 등을 참조). 따라서 새롭거나 수정된 이론적 진술을 제시하기 위하여 초기 이론적 추정의 [잠정적] 결과는 실제 행위 사례를 대상으로, 그리고 역으로 경험적 연구는 점진적이되 가능한 통제된 방법으로 개별적 예시화로부터 문화 특정적 사례의 예시화, 그리고 더 높은 층위에서 더욱 일반적인 규칙성을 모색하는 방향으로 진행될 것이다. 이렇게 하면 필자가 1995년 저서에서 예측한 바와 같이 번역학 전반의 발전 과정에서 기술적-설명적 분야의 핵심적인 역할이 분명 강화되리라 본다. 이는 초기 가능성에 관한 기본 이론으로부터 점차 더욱 정교한 '개연성' 이론(투리, 1995, pp.14-17)으로 옮겨가는 과정에서 특별한 의미가 있을 것이다. 한 가지 확실한 점은 우리가 무엇을 논하고 무엇을 하든 '규칙성을 향한 여정(hunt for regularities)'은 지금도, 앞으로도 연구 대상이라는 것이다.

이렇게 우리는 다시 출발점으로 돌아왔다.

7. 결론 도출

본고에서 제시한 순환 모델을 마무리하였으므로 이쯤에서 논의를 멈추는 것이 타당할 듯 하다. 이제 요약과 더불어 본고의 부제에서 제시하였으나 아직 다루지 않은 외연성을 간략히 살펴보고자 한다.

본고를 요약한 내용은 다음과 같다.

1. 규칙성은 개별 번역 행위(또는 번역 텍스트)에서 시작하여 사다리를 올라 현존하는, 그리고 가능한 모든 형태의 번역 행위에 적용되는 전반적인 번역 개념까지 모든 층위에서 발견될 수 있다. 그러므로 상이한 조건에서 번역이 (일반적으로) 포함할 *수 있는* 대상, 또는 포함*하는* 대상(특정 사례)은 물론 어느 정도 포함할 *개연성이 있는* 대상을 이해하는데 타당하며 동시에 도움이 된다.
2. 앞서 언급한 사다리의 다리 쪽, 즉 하단에 가까울수록 규칙성 설정은 물론 규칙성의 계량화가 용이해지므로 최소한 빈도 값 자체에 어느 정도 의미를 부여하는 것도 용이해진다. 사다리의 제일 아래 칸에는 빈도가 0 또는 1인 매우 낮은 층위의 현상, 즉 전혀 없거나 체계적으로 발생하는 경우가 발견될 수도 있으나, 해당 사례의 층위가 사다리 칸을 올라가면 이러한 현상은 더 이상 발견되지

않을 것이다.

3. 연구 대상을 확대 또는 일반화하지 않는다면 사다리를 올라갈수록(즉 코퍼스의 이질성이 커질수록) 빈도 값은 낮아지고 수치 자체의 의미도 약화될 것이다. 빈도 관련 진술은 점차 확률론적 설명으로 대체될 것이다.
4. 마지막으로 사다리의 꼭대기로 올라갈수록 수치는 거의 사용하지 않는 정량적 성질이 증가하는 확률론적 조건부 명제만 제시할 수 있을 것이며, 사다리의 맨 꼭대기는 번역 자체의 개념에 내포된 외연화 특성에 불과한 일반적 진술만 가능할 것이다. 이는 "규칙성이 얼마나 많아야 '규칙성'인가"라는 유명한(혹은 악명 높은) 질문이 힘을 잃게 된다는 의미이다.

이제 다음과 같은 질문이 따른다. 확률론적 조건부 사고는 기술론적 번역학(DTS: Descriptive Translation Studies) 관점에서 분명 반기는 만큼 실제 확률론적 설명을 우리가 모색하는 보편소로 볼 수 있는가? 다시 말해 번역에서 **모든 규칙성에 조건을 달고 어느 정도만 확률 가능성이 있다**[10]면 이러한 확률론적 명제 자체가 그토록 열망해온 보편소를 의미하는가?

이미 힌트를 제시한 바와 같이 필자가 제시하고자 하는 대답은 최소한 일부 연구가 진행되기 전까지는 '그렇다' 이다. 필자는 다른 영역과 마찬가지로 여기에서도 '실재론(essentialism)'을 믿지 않는다. 개인적으로 번역 보편소의 전반적인 문제는 *존재*, 말하자면 '세상에 있는' 문제가 아니라 *설명력*의 문제이다. 개별적이고 규범을 따른 사례를 넘어서는데 설명력이 지금까지 우리가 가진 가장 강력한 도구라고 믿으므로 적어도 당분간은 이러한 입장을 고수할 것이다. 꼭 '보편소'까지는 아니더라도 도구로서는 그러하다.

과거 필자는 1976년 학위논문에서 (히브리어의 대응어였기에) '보편소'

라는 단어를 사용한 바 있으나 바로 사용을 중단하였으며, 이후 다른 학자들이 보편소를 사용하기 시작한 후(뉴먼(Newman), 1985, 1986 등)에도 보편소라는 용어 사용을 자제하였다. 1980년대 초 필자가 선호한 개념은 '법칙(laws)'이었으며, 아직 이러한 입장을 바꿀 이유는 없다. 사실 본고에서 주로 '보편소'를 사용한 이유는 워크숍 주최측에서 제시하였고(앞서 언급한 EST 총회 세션도 마찬가지) 참석자 대부분이 사용한 용어이기 때문이다.

필자가 '법칙'을 선호하는 이유는 '보편소'와는 달리 개념 자체에 *예외*의 가능성(확률이 1인 경우가 절대 존재하지 않으므로 확률론적 관점에서는 중요한 개념)이 포함될뿐더러 *다*른 층위에서 작용하는 *다*른 법칙의 도움으로 [외견상] 어떠한 법칙의 예외를 언제든 설명할 수 있기 때문이다.[11] 요약하면 필자는 번역학에서 '보편소' 개념을 유지함으로써 얻는 이점이 우리가 기울인 노력만큼의 가치가 있다고 생각하지는 않는다. 그러나 필자가 틀렸을 수도 있다. 어쩌면 향후 연구물이 필자의 마음을 바꿀지도 모르겠다.

미주

* 본고의 축약본은 "번역학: 주장, 변화 그리고 도전(Translation Studies: Claims, Changes and Challenges)"을 주제로 2001년 8월-9월, 덴마크 코펜하겐에서 개최된 제3차 EST 총회에서 발표되었다.

1. 그러나 본고에서 보편소 후보는 굵은 글씨체로 강조하였다.

2. 이러한 연구로는 총 10개 텍스트, 2,000여 표현 중 각 텍스트에서 최초 200개의 부사 상당어를대상으로 영어 부사의 스웨덴어 번역 양상을 연구한 한스 린트크비스트(Hans Lindquist), (린트크비스트, 1984), 그리고 근대 독일 소설 4,000여 페이지 중 Der Schrank seufzt 유형 1,188개를 대상으로 독일어 동사 은유의 스웨덴어 번역 양상을 연구한 우베 캬르(Uwe Kjär)의 박사학위논문(캬르, 1988) 등이 있다.

3. 실제 첫 번째 연계 역시 생략되었을 수 있으므로 단어가 번역학 연구에서 관찰되고 제시되는 가장 낮은 층위의 항목이라고 가정하거나 낮은 층위의 항목이 연구 대상으로서 반드시 흥미가 덜 할 것이라 가정할 필요는 없다.

4. 첨언하자면 이러한 설명은 현재 번역학에 적용되는 코퍼스 연구의 일부 한계를 강조한다. 코퍼스 연구는 [비교적] 용이하게 낮은 층위에서 방대한 자료를 완전 자동으로 취합하여 상당히 용이하고 신뢰할만한 실제 빈도를 계산한다. 그러나 확률 측정을 훨씬 어렵게 만드는 일반성 척도가 증가하면 방법은 더욱 복잡해지나 자동 작업은 더욱 줄어들게 된다.

5. 따라서 할리데이가 번역을 다룬 일부 논문(할리데이, 1993a 등)에서 유사한 접근법을 적용하지 않았다는 사실은 상당히 놀랍다.

6. 주석 1 참조.

7. 따라서 원형적 번역이 '전문 번역가'의 속성인지(할베르손, 2000 등) '타고난 번역가'의 속성인지(해리스(Harris), 1978) 여부, 그리고 각각의 의미가 무엇인지에 대한 합의도 이루어지지 않은 상황이다.

8. 관련 주장은 투리(2002)에 소개하였다.

9. '전환' 개념 자체는 직관성을 유지할 것이다. 전이의 방법 및 식별 혹은 측정 대상

에 관해서는 이견이 있으므로 여기에서 전이 개념을 다루면 논점에서 벗어나게 된다.

10. 이 진술 자체는 보편소의 또 다른 후보가 될 수 있다.

11. 예컨대 예상했던 (항상 발생할 수 있는) 음운 변화가 일어나지 않으면 주로 추후 생긴 증거로 타당성을 입증한다. 즉 법칙의 효력이 중단됐거나 언어 접촉 상황에서 외부로부터 유입된 증거로서, 또는 두 가지 이유가 복잡적으로 작용한 결과라고 설명할 수 있다.

참고
문헌

Halliday, Michael A. K. (1991a). Towards Probabilistic Interpretations. In E. Ventola (Ed.), *Functional and Systemic Linguistics: Approaches and Uses* (pp.39-61). Berlin/New York: Mouton de Gruyter.

Halliday, Michael A. K. (1991b). Corpus Studies and Probabilistic Grammar. In K. Aijimer & B. Altenberg (Eds.), *English Corpus Linguistics: Studies in Honour of Jan Svartvik* (pp.30-43). Harlow: Longman.

Halliday, Michael A. K. (1993a). Language Theory and Translation Practice. *Rivista internazionale di tecnica della traduzione (Trieste),* 0 15-25.

Halliday, Michael A. K. (1993b). Quantitative Studies and Probabilities in Grammar. In M. Hoey (Ed.), *Data, Description, Discourse: Papers on English Language in Honour of John McH. Sinclaire on his sixtieth birthday* (pp.1-25). London: Harper Collins.

Halverson, Sandra (2000). Prototype Effects in the 'Translation' Category. In A. Chesterman, N. Gallardo San Salvador, & Y. Gambier (Eds.), *Translation in Context: Selected Contributions from the EST Congress, Granada 1998* (pp.3-16). Amsterdam/Philadelphia: John Benjamins.

Harris, Brian (1978). The Difference between Natural and Professional Translation. *Canadian Modern Language Review, 34,* 417-427.

Kjär, Uwe (1988). *Der Schrank seufzt: Metaphern im Bereich des Verbs und ihre Übersetzung.* Göteborg: Acta Universitatis Gothoburgensis.

Lindquist, Hans (1984). The Use of Corpus-based Studies in the Preparation of Handbooks for Translators. In W. Wilss & G. Thome (Eds.), *Translation Theory and Its Implementation in the Teaching of Translating and Interpreting* (pp.260-270). Tübingen: Gunter Narr.

Newman, Aryeh (1985-1986). Translation Universals - Perspectives and Explorations. In M. Gaddis Rose (Ed.), *Translation Perspectives III: Selected Papers, 1985-1986* (pp.69-83). Binghamton: State University of New York at Binghamton.

Reichenbach, Hans (1948). *The Theory of Probability: an Inquiry into the Logical and Mathematical Foundations of the Calculus of Probability.* Berkeley: University of California Press.

Steiner. Erich (2001). *How (Translated and Otherwise Interlingual) Texts Work is Our Way into What, Why and To What Effects. Target,* 13, 343-348.

Toury, Gideon (1977). *Translational Norms and Literary Translation into Hebrew, 1930-1945.* Tel Aviv: The Porter Institute for Poetics and Semiotics, Tel Aviv University. [A slightly revised version of a 1976 PhD Dissertation; in Hebrew.]

Toury, Gideon (1980). *In Search of a Theory of Translation.* Tel Aviv: The Porter Institute for Poetics and Semiotics. Tel Aviv University.

Toury, Gideon (1987). Integrating the Cultural Dimension into Translation Studies: An Introduction. In G. Toury (Ed.), *Translation across Cultures* (pp.1-8). New Delhi: Bahri.

Toury, Gideon (1993). Probabilistic Explanations in Translation Studies. Plenary Lecture in the Postgraduate Seminar Translation Theory and Research, Savonlinna School of Translation Studies, University of Joensuu.

Toury, Gideon (1995). *Descriptive Translation Studies and beyond.* Amsterdam: John Benjamins.

Toury, Gideon (2002). What Is the Problem with 'Translation Problem'? In B. Lewandowska-Tomaszczyk & M. Thelen (Eds.}, *Translation and*

Meaning, Part 6 (pp.57-71). Maastricht: School of Translation and Interpreting.

Toury, Gideon (Forthcoming). Probabilistic Explanations in Translation Studies: Universals - Or a Challenge to the Very Concept? In G. Hansen, K. Makmkjsær, & D. Gile (Eds.), *Translation Studies: Claims, Changes and Challenges: Proceedings of the 3rd Congress of EST.* Amsterdam/P hiladelphia: John Benjamins.

특수성을 넘어*

앤드류 체스터만(Andrew Chesterman)
헬싱키대학교 (University of Helsinki), 핀란드

1. 서론

학문은 모름지기 보편성을 추구한다. 학문의 목적은 특정 사례에서 일반적인 규칙성이나 법칙을 발견하여 전달하거나, 단일 사례를 넘어서 적용되는 보편적인 기술적 가설(general descriptive hypotheses)을 제안함으로써 지식을 전수하는데 있다. 복수의 단일 사례 간 유사성을 모색하고, 이후 해당 사례를 일반화 해야만 학문은 미래 혹은 미(未)연구 사례에 대한 예측력을 갖출 수 있다. 이러한 방법을 통해야만 학문은 해당 분야에서 관련성이 있는 일반적 설명 법칙에 대한 이해의 길로 나아갈 수 있다. 또한 이러한 방법을 통해야만 학문은 인접 학문과의 연계성을 창출할 수 있게 된다. 일반화를 위한 노력이 간과된다면 번역학(Translation Studies)과 같은 학제간 연구 분야는 쇠퇴할 수밖에 없다.

보편성 추구는 특정 사례 사이, 또는 사례군 사이의 유사성, 규칙성, 유형에 대한 모색을 의미한다. 그렇다고 각각의 특정 사례에서 특수하게 나타나는 현상의 존재 혹은 중요성을 부인하는 것은 아니다. 더욱

이 사례 간 차이의 존재 혹은 중요성을 부인하지도 않는다. 최상의 경우 보편성을 추구하는 연구를 통해 연구자가 전체 그림에 대한 이해를 증진하는 관점에서 유사성과 차이점을 모두 관찰하고, 한 분야의 그림이 다른 분야의 그림과 어떤 관련성을 갖게 되는지 알 수 있게 된다.

번역학은 지금까지 세 가지 방법으로 특수성의 한계를 극복하는 방법을 추구했다. 세 방법 모두 언어적 특성을 고찰(및 모색)했는데, 번역과 (1) 출발 텍스트(source text), 그리고 (2) 도착어 (target language)의 관계에 주목했다. 필자는 이러한 연구 방법을 (a) 처방적 견해(prescriptive route), (b) 경멸적 견해(pejorative route), (c) 기술적 견해(descriptive route)로 명명하고자 한다. 기술적 견해 부분에서는 모든 번역 또는 특정 분야의 모든 번역이 마땅히 보여주거나 보이지 말아야 할 제반 특성에 대한 견해를 함께 살펴보고, 경멸적 견해 부분에서는 모든 번역물이나 대부분의 번역물, 또는 일부 장르에서 실제 나타나는 바람직하지 않은 특성에 대한 견해를, 그리고 처방적 견해 부분에서는 번역물 또는 하위 분야에서 나타날 수 있는 보편적 특성에 대한 견해를 살펴보되 명시적인 가치 판단은 유보하고자 한다.

각각의 견해는 여러 문제점과 더불어 기여한 측면도 있다.

2. 처방적 견해

특수성을 떠나 가장 오래되고 전통적인 견해는 모든 번역에 적용되는 처방적 보편성에 관한 주장을 펴는 것이었다. 이러한 주장은 대개 "모든 번역은 X라는 특성을 갖고 Y라는 특성을 가지면 안 된다"라는 형식을 갖추고 있다. 따라서 보편적 유효성이라는 일종의 번역 이상(translation ideal)을 반영한다. 이러한 주장은 돌레(Dolet)과 타이틀러(Tytler)의 번역 원칙 등 초기 문헌에 비일비재하다. 처방적 견해의 백미는 세이보리(Savory)가 주장한 상호 모순적 원칙의 역설적 목록이 아닐까 한다.

돌레 (La manière de bien traduire d'une langue en aultre (좋은 번역 방법론), 1540, 5대 일반 원칙 중 3개 원칙)

번역은 *원문을* 단어 대 단어로 바꾸는 번역이어서는 안 된다.

번역은 낯선 단어 및 표현을 지양해야 한다.

번역은 어설프지 않고 세련되어야 한다.

타이틀러 (Essay on the principles of translation(번역 원칙에 대한 소고), 1797)

번역은 원본에 제시된 생각을 완전하게 옮겨야 한다.

번역은 출발 텍스트와 동일한 문체를 유지해야 한다.

번역은 원본 텍스트처럼 자연스러워야 한다.

세이보리 (1968, p.54)

1. 번역은 반드시 원본의 단어를 사용해야 한다.
2. 번역은 반드시 원본의 생각을 전달해야 한다.
3. 번역은 원본 작품처럼 읽혀야 한다.
4. 번역은 번역처럼 읽혀야 한다.
5. 번역은 원본의 문체를 반영해야 한다.
6. 번역은 번역문의 문체를 포함해야 한다.
7. 번역은 현대판 원본으로 읽혀야 한다.
8. 번역은 현대판 번역물로 읽혀야 한다.
9. 번역은 원본 내용을 추가하거나 생략할 수 있다.
10. 번역은 원본의 내용을 절대로 추가하거나 생략할 수 없다.
11. 운문 번역은 산문 형식을 띠어야 한다.
12. 운문 번역은 운문 형식을 띠어야 한다.

문제: 과도한 일반화 (차이점 무시). 처방적 견해의 약점은 당연히 여러 번역물이 한 종류에 국한되지 않는다는 사실을 고려하지 않는다는 것이다. 처방적 원칙은 일부 번역 양식(또는 텍스트 타입)에 유효할 수 있다. 일단 유효성이 검증되면 번역 유형론(translation typology)에 대한 필요성이 제기된다.

이러한 유형 분류에 첫 번째 시도는 다음과 같은 의견을 개진한 히에로니무스(Jerome)이다.

> 히에로니무스(De optimo genere interpretandi(최상의 해석에 관하여), p.351)
> 성서 번역은 직역, 즉 단어 대 단어 번역으로 이뤄져야만 한다(원전의 단어 순서 자체가 거룩한 신비(holy mystery)이므로 번역사는 이단의 위험을 감수할 수 없기 때문이다).
> 그 밖의 텍스트 번역은 좀 더 자유로운 의미 대 의미 번역이 되어야 한다(직역은 터무니없는 경우가 있기 때문이다).

문제: 역(逆)우연의 오류(fallacy of converse accident). 역 우연의 오류란 일반적으로 일어나지 않는 특수성을 일반화함으로써 비롯된 오류를 말한다. 역시 차이점을 간과한다. 문학 텍스트나 성서와 같이 특정 분야의 텍스트 번역에 근거한 의견이 모든 종류의 텍스트, 그리고 모든 종류의 번역에서도 유효하다고 가정한다. 이러한 오류의 흔적은 비교적 최근에 발표된 번역 이론 서적에서도 발견된다. 1992년 발표된 "번역의 제반 이론(Theories of Translation)" (슐테와 비그네트(Schulte & Biguenet) 편저)이라는 에세이 선집이 대표적인 예이다. 이 책에 수록된 에세이 대부분은 실제 고전이다. 그러나 두 편을 제외하고는 모두 문학 번역만을 다루고 있다. 내용을 보면 번역 이론을 문학 번역 이론과 거의 동일시

함으로써 문학 이론이 모든 번역에 적용되는 전형적인 방식이라는 인상을 갖게 된다. 베누티(Venuti)가 최근 발표한 선집(2000)도 대부분 문학 작품에 관한 내용을 다룸으로써 유사한 인상을 갖게 된다.

문제: 이상화(idealization). 본고에서 말하는 이상화란 완벽에 대한 신념, 즉 절대적 등가와 자연스러움을 갖춘 완벽한 번역을 뜻한다. 이상화 관점은 모두 기적과 같이 동일한 해결책에 도달한 칠십인역(Septuagint)에 참여 번역사 72명과 마찬가지로 성서의 신화적 영향이 강하게 남아 있다…

기여: 일반화를 위한 최초의 시도. 앞서 소개한 초기 처방적 견해는 일반적 원칙과 한도를 설정하기 위해 특수성을 극복하려는 최초의 시도였다. 처방적 견해는 아래의 주장과 같은 암묵적 예측 가설에 기초한다.

- X라고 주어진 번역은 좋은 번역물이다(다시 말해 번역물에 대하여 효과를 판단한 누군가의 반응이다)
- 수준 판단의 근거는 번역물 X에 ABC라는 특징의 존재 여부이다.
- 따라서 ABC라는 특징을 갖춘 모든 번역물은 좋은 번역물이며 타인도 동일하게 반응할 것이다.

위의 주장은 물론 세 가지 가정을 모두 수용해야만 성립한다. 즉 X라는 번역물의 수준 평가는 다른 특징이 아니라 ABC라는 특징의 존재 여부에서 비롯되고, 모든 번역물은 X와 같은 타입이며, ABC라는 특징은 높은 수준을 나타내는 범용 지표라는 가정을 모두 인정해야 한다.

기여: 유형론 후속 연구. 히에로니무스 이후 번역 유형을 정하기 위한 여러 시도가 있었다(간단한 설문 내용은 체스터만(Chesterman), 1999)을 참

조). 그러나 아직 일반적으로 수용된 것은 없다.

기여: 번역 수준과의 연계성. 번역 실무 참여자라면 누구나 번역 수준에 큰 관심을 갖게 된다. 기술론 측에서는 번역학의 학문적 토대를 강화할 욕심에 전통적인 처방론에 어쩌면 과민반응을 했을지도 모른다. 그러나 수준 평가는 번역 효과의 일부로 인정되므로 경험적 분석에서 제외할 필요가 없다. 번역 수준을 정의하고 신뢰할만한 방법론을 고안하는 일이 번역 효과 연구를 위한 진정한 연구 문제이다.

3. 경멸적 견해

특수성 극복을 위한 두 번째 견해는 앞서 소개한 처방적 견해와 관련이 있으나 방향이 다르다. 경멸적 견해에 따르면 모든 번역(또는 특정 장르의 모든 번역)은 여하간 결핍 요소가 있다. 다시 말해 일부 부정적인 특징이 나타나는 일련의 번역물 특성을 규정하려 한다. 경멸적 견해에서는 번역물이 부수적 텍스트에 불과하여 충실할 필요도, 아름다울 필요도 없다는 유명한 '상실과 배신(loss and betrayal)'의 비유를 접하게 된다.

번역물이 불충실한 이유는 의역, 유창성, 자국화 정도가 지나치기 때문이며, 이러한 문제는 주로 문학 비평 분야에서 제기된다. 번역물이 아름답지 않은 이유는 관광 안내책자, 메뉴 등에서 자주 목도되는 부자연스런 도착어가 포함되기 때문이다(웹에서 관광 영어(Tourist English)를 검색하면 수 십 개 사례를 볼 수 있다).

이와 같은 경멸적 견해는 번역사가 결국 영원한 실패의 굴레에서 헤어나지 못하기에 경멸의 대상이나 비웃음거리가 된다는 수 백 가지 의견을 제시한다. 비평가들이 전형적인 번역의 약점으로 지목하는 분야는 문학 분야인데, 최근 앙트완 베르만(Antoine Berman)이 문학 번역에 대한 비평을 내놓았다. 간단히 말해 베르만은 문학 번역이 일반적으로 지나친 의역으로 이루어진다고 보았다. 문학 번역의 "기형화(deforming tendencies)"에 대해 베르만이 제시한 목록은 다음과 같다(베르만, 1985; 먼데이(Munday), 2001, pp.149-151 참조).

- 합리화 (응결성 강화)
- 외연화 (명시화)
- 확장
- 고상화(ennoblement) (더욱 우아한 문체)
- 질적 저하(문체가 평범해짐)
- 양적 저하(어휘 다양성 손실)
- 운율 파괴
- 기저 의미망 파괴
- 언어 정형화(linguistic patterning) 파괴 (동질성 강화)
- 토착어 네트워크(vernacular network) 또는 토착어의 외래화(exoticization) 파괴 (방언의 손실 또는 강화)
- 관용어 표현 파괴(TL의 등가 관용어 표현으로 대체하면 안됨)
- 언어의 중복 표현 소멸 (다국어 출발 텍스트)

위와 유사한 견해는 번역, 특히 자신의 작품 번역에 대한 쿤데라(Kundera)의 생각에서도 나타난다(쿤데라, 1993, p.123f). 쿤데라는 번역사가 은유 표현을 위반하거나 단순한 어휘를 복잡하게 표현하려는 경우, 반복을 줄이거나 구두점을 바꿔 문장의 운율을 망치는 경우, 심지어 조판을 바꾸는 경우에도 불만을 드러냈다.

이상과 같이 단점으로 추정되는 내용 중 일부는 앞으로 살펴볼 기술적 견해에서도 다시 나타난다.

문제: 번역 수준에 대한 추정 – 다시 등장하는 과도한 일반화. 번역

수준 추정과 관련한 문제는 번역 유형으로 발전시키는데 실패한 측면보다는 용인되는 번역(acceptable translation)의 구성 요소에 최우선적으로 접근하는, 매우 제한적인 선험적 견해라는 점이다. 이러한 견해는 과도한 편협성을 바탕으로 다른 번역물에 대해서도 비판을 가하는데, 이들이 내세우는 엄격한 형태적 등가, 또는 완벽한 도착어를 기준으로 삼는 견해를 제외하고 다른 기준을 적용하면 완벽하게 용인되는 번역인 경우도 있다. 모든 번역이 꼭 완벽하게 자연스런 TL일 필요는 없을 테니 말이다(여기서 "자연스런"이란 '무표적(unmarked)'이라는 의미인데 일반 독자는 언어 형태 자체에 대입적(de dicto)으로 반응하지 않기 때문이다). 우리는 보통 명절에 즐거움을 주는 유쾌한 메뉴나 공고문을 잘 이해하고 심지어 이러한 메뉴나 공고문을 기다리기까지 한다. 그리고 비 원어민 화자의 경우 부자연스러운 (유표적(marked)) 언어에 대해 주의를 기울이는 정도가 덜하다. 많은 문학 번역에서 약점으로 지적되는 사안에 대해서는 대다수 문학 번역 작품 독자가 의역과 더욱 자연스러운 번역물을 선호할 수 있다는 사실로 대응할 수 있을 것이다. 따라서 문학 비평에서 제기하는 비판은 개인 선호도 문제로 국한시킬 수 있다.

문제: 형태적 문체 보편소의 보편성에 대한 억측. 이 문제는 성격이 다르다. 앞서 언급한 문학 비평의 경우 (반복 등) ST에 해당하는 형태적 특징이 수사학 규범이나 문체 규범이 존재하는 다른 문화권 독자에게는 기대와는 매우 다른 효과를 가져올 수 있다는 사실을 간과한 듯 하다. 따라서 위의 문학 비평 입장은 형태를 위한 형태, 그리고 아직 발현되지 않은 형태적 문체 보편소의 존재, 분포와 빈도에 대한 신념을 근거로 문화적 상대성의 존재 가능성을 간과한다. 즉 형태적 등가는 중시하면서도 역동적 등가는 등한시한다.

문제: 번역사 지위에 대한 사회문화적 효과. 경멸적 일반화 견해에서 결코 바라고 싶지 않은 효과는 대중이 번역사의 역할에 대해, 그리고

번역사가 자신의 역할을 폄하하는 인식을 갖게 하는 경우이다. 자학은 죄를 짓게 되는 지름길이다.

기여: 번역 수준에 대한 관심. 비록 경멸적 견해는 이해의 폭이 좁기는 하지만 번역 수준에 대한 실제 관심을 드러낸다. 특수성 극복의 측면에서 경멸적 견해를 통해 번역 수준 평가에 더욱 정교하고 다양한 기준이 개발되어야 한다는 필요성을 깨닫게 된다(번역 수준 평가에 대한 최근 동향은 섀프너(Schäffner, 1998)과 더 트렌슬레이터 (The Translator) 6권 2호(2000) 특별호 참조).

기여: 윤리적 문제 자각. 경멸적 견해의 또 다른 기여는 베르만을 위시한 여러 비평가가 제기한 윤리 중심 문제, 그리고 일반적으로는 타자(the Other)에 대한 표현을 들 수 있다. 이러한 견해를 통해 번역이 이루어지는 맥락을 보다 넓은 철학적 관점에서 조망할 수 있게 되었고, 이후 번역 윤리에 대한 연구에 상당한 영향을 주었다(관련 내용은 더 트렌슬레이터 7권 1호(2001) 참조).

4. 기술적 견해

특수성에 대한 세 번째 견해는 일각에서 번역 보편소라 부르는 최근의 코퍼스 기반 연구가 대표적이다. 해당 연구의 기원은 번역이 출발어 코드와 도착어 코드와는 다른 제 3의 코드(third code)를 구성한다는 프롤리(Frawley, 1984)의 견해에서 찾을 수 있다. 아울러 외연화(explicitation)에 대한 블룸-쿨카(Blum-Kulka, 1986)의 가설, 그리고 번역 법칙(translation laws)에 대한 투리(Toury, 1995)의 가설 역시 기원으로 볼 수 있다. 여기에 언어학 분야의 언어 보편소(linguistic universals), 그리고 사회언어학 분야의 언어 변이(language variation)에 관한 배경 연구 역시 기원으로 언급되어야 할 것이다.

기술적 견해는 주류(high road)와 비주류(low road) 등 2개 흐름이 동시에 발전한 것으로 볼 수 있다. 주류 연구는 실제 모든 번역물에 해당하는 주장이므로 보편적 특징에 대한 주장으로 보는 것이 타당하다. 이러한 조류는 번역에 대한 언어학 연구의 핵심을 이루는 2개의 대조 텍스트언어학 관계에 따라 출발 텍스트와의 등가 관계 연구, 그리고 번역물과 도착어 내 비(非) 번역 텍스트를 비교하는 텍스트 적합성(textual fit) 관계 연구 등 2개 연구 분야로 나뉜다. 다시 말해 상이한 2개 참조 코퍼스를 활용하는 것이다. 일부 가설에서는 번역물과 번역물의 출발 텍스트 간 보편적 차이점, 즉 번역사의 출발 텍스트 처리 방법 특징을 찾아야 한다고 주장하는데 본고에서는 이를 *S-보편소*(S-universals)라 하겠다(S는 Source의 앞 글자이다). 한편 번역물과 비교 대상 비(非)번역 텍스트, 즉 번역사가 도착 텍스트 처리 방법의 특징을 찾아야 한다는 주장도 있는데 본고에서는 이를 *T-보편소*(T-universals)라 하겠다(T는 target의 앞 글자이다). T-보편소는 경멸적 견해에서 제기한 자연스럽지 않음(unnaturalness)과 번역투(translationese)에 대한 비판이 기술적 견해 관점에서 제기되는 경우다.

다음의 예는 앞서 제안한 보편소의 두 가지 유형을 다룬다. 아래의 주장은 아직 가설 단계라는 점을 상기해주기 바란다. 몇몇 예는 다른 예에 비해 확증적인데 반하여 반증의 사례도 있으므로 최종 판단은 유보하기로 한다.

S-보편소 후보군

- 길이의 증가: 번역물은 출발 텍스트에 비해 길어지는 경향이 있다 (베르만의 확장(expansion), 비네와 다블네(Vinay & Darbelnet), 1958, p.185 등 참조)

- 간섭의 법칙 (투리, 1995)
- 표준성의 법칙 (투리, 1995)
- 방언의 표준어화 (엥글룬드 디미트로바(Englund Dimitrova), 1997)
- 복합 서술체(complex narrative voices) 감소 (타이발코스키(Taivalkoski), 2002)
- 외연화 가설 (블룸-쿨카, 1986; 클라우디(Klaudy), 1996; 외베로스(Øveås), 1998) (예: 번역물의 결속성(cohesion) 강화)
- 건전화(sanitization) (케니(Kenny), 1998) (관습적 연어(conventional collocation) 사용 빈도가 높음)
- 재(再)번역 가설 (추후 번역된 경우가 출발 텍스트에 더 가까움, *팔림세테스(Palimpsetes)* 4권(1990) 참조)
- 반복 감소 (베이커(Baker), 1993)

T-보편소 후보군

- 단순화 (라비오사-브레이스웨이트(Laviosa-Braithwaite), 1996)
  어휘적 변화 감소
  어휘 밀도 저하
  고(高)빈도 항목 사용 증가
- 관습화(conventionalization) (베이커, 1993)
- 비(非)전형적 어휘 패턴(및 안정성 약화) (마우라넨(Mauranen), 2000)
- 도착어 특정 항목(TL-specific items)의 불완전한 표현 (티르코넨-콩디(Tirkkonen-Condit), 2000)

이후 연구는 일반적 주장의 조작화(operationalizing), 즉 주장의 내용을 구체적 용어로 해석한 이후 다양한 자료로 검증을 실시함으로써 실제 보편성의 정도를 확인하는 방향으로 진행된다. 예컨대 앞서 제기된 주장이 번역이라는 전체 집합이 아니라 부분 집합에 적용되는가? 이는 현대 기술적 연구가 추구하는 두 번째 흐름, 즉 비주류적 연구로 이어진다.

비주류적 연구의 흐름은 완만한 단계를 거치는데 특정 사례에서 일부 공통 사례로, 그리고 이후 대상을 점진적으로 확대하는 방향으로 진행된다. 이러한 흐름은 (일반화에서 시작하는) 하향식(top-down)보다는 (특수 사례에서 시작하는) 상향식(bottom-up)으로 이뤄진다. 실제 부분 집합에 한해 유관한 경험적 연구 결과에 근거한 보편적 가설 역시 제한적으로 제시될 수 있다. 부분 집합의 일반화 역시 앞서 기술한 보편적 주장과 마찬가지로 출발어-도착어 관계에 대한 주장, 그리고 번역문/비(非)번역문 관계에 대한 주장 등 2개 종류로 분류된다.

상향식 접근법의 핵심은 부분 집합을 정의하는 제반 기준에 있다. 이러한 기준은 실제 상향식 접근법 주장의 범위를 제한하고 한정하는 여러 조건을 규정한다. 독립적이거나 복합적으로 사용되는 제반 조건은 다음과 같다.

- *언어 특정 기준(language-bound criteria)*: 특정 언어 쌍과 특정 번역 방향 간 번역에 관한 주장이다. 프랑스어와 영어의 번역에 대한 비네와 다벨네(1958)의 저서, 그리고 프랑스어와 독일어의 번역에 관한 말블랑(Malblanc, 1963)의 저술 등 번역학 고전을 참조하기 바란다. 언어적 요인에서 비롯된 번역 특징을 연구할 때 기존의 대조 분석 및 대조 수사학의 연구 결과가 설명 차원에서 유용하게 활용될 수 있다(예: 도허티(Doherty, 1996). 가령 마이아(Maia, 1998)는 영어를 포르투갈어로 번역할 때 영어 어순이 포르투갈어 어순에 끼치는 영향에 대한 특징을 고찰한 결과 번역물에서 비(非) 번역 포르투갈어 텍스트와는 다른 어순 분포가 나타난다는 사실을 발견했다.
- *시간 및 장소 특정 기준 (time-bound and place-bound criteria)*: 특정 시기 및 특정 문화와 관련된 주장이다. 가령 20세기 초 시(詩) 번역

에 관한 히브리어 규범에 관한 내용은 투리(1995, p.113f)를 참조하기 바란다.

- *유형 특정 기준(type-bound criteria)*: (특정 텍스트 유형이나 스코포스 유형과 관련된 특징 등) 특정 번역 유형에 관한 주장이다. 성서 번역, 자막 번역, 기술 번역, 시(詩) 번역, 만화 번역, 요약 번역 등 예가 많다. 가령 마우라넨(2000)은 대중적인 논픽션 번역의 어휘 패턴 규범이 학술 텍스트 번역에 비해 이탈 정도가 크다는 결과를 얻었다.
- *번역 특정 기준 (translation-bound criteria)*: 특정 번역사의 번역물에 관한 주장이다(가 기술한 번역사의 개인적 문체에 관한 베이커(2000)의 연구를 예로 들 수 있다). 또는 번역사의 유형(학습자, 성별, 번역 방향 등)에 관한 내용도 포함한다.
- *상황 특정 기준(situation-bound criteria)*: 출판 또는 편집 과정, 사내 문체 규정 등 특정 조건에 관한 주장이다. 밀튼(Milton, 2001)의 연구를 참조하기 바란다.

이러한 연구를 통해 특정한 특징이 일부 번역의 부분 집합에서는 전형적(또는 비(非)전형적)이라는 사실을 발견하거나, 특정한 특징이 1개 이상의 부분 집합에서 전형적(또는 비(非)전형적)으로 나타난다는 사실을 발견할 수 있다.

세 번째로 제시한 기술적 견해 역시 문제가 없지 않다. 실제 일부 학자는 이러한 견해를 모두 배척하는데, 다른 번역물과 비교해서 나타나는 유사성에 연구의 초점을 맞추는 대신 특정 번역에서 나타나는 독창적 성격에 집중하기도 한다.

문제: 테스트의 어려움. 상향식 접근법을 검증하면 확증이 나오는 경우도, 그렇지 않은 경우도 있다. 그렇다면 검증은 얼마나 엄격하게 진행되는가? 예를 들어 외연화나 표준화를 연구한다면 번역물에서 조금

이라도 논거가 나타나기 마련이다. 하지만 이러한 발견이 얼마나 의미 있는 것일까? 외연화 또는 표준화된 *대상*이 어떠한 조건에서 나타나며 검증을 실시하는 과정에 대하여 일반화를 제안하고 이를 검증하는 일이 더 힘들 수도 있다. 외연화나 표준화에 관한 증거를 발견하지 못하는 것 자체가 놀라움이므로 강력한 결과가 된다. 여기에 다음에 설명하는 분류 예측 검증(엠마 와그너(Emma Wagner, 2001)의 개인 의사소통(personal communication)에서 제시한 제안에 기초)에서도 증거가 발견되면 결과는 더욱 강력해진다. 이러한 보편소가 번역물의 두드러지는 특징으로 나타난다면 번역물 여부를 판단하는 기준으로 활용될 수 있을 것이다. 따라서 출발어 및 도착어 텍스트 쌍을 골라 일부 S-보편소 특징을 살펴보면 각 쌍의 텍스트에서 출발어 텍스트와 도착어 텍스트를 예측할 수 있다. 각각의 텍스트 쌍에서 시험자는 먼저 각각의 텍스트를 차례로 출발어와 도착어로 가정하고 양방향 분석을 실시해야 어떤 방향이 특정한 보편소 경향에 가장 잘 맞는지 알 수 있다. 또는 번역물과 비(非)번역물이 섞인 여러 텍스트를 골라 특정한 T-보편소를 기준으로 분석을 실시한 후 도출된 결과를 바탕으로 각각의 텍스트가 어떠한 분류에 속하는지 예측할 수 있다(번역물 또는 비(非)번역물로 판단). 일부 보편소의 경우 정확성이 훨씬 높은 예측지표(predictor)가 될 수도 있다.

문제: 대표도(representativeness). 모든 번역물, 또는 특정 유형에 속하는 모든 번역물을 대상으로 연구를 진행하는 일은 물론 불가능하므로 표본을 추출해야만 한다. 표본의 대표성이 클수록 일반화된 결과와 주장의 설득력이 높아지기 마련이다. 대표성은 대규모 기계 판독이 가능한 코퍼스가 있다면 한결 용이해지겠으나 그래도 항상 어느 정도 의구심은 남게 된다. 수집한 자료를 인식하지 못한 상태에서 어떤 식으로든 편향성이 남을 수 있기 때문이다. 이러한 상황은 참조 코퍼스로 선정한 비(非) 번역 텍스트에서 종종 발생한다. 대표성 문제는 비교 코퍼스 중

번역 부분과 관련한 연구에서 더욱 근본적인 문제점으로 대두된다. 연구에서 코퍼스를 먼저 유효한 번역물로 고려하는 것이 선험적으로 분명하지는 않다. 번안 등에 대한 경계선이 모호할 경우도 있고, 비(非)전문가 혹은 비(非)원어민 번역물의 포함 여부 문제, 여기에 전문 번역의 정의에 관한 이슈(할베르손(Halverson), 1998 참조)도 있기 때문이다. 그렇다면 "나쁜(bad)" 번역도 포함해야 하는가? 나쁜 번역 역시 일종의 번역물이다.

문제: 보편성(universality). 특정 기능은 보편적이라는 주장을 펼칠 수도 있으나 수집한 데이터가 모든 번역물의 대표성을 갖지 않을 경우 일부 주장에만 유효할 수도 있다. "보편적"이라는 주장 가운데 상당 수가 문학 번역이나 성서 번역으로 국한된다. 그러나 더욱 근본적인 문제는 과거 및 현재의 모든 번역물 중 부분 집합에 대해서만 연구가 가능하므로 도출된 결과물이 실제 보편적이기보다는 문화에 따라 달라질 수 있다는 위험이 상존한다는 것이다(티모츠코(Tymoczko), 1998). 먼저 번역 개념 자체가 문화 특정적(culture-bound)이라는 사실에서 출발해야 한다. 원형(prototype)에 대한 개념도 마찬가지다. 어쩌면 문화 특정성(culture-boundness)의 한계를 완전히 극복하기란 불가능할지도 모른다. 설혹 문화 특정성이 좀 더 일반적인 "서구 문화(Western Culture)"로 확장되더라도 말이다. 보편성에 관한 주장이 어쩌면 진정한 보편성을 갖지 못할 수도 있다는 의미이다.

이와 같은 여러 문제점과 의혹에 관점에서 보면 번역 보편소에 관한 모든 주장은 근사치에 불과할 수도 있다. 그러나 여러 학자가 자신의 주장 내용을 인지하고 있다면 크게 문제될 것이 없다. 결국 코퍼스 연구자의 기본적인 목적은 일반화 추구가 아닌가? 연구자는 최대한 널리 적용되는 일반화를 모색한다. 보편소에 불과하다는 주장은 그래도 홍미롭고 가치 있다. 어떠한 수준에서든 일반화는 이해를 넓힐 수 있다.

문제: 개념화 및 용어. 이 부분에서는 명확해야 할 요소가 많다. 필자는 앞서 S-보편소와 T-보편소 구분을 제안하였다. 베이커(1993)가 최초로 사용한 "보편소"라는 용어는 베이커의 비교 대상의 방점이 번역되지 않은 원본 텍스트(original text)에 있었기에 T-보편소를 지칭한 것으로 보인다. 그러나 베이커가 언급한 선행 연구의 여러 사례에 제시된 여러 증거는 출발 텍스트와의 비교에서 비롯되었기에 (반복의 감소 등) S-보편소 관련 내용으로 볼 수 있다. 구축한 코퍼스에 실제 출발 텍스트가 없다면 S-보편소 관련 연구는 물론 진행할 수 없다. 그러나 S-보편소에 한정되거나 S-보편소 및 T-보편소에 대한 일반적 적용 여부를 알아보기 위하여 보편소라는 용어를 사용한 학자도 있다. 필자는 "보편소"라는 용어 자체가 유효한 동시에 유용하다고 본다. 단 보편소라는 용어는 번역의 일부 부분 집합에 한정되지 않고 실제 보편적으로 사용되는 가설에 대한 주장에 사용되어야 할 것이다.

일부에서는 외연화 가설(블룸-쿨카 등)이나 단순화 가설(라비오사-브레이스웨이트, 1996), 또는 재(再)번역 가설과 같이 위의 여러 주장을 가설로 부르기를 선호한다. 투리가 제안한 간섭 및 표준화 법칙과 같이 법칙을 주장하는 연구자도 있다. 셰발리에(Chevalier, 1995)는 수사학적 비유(rhetorical figures)와 비교 가능한 "번역의 비유(figures of translation)"에 관한 연구를 진행했는데, 셰발리에는 수사학적 분석을 통해 수사학적 기교가 포함된 발화와 포함되지 않은 발화를 구분할 수 있듯 번역 비유를 중립성, 자연성, 또는 "본명성(orthonym)"을 지닌 번역 대안(translation alternatives)과 대조한다. 그러나 아직 핵심 패턴이나 단순히 광범위하게 분포하는 규칙성 연구를 선호하는 학자가 다수이다.

사실 보편소 관련 주장은 범위 조건이 없는 무제한 기술 가설(unrestricted descriptive hypotheses)이라는 기술적 가설의 예에 해당한다. 여기에서 보편소 관련 주장의 범위를 제안하면 제한적 기술 가설(restricted descriptive hypotheses)이 된다.

제반 가설에서 우리는 용어의 과잉을 목도하게 되는데 여러 용어들이 일견 동일한 대상을 의미한다(예: 표준화(standardization 및 normalization), 단순화(simplification), 층위 조절(levelling), 관습화(conventionalization) 등). 이러한 용어들은 번역물과 번역물의 출발 텍스트 사이, 그리고 번역물과 비(非)번역 텍스트 사이의 차이점을 드러내는데 사용되기도 한다. 후자의 경우 학자에 따라 '병렬(parallel)' 텍스트, '비교(comparable)' 텍스트, '원본(original)' 텍스트 등으로 불린다. 필자는 혼동을 피하기 위해 '비(非)번역(non-translated)'이라는 용어를 사용하는데, ST, TT처럼 약어(NT)로 사용하기에도 편리하다.

첨언: 영어에서 '-tion'으로 끝나는 용어처럼 일부 용어의 경우 과정 이해(process reading, 출발 텍스트에서 번역으로)와 결과물 이해(product reading) 사이에서 모호성을 갖는다. 이와 관련한 용어 표준화가 절실히 필요하다.

문제: 조작화(operationalization). 조작화라는 추상적 개념에 대해 연구자 별로 종종 해석 방법이 달라 연구 결과를 비교하기가 어려워진다. 추가적인 반복 실험(replication)을 통해 방법론을 명확하게 기술할 필요가 있다.

문제: 인과성(causalty). 마지막으로 다룰 주요 문제는 인과성 및 인과성 연구 방법에 관한 것이다. 특정한 언어적 특성이 보편적이라는 주장은 중요하다. 그러나 보편성의 원인 역시 중요하다. 현재로서는 합리성을 최대한 발휘해서 추정하는 방법밖에 없다. 어떤 보편소가 존재하든 해당 보편소에 대한 직접적인 원인은 반드시 인간의 인지 능력, 정확히

말하면 번역물을 생산하는 인지 과정에서 찾아야 한다. 어쨌든 번역물은 특정한 인과 관계의 제약을 받는 번역사의 마음 상태에서 비롯된다. 출발 텍스트, 정확히는 텍스트의 의미나 의도된 메시지가 제약 요소로 작용한다. 번역사는 이전 텍스트에서 "말한 내용"으로부터 제약을 받는다. 엄밀히 말하면 번역사는 자신이 이해한 바가 출발 텍스트에 쓰였는가라는 사실로부터 제약을 받는다. 이렇게 해석 과정은 불가피하지만 동시에 필터 역할을 하고, 표준화, 외연화 등에 관해 제기된 S-보편소 중 일부 내용에 대한 해설의 장이 마련되는 과정이 필터링을 통해 제공되는 것으로 판단된다. 필터링을 통해 무관하거나 불명확한 부분은 감소하며, 메시지의 핵심을 정화하고 선택하게 된다. 상세한 작용 기재는 더 지켜보아야 한다.

번역에서 인지 과정에 대한 제약은 모국어 외 다른 언어로의 커뮤니케이션이나 특수한 채널의 제한, 또는 보도문이나 저널리즘과 같이 메시지를 전달하는 모든 형태의 커뮤니케이션 등 다른 종류의 제한된 커뮤니케이션(constrained communication)에서도 나타날 수 있다. 번역과 특히 관련된 여러 요소를 일반적인 제한된 커뮤니케이션 관련 요소와 구분하기는 문제가 있을 수도 있다.

또 다른 설명은 번역의 성격을 의사소통 행위로 규정하고, 번역사가 자신의 사회-문화적 역할을 새로운 독자를 위한 메시지의 중개자(mediator)로 규정(예컨대 클라우디, 1996 참조)함으로써 찾을 수 있다. 번역사는 질서를 강화하기 위해 불확실성(entropy)을 줄이려는 경향이 있다. 번역사는 스코포스의 허용 범위를 지키는 선에서 명확한 글쓰기를 선호하는 경향이 있다. 불명확한(실제로는 대개 독해 불가한) 원본 텍스트에 빛을 준 다음 도착어 독자에게 다가간다는 비유처럼 명확한 글쓰기를 통해 번역사의 역할, 나아가 번역의 필요성이 부각된다. 번역사가 자신의 역할을 자각한다면 향후 텍스트를 읽는 독자에게 중요한 지위를 부여할 수도 있는데, 이러한 자각은 그간 번역 교육 과정에서 강조되었을 수도 있다. 중개자로서의 번역사라는 역할 자각은 외연화, 단순화, 그리고 번역사가 불필요하다고 판단한 반복 회피 경향이 독자의 이해 부담(processing effort)을 줄이기 위한 행위라는 설명을 뒷받침한다. 관련성 이론(relevance theory, 관련성은 이해 부담에 필요한 요구량과 인지 효과의 결과 사이의 최적 비용-효과 비율로 정의됨) 관점에서 보면 전문 번역사는 다른 작가군(群)에 비해 비용 측면에 대한 인식이 강한 듯 하다. 번역사가 외연화를 어느 정도의 규범으로 인식하고 있을 수도 있다. 어쩌면 교육과정에서 이미 외연화를 규범으로 소개했을 수도 있다.

이러한 추세는 번역 보편소 후보군과 관련한 설명 원칙을 제시할 수 있는 보편적 소통 규범이 존재할 수 있다는 흥미로운 질문으로 이어지는데, 가령 그라이스(Grice, 1975)의 격률 혹은 공손성 개념 등과 연계할 수 있을 것이다. 그러나 보편적 규범이 비(非)앵글로색슨 문화권에 적절하게 마련되었을 경우 어느 정도의 수정이 불가피할 것이다.

보편소 후보군으로 촉발된 *제반 효과(effects)*에 대한 연구는 아직 시작 단계이다. 독자, 번역 교육자, 그리고 번역사 자신에 대한 제반 효과는 모두 연구할 가치가 있다. 예컨대 T-보편소가 많이 발굴될수록 더 많은 학자 및 교육자들은 발굴 내용을 바람직하지 않고 회피해야 할 특성으로 치부할 가능성이 커질 것이다. 특히 스코포스에서 자연스러움을 지상의 가치로 강조하는 경우가 해당된다. 반면 번역물의 양적 증가와 도착어 규범의 모호성 강화 현상으로 독자가 원어성 저하(non-nativeness)를 감내하는 정도가 커질 수도 있다. 단 이러한 양상은 문화권 별로 상당히 다르게 나타날 것이다. 출발 텍스트 작가의 S-보편소 관련 지식은 번역사의 작업을 수월하게 하는 동시에 외연화 의무를 줄여주므로 장기적으로 출발 텍스트의 명확성에 대한 관심을 확대시키는 효과를 가져온다. 이렇게 되면 원본 충실성이 강화된다.

기여: 방법론. 필자는 지금껏 설명한 기술적 연구의 최대 장점은 방법론에 관한 내용이라고 생각한다. 코퍼스 기반 번역 보편소 연구는 지난

10여 년을 통틀어 번역학 분야의 가장 중요한 방법론적 발전으로, 이 덕에 많은 연구자가 가설 정립, 테스트 과정에 표준화된 과학적 방법을 적용하게 되었다. 또한 학문간 연구 결과의 비교 및 선행 연구 반영의 강화 필요성을 분명히 높였다. 코퍼스 언어학의 연구 방법을 적용함으로써 정량 분석이 활성화되었다. 기술적 가설 관련 연구는 번역에 대한 새로운 지식을 가져오는 동시에 새로운 가설 관련 검증이 가능해졌다. 결과적으로 번역학 연구에서 경험의 방향성을 강화하는데 일조한 것이다.

기여: 학제성(interdisciplinarity). 학제성 강조 역시 기술적 연구의 성과로 꼽힌다. 보편소 관련 기술적 연구는 번역학이 언어학은 물론 일반적 인문학(인지과학, 문화 인류학 등) 등 타 학문과의 연계성 확보 방법을 제시한다.

기여: 번역 수준에 대한 관심. 역설적일 수도 있으나 기술적 접근법은 텍스트 및 번역 수준의 미묘한 부분까지 관심을 갖는다. 응용 가능한 분야는 다음과 같다. (보편소는 아니더라도) 일반적 흐름을 인지한 번역사가 흐름을 거부할 수 있다. 비(非)원어민 번역사는 정량 정보, 비교 가능한 비(非)번역 텍스트 그룹 등을 활용하여 자신의 도착어 구사력을 더욱 자연스럽게 만들거나 번역물의 자연스러움 확인을 위한 테스트를 실시할 수 있다. 이러한 기재는 직업 관점에서 원어민 및 비(非)원어민 번역사의 차이를 점차 모호하게 만들되 모국어(native language)에서 번역문의 배타적 지위와 관련해서 다수의 번역 이론가가 제시하는 가정에 영향을 줄 수도 있다(이와 관련한 이슈는 캠벨(Campbell, 1998)과 포코른(Pokorn, 2000)을 참조).

따라서 상이한 코퍼스를 대상으로 구축된 다양한 제한적-비(非)제한적 가설에 대하여 반복 실험을 실시할 필요가 있다. 번역학계에서는 주요 개념과 조작 기재의 표준화를 통하여 연구 협력성을 강화해야 한다. 추상성이 강화된 수준에서 각각의 기술적 가설을 연관 지어야 한다. 전자 코퍼스 도구도 개발해야 한다. 그리고 연구를 통해 도출된 제반 증거를 설명할 수 있도록 시험 가능하고 설명적인 가설을 제시해야 할 것이다.

미주

* 본고는 필자의 주제 관련 아이디어를 발전시킨 세 차례 학술대회 발표 내용에 근거한다. 첫 번째 발표문은 2001년 8-9월 코펜하겐(Copenhagen)에서 개최된 제 3차 EST 총회(Third EST Congress)의 보편소 분과에서, 두 번째 발표문은 2001년 9월 겐트(Ghent)에서 개최된 대조 분석 및 언어학 이론 심포지엄(Symposium on Contrastive Analysis and Linguistic Theory)에서, 세 번째 발표문은 2001년 10월 사본린나(Savonlinna) 보편소 학술대회에서 발표했다. 상기 3회 발표문의 출판물에는 일부 중첩되는 부분이 있다. 학술대회에서 제기된 비평과 피드백에 감사를 전한다.

참고문헌

Baker, Mona (1993). Corpus linguistics and Translation Studies: Implications and applications. In M. Baker et al. (Eds.), *Text and Technology: In Honour of John Sinclair* (pp.233-250). Amsterdam: John Benjamins.

Baker, Mona (2000). Towards a methodology for investigating the style of a literary translator. *Target, 12*(2), 241-266.

Berman, Antoine (1985). *Traduction et la lettre ou l'auberge du lointain.* Paris: Seuil.

Blum-Kulka, Shoshana (1986). Shifts of cohesion and coherence in translation. In J. House & S. Blum-Kulka (Eds.), *Interlingual and Intercultural Communication: Discourse and Cognition in Translation and Second Language Acquisition Studies* (pp.17-35). Tübingen : Narr.

Campbell, Stuart (1998). *Translation into the Second Language.* London: Longman.

Chesterman, Andrew (1999). Translation typology. In A. Veisbergs & I. Zauberga (Eds.), *The Second Riga Symposium on Pragmatic Aspects of Translation* (pp.49-62). Riga: University of Latvia.

Chevalier, Jean-Claud e (1995). D'une figure de traduction: le changement de 'sujet' In J-C. Chevalier & M-F. Delport, *L'Horlogerie de Saint Jérôme* (pp.27-44). Paris: L'Harmattan.

Doherty, Monika (1996). *Information Structure: a key concept for translation theory. Linguistics, 34*(3). (Special issue.)

Dolet, Estienne (1540). *La Manière de Bien Traduire d'une Langue en Aultre.* Paris: Marnef.

Englund Dimitrova, Birgitta (1997). Translation of dialect in fictional prose - Vilhelm Moberg in Russian and English as a case in point. In J. Falk, G. Magnusson, G. Melchers, & B. Nilsson (Eds.), *Norm, Variation and Change in Language. Proceedings of the centenary meeting of the Nyfilologiska sältskapet, Nedre Manilla 22- 23 March, 1996* (pp.49-65). Stockholm: Almqvist and Wiksell.

Frawley, William (1984). Prolegomenon to a theory of translation. In W. Frawley (Ed.}, *Translation. Literary, Linguistic and Philosophical Perspectives* (pp.159-175). Newark: University of Delaware Press.

Grice, Paul (1975). Logic and conversation. In P.Cole & J. L. Morgan (Eds.), *Syntax and Semantics 3: Speech Acts* (pp. 41-58). New York: Academic Press. Gutt, Ernst-August (2000). *Translation and relevance. Cognition and context.* Revised edition. Manchester: St. Jerome Publishing.

Halverson, Sandra (1998). Translation Studies and representative corpora: Establishing links between translation corpora, theoretical/ descriptive categories and a conception of the object of study. *Meta,* 43(4), 494-514.

Jerome, Eusebius Hieronymus [395] (1997). De optime genere interpretandi. Translated by P.Carroll as On the best kind of translator. In D. Robinson (Ed.), *Western Translation Theory from Herodotus to Nietzsche* (pp.22-30). Manchester: St. Jerome Publishing.

Kenny, Dorothy (1998). Creatures of habit? What translators usually do with words. *Meta, 43*(4),515-523.

Klaudy, Kinga (1996). Back-translation as a tool for detecting explicitation strategies in translation. In K. Klaudy et al. (Eds.), *Translation Studies in Hungary* (pp.99-114). Budapest: Scholastica.

Kundera, Milan (1993). *LesTestaments Trahis.* Paris: Gallimard.

Laviosa-Braithwaite, Sara (1996). *The English Comparable Corpus (ECC): A Resource and a Methodology for the Empirical Study of Translation.* Unpublished PhD thesis, UMIST, Manchester.

Maia, Belinda (1998). Word order and the first person singular in Portuguese and English. *Meta, 43*(4), 589-601.

Malblanc, Alfred (1963). *Stylistique Comparee du Français et de l' Allemand.* 2nd edition. Paris: Didier.

Mauranen, Anna (2000). Strange strings in translated language. A study on corpora. In M. Olohan (Ed.), *Intercultural Faultlines. Research Models in Translation Studies 1. Textual and Cognitive Aspects* (pp.119-141). Manchester: St. Jerome Publishing.

Milton, John (2001). The figure of the factory translator. Paper presented at the Third EST Congress, August 30 - September 1, 2001, Copenhagen.

Munday, Jeremy (2001). *Introducing Translation Studies. Theories and Applications.* London: Routledge.

Øverås, Linn (1998). In search of the third code: an investigation of norms in literary translation. *Meta, 43*(4), 571-588.

Palimpsestes 4, 1990.

Pokorn, Nike Kocijancic (2000). Translation into a non-mother tongue in translation theory: deconstruction of the traditional. In A. Chesterman et al. (Eds.), *Translation in Context* (pp.61-72). Amsterdam: John Benjamins.

Savory, Theodore (1957/1968). *The Art of Translation.* London: Cape.

Schulte , Rainer, & Biguenet , John (1992). *Theories of Translation.* Chicago: University of Chicago Press.

Schäffner, Christina (1998). *Translation and Quality.* Clevedon: Multilingual Matters.

Taivalkoski, Kristiina (2002). Traduire la mixité formelle: l'exemple des premières (re)traductions de Fielding en France. *Faits de Langue, 19*, 85-97.

Tirkkcnen-Condit, Sonja (2000). In search of translation universals: non-equivalence or 'unique' items in a corpus test. Paper presented at the *UMIST/UCL* Research Models in Translation Studies Conference, 28-30 April 2000, Manchester.

Toury, Gideon (1995). *Descriptive Translation Studies and Beyond.* Amsterdam: John Benjamins.

The Translator, 6(2), 2000.

The Translator, 7(1), 2001.

Tymoczko, Maria (1998). Computerized corpora and the future of Translation Studies. *Meta, 43*(4), 653-659.

Tytler, Alexander Fraser [1797] (1978 [reprint]). *Essay on the Principles of Translation.* Amsterdam: Benjamins.

Venuti, Lawrence (2000). *The Translation Studies Reader.* London: Routledge.

Vinay, Jean-Paul and Darbelnet, Jean (1958). *Stylistique Comparée du Français et de l'Anglais.* Paris: Didier.

보편소가 자질을 상실할 때

현(現) 코퍼스 기반 번역 보편소 연구 방법론의 한계에 대한 소고

실비아 베르나르디니(Silvia Bernardini) / 페데리코 자네틴(Federico Zanettin)
볼로냐대학교(University of Bologna) / 페루자 외국인대학교(University for Foreigners of Perugia), 이탈리아

본고는 번역에서 보편성(universality)의 개념, 그리고 번역 "보편소" 모색 과정에서 채택된 방법론에 대하여 다양한 관심을 제고한다. 본고는 보편소라는 용어를 코퍼스 기반 연구에 적용할 경우 오도의 가능성이 있다고 본다. 그 이유는 코퍼스 기반 연구의 *일차적* 관심사는 번역 텍스트와 번역 텍스트가 생산되는 시점에 개입되는 사회-문화적 제약 요소 사이의 관계를 규명하는 것이고, 번역 활동의 토대를 이루는 인지 과정에 대한 관심은 *차후에* 기울여야 하기 때문이다. 본고는 현재 구축 중인 영어-이탈리아어 양방향 병렬 말뭉치인 첵시(CEXI) 코퍼스에서 추출한 사례를 통해 코퍼스 설계에서 나타나는 일부 제약 요소의 작용 기재를 설명한다. 논픽션 텍스트의 경우 상이한 2개 문화(이탈리아와 미국)가 서로 다른 텍스트 유형에 속하는 번역 텍스트를 어떠한 방식으로 상호 선택하는지 살펴봄으로써 유관 코퍼스에서 나타날 수 있는 분포 편향성을 규명한다. 마찬가지로 픽션 텍스트의 경우 영역(英譯) 이탈리아어 텍스트는 교양 고전으로 자리잡는 경향이 있는 반면, 이탈리아어로 번역된 영어 텍스트는 그렇지 않은 이유를 규명한다. 본고는 번

역 연구에서 번역 전략과 규범에 미치는 맥락 변수(contextual variables)의 영향을 간과하지 말아야 한다고 제안한다. 이러한 맥락에서 본고는 하위 코퍼스 간 다양한 비교가 가능한 코퍼스 자원을 구축하여 각각의 구성 요소가 내용 반영을 위한 통제 집단으로 활용되는 방안을 제안한다.

1. 들어가며: 보편소와 DTS

현재 (코퍼스 기반) 기술적 번역학(DTS: Descriptive Translation Studies)에서 목도되는 보편소 연구에 대한 열기는 사뭇 놀랍다. 코퍼스 기반 DTS는 코퍼스 언어학의 토대를 이루는 일상 언어를 연구한 퍼드(Firth)/하임즈(Hymes)언어학의 견해, 그리고 도착어 중심적(target-oriented)이며 상황적으로 제약된(situationally-constrained) 번역의 실제를 연구하는 번역학의 DTS 견해에서 비롯된, 즉 이중 기원(double lineage)을 가진 연구 방법론이다.

> …일반적으로 어린이는 문장 지식을 습득할 때 문법 지식은 물론 적절성에 대한 지식도 습득한다. 어린이는 말을 하거나 하지 말아야 할 때, 누구와 언제 어디서 어떤 방법으로 무엇을 대화해야 하는지에 대한 능력도 습득한다.
>
> (하임즈, 1972, p.277)
>
> 성장기에 인간은 점진적으로 사회 구조를 체화(體化)하는데, 이러한 체화 과정에서 가장 중요한 조건과 수단은 특정 상황에서 동료가 원하는 바대로 말하는 능력을 습득하는 것이다[…] 일상 생활에서 주고 받는 대화의 대부분은 특정 문화 형태에 따라 정형화 되어있으며 매우 편협한 조건이 가해진다.
>
> (퍼드, 1935, p.67, 69)
>
> '번역사 정신(translatorship)'은 무엇보다 *사회적 역할*을 수행하는 능력, 예컨대

지역사회에서 부여한 기능을[…] 권한에 부합된다고 판단되는 방법으로 충족하는 것과 마찬가지이다. (투리(Toury), 1995, p.53)

언어학에 대한 생성론(generative) 및 유형론(typological)적 접근법의 토대를 이루며, 인지적 기초이자 상황적으로 제약되지 않은 이론적 구성체인 "보편소(universals)"를 찾는 여정은 본고의 접근법에서 제시하는 전제와 상충되는 것처럼 보일 수도 있다. DTS에서 사용하는 *보편*소라는 용어는 일반적으로 절대 진리라기보다는 실제 일반적인 경향 또는 광범위하게 적용되는 규범으로 상정되는 것으로 정의되지만, 그럼에도 "보편소"라는 용어는 반 세기에 걸친 언어학 연구 및 이론화 과정에 사용되었고, 이를 간과하기란 쉽지 않다.

그러므로 본고에서는 논란이 있는 보편성의 개념 관련 논의는 피하되 더욱 실질적인 방식으로 상황 및 문화적 차이의 제반 변수와 "적절하게 *구축된 코퍼스(corpus inscriptionum)*"(퍼드, 1956, p.106)로 관찰할 수 있는 언어 사용 패턴 사이의 (일부) 상호 관계를 밝히고자 한다. 본 연구의 주된 관심사는 추후 연구 대상 확대를 위한 처음이자 매우 방법론적인 단계로서 번역 행위의 규범과 법칙(투리, 1995, pp.259-279)을 모색하는 과정에서 코퍼스의 충분성(adequacy)을 평가하는 것이다.

법칙은 이후 규범을 더욱 광범위하게, 심지어 더욱 보편적으로 규정한다는 의미가 있다는 정의를 근거로, 본 연구진은 *보편소(universal)*보다는 *법칙(law)*(*'X가 있다면 Y가 뒤따를 가능성이 커진다/작아진다'*라고 투리가 제시한 개념[1995, p.256])의 개념을 선호한다. 그러나 사회 과학의 법칙은 보편소와는 달리 다양한 종류의 상황적 요인을 다루므로 네오퍼디안(Neo-Firthian) 언어학과 유사성이 훨씬 크고 코퍼스 분석을 통한 발견의 수용성이 훨씬 큰 것처럼 보일 수 있다.

2. 코퍼스 기반 DTS의 방법론적 이슈

번역 행위의 보편소 후보에 대한 코퍼스 기반 연구는 번역된 텍스트가 출발 텍스트와 도착어로 작성된 "비교 가능한" 원문 텍스트에 비하여 전체적으로 "더 단순하고" 더 "평범하다"라는 생각에 초점을 맞추는 경향이 있었다. 이러한 현상을 설명하기 위해 단순화(simplification), 외연화(explicitation), 일반화(normalization), 반복 회피(repetition avoidance), 평준화(levelling out), 모호성 해소(disambiguation), 표준화(standardization) 등 다양한 기술적 용어가 소개되었다(예: 베이커(Baker), 1995, 1996; 슈미트와 섀플러(Schmied & Schäffler), 1996, 라비오사(Laviosa), 1996a, 1998c; 올로한과 베이커(Olohan & Baker), 2000; 올로한(Olohan), 2001).[1] 이러한 제반 특징으로 전자 코퍼스를 통한 정량적 분석이 가능해졌고 일부 사례는 상대적으로 간단하게 살펴볼 수 도 있게 되었다. 이러한 자료를 통하여 번역사의 무의식적 선택을 조명할 수 있게 되면서 연구자는 출발 텍스트와 도착 텍스트를 일일이 비교해서 얻은 자료에 비해 더욱 "객관적"인 자료를 확보할 수 있게 되었다.

코퍼스 기반 DTS의 연구 초점은 주로 동일한 언어 내에서, 혹은 "단일언어 유관 코퍼스(monolingual comparable corpora)"에서 번역물과 원문을 비교하는데 맞춰졌다. 이러한 접근법 원칙을 택한 이유는 번역 코퍼스와 비(非)번역 텍스트를 비교하면 번역 코퍼스의 특징이 두드러지고, 이를 통하여 번역 과정에서 텍스트에 추가된 가치를 설명할 수 있다고 보았기 때문이다. 관련 연구에서는 타입/토큰 비율(TTR)과 어휘밀도(어휘어(lexical words) 대비 문법어(grammatical word) 비율로 정의(라비오사, 1998b, p.566)) 등 전반적 빈도 연구를 사용하였고, 아울러 특정 어휘의 특징 및 통사 구조 관련 연구도 진행하였다(예: 올로한, 2001; 올로한과 베이커, 2000).

방법론 측면에서는 번역 연구용 단일언어 유관 코퍼스 설계가 주요 관심사였다(라비오사, 1997 참조). 방법론 측면에서는 출발어에 편향될 가능성을 줄이려면 코퍼스에 다른 언어로부터 번역된 결과물이 포함되어야 하고, 비교된 코퍼스는 "유사한 영역, 언어의 다양성과 시기, 그리고 비교 가능한 길이"(베이커, 1995, p.234)를 다루어야 한다고 제안한다.

"유관 코퍼스의 비교 가능성" 문제는 오래도록 연구자들이 골머리를 앓아온 사안이고, 그렇기 때문에 결과의 유효성과 반복성 평가에서 핵심 문제가 되었다. 한 가지 간과된 측면은 바로 투리(1995)가 제시한 "번역환경규범(preliminary norms)" 작용에서 비롯된 잠재적 편향성이다. 번역환경규범이란 번역 대상 텍스트 선정에 영향을 주는 번역 정책을 뜻한다(에벤-조하르(Even-Zohar) 2000, [1978/1990]; 판데라우베라(Vanderauwera), 1985).

> 번역용 네덜란드어 픽션은 도착어권의 기호를 가정하거나 출발어권에서 해당 작품의 지위를 기준으로 선정되는데, 일반적으로 이 두 가지 요소를 모두 고려한다. (판데라우베라, 1985, p.132)

코퍼스 구축 과정에서 본 연구진은 서로 다른 코퍼스의 비교 가능성을 평가하는 과정에서 위의 사안을 매우 중요한 문제로 다루었다.

3. CEXI 사례를 통한 번역 코퍼스 설계 및 구축 과정 상 이슈

CEXI는 이탈리아 볼로냐대학교 포를리캠퍼스 통번역대학에서 개발한 영어-이탈리아어 번역 코퍼스이다. 본 코퍼스 프로젝트는 현대 영어와 이탈리아어로 작성된 텍스트에서 약 4백만개 어휘로 구성된 양방향 병렬 코퍼스 구축을 목표로 TEI 가이드라인(스퍼버그-맥퀸과 버나드

(Sperberg-McQueen & Burnard), 2001)에 맞춰 XML 태깅을 실시함으로써 온라인 배열과 접근이 가능하도록 진행된다(자네틴(Zanettin), 2000, 2002 참조). 노르웨이어 프로젝트 *ENPC*, 포르투갈어 프로젝트 *콤파라(Compara)*, 독일어 프로젝트 *켐니츠(Chemnitz)* 등 여타 언어의 코퍼스 연구와 마찬가지로 CEXI는 구축 대상을 출판물과 같이 가장 전형적인 (표본 추출이 가장 용이한) 번역물로 제한한다. 총 624권에 달하는 대상 코퍼스는 *유네스코 번역 인덱스(UNESCO Index Translationum, 이하 번역 인덱스*, 1998) 데이터베이스에서 임의로 추출하였는데, 픽션(유네스코 번역 인덱스의 구분에 따라 국제십진분류법(Universal Decimal Classification, 이하 UDC) 상 문학- 아동문학 범주와 대략 일치)과 논픽션(번역 인덱스와 UDC의 9개 하위 범주로 분류)이 각각 절반을 차지한다. 제목이 반복된 경우, 연구에서 정한 시기를 벗어나는 경우, 소재 파악이 불가능한 경우 등을 제외한 후 해당 작품의 저작권 소유자에게 사용 허가를 요청하였다.

3.1 번역환경규범 1 – 논픽션

코퍼스의 논픽션 요소 표본 추출을 위한 틀을 구축하는 과정에서 적어도 유네스코 번역 인덱스에서는 언어 방향에 따라 장르 별로 다른 "무게"가 작용한다는 사실이 분명해졌다(이와 관련한 내용은 마우라넨(Mauranen), 2001을 참조). UDC 하위분류의 경우 이탈리아어에서 영어로 번역된 텍스트의 수와 영어에서 이탈리아어로 번역된 텍스트 수는 비교가 되지 않는데(자네틴, 2002) 다음 표에서 이러한 차이가 여실히 드러난다.

위의 표를 통하여 영어에서 이탈리아어로 번역하는 빈도가 반대의 경우보다 훨씬 높다는 사실 외에도, 미국 시장용으로 번역된 이탈리아어 논픽션 텍스트는 대부분 예술/게임/스포츠 및 종교 분야에 속하는

표 1. 이탈리아(영어가 출발어)와 미국(이탈리아어가 출발어)에서 번역된 도서의 수

UDC 분류	영→이(이탈리아 76-95)		이→영(미국 77-96)	
	텍스트 수	비율(%)	텍스트 수	비율(%)
문학/아동문학	4,817	40%	502	28%
예술/게임/스포츠	757	6%	343	19%
교육/법률/사회과학	1,251	11%	187	11%
응용과학	1,835	16%	138	8%
역사/지리/생물학	919	8%	171	10%
자연과학 및 정밀과학	643	6%	111	6%
철학/심리학	833	7%	53	3%
종교/신학	477	4%	267	15%
총류/정보과학	101	1%	2	0%
합계	11,633	100%	1,774	100%

반면 이탈리아어로 번역된 미국 논픽션 텍스트는 해당 분야 도서 비율이 낮은 대신 응용과학 분야 텍스트의 비율이 높다는 사실을 알 수 있다.[2)]

이제 코퍼스로 두 가지 상이한 번역 정책의 작용을 나타내고자 한다면(분명 해볼만한 목표이다) 사례별로 위에 제시된 비율을 따르되 다양한 요소의 비교가 가능하지 않으리라는 결과를 염두에 둘 필요가 있다. 혹은 코퍼스가 방향성을 갖도록 만들어 한 개의 언어 방향에서만 채택된 정책을 나타낼 수 있도록 구축하거나, 더 나아가 번역 정책은 살펴보지 않고 임의로 텍스트를 선정할 수도 있을 것이다. 그러나 이러한 방법은 상황 및 문화 맥락에서 비롯되는 텍스트 외적 통제 요인과 코퍼스가 제공하는 언어 패턴 관찰을 연관 짓는 기회를 놓칠 수도 있다고 판단된다.

단일언어 유관 코퍼스(Monolingual comparable corpora: 이하 MCC)의 경우 상응하는 출발어 텍스트가 없기 때문에 전술한 문제와 무관해 보일 수 있다. 그러나 이와는 반대로 지금까지 구축, 사용된 여러 MCC는 본의 아니게 위에서 언급한 현상을 고찰하기 어렵게 만든 경향이 있어 특정 시간과 장소에 따라 특정 텍스트나 작가, 장르가 다른 텍스트나 작가, 장르에 비하여 더 넓은 번역 시장을 제공하는 결과로 이어지는 텍스트 외적 제약 요인(번역환경규범)과는 별개로 생각하는 경우가 있었다. 반면 CEXI 및 이와 유사한 코퍼스에서 채택한 양방향 기준은 코퍼스 구축자가 앞서 언급한 문제를 직시하고 어떻게든 문제를 해결하도록 강제한다. CEXI의 경우 일반적인 양방향 코어를 구축한 다음 개별 연구의 우선 순위에 따라 코어에 덧붙일 수 있는 방향성 세트를 보완하기로 결정하였다. 이후 설명하는 바와 같이 코퍼스 사용 시 총체적으로 과도한 일반화 및 오해를 피하려면 코퍼스 설계 및 구축에서 인식을 제고하는 기능이 필수적이므로 전술한 내용은 반길만한 특징이다.

3.2 번역환경규범 2 – 픽션

두 번째 관찰 세트는 픽션 텍스트 선정에서 번역환경규범의 작용이라는 더욱 민감한 사안과 관련된다. 가령 분야, 언어 변이, 시간 범위 등과 같이 베이커(1995)가 제시한 기준이나 단일언어 유관 코퍼스 설계 시 일반적으로 사용되는 기준만을 선정 기준으로 삼는다면 다음 목록과 같이 유관 코퍼스라고는 보기 힘든 결과물이 도출된다.

번역 인덱스 *데이터베이스에서 1차로 임의 추출한 픽션 20편의 제목 (번역 방향: 영어→이탈리아어)*

1. Asimov, *The best fiction of I. Asimov*

2. Artwood, *The handmaid's tale*
3. Christie, *The underdog and other stories*
4. Collins, *Rock star*
5. Dick, *The three stigmata of Palmer Eldritch*
6. Garfield, *The paladin*
7. Garrett, *Too many magicians*
8. Greene, *Shades of Greene*
9. Heller, *Catch 22*
10. Jong, *Fear of flying*
11. Koontz, *Strangers*
12. Le Carré, *The secret pilgrim*
13. Le Carré, *Tinker, tailor, soldier, spy*
14. McCathy, *How I grew*
15. Smith, *The angels weep*
16. Smith, *When the lion feeds*
17. Stone, *Blizzard*
18. Strieber & Kunetka, *Warday*
19. Suyin, *The enchantress*
20. Van Lustbader, *Zero*

번역 인덱스 *데이터베이스에서 1차로 임의 추출한 픽션 20편의 제목*
(번역 방향: 이탈리아어 → 영어)

1. Calvino, *Gli amori difficili*
2. Calvino, *Il barone rampante*
3. Calvino, *Le cosmicomiche*
4. Calvino, *Se una notte d'inverno un viaggiatore*

5. Calvino, *Ti con zero*

6. Camon, *Un altare per la madre*

7. De Céspedes, *Il rimorso*

8. Eco, *Il nome della rosa*

9. Garofalo, *Operaio di Dio*

10. Lajolo, *Il vizio assurdo*

11. Levi, *Cristo si è fermato a Eboli*

12. Moravia, *1934*

13. Moravia, *Il conformista*

14. Moravia, *La ciociara*

15. Moravia, *La vita interiore*

16. Orseri, *Tikva. La porta della speranza*

17. Pavese, *Il mestiere de vivire*

18. Sciascia, *Candido*

19. Sciascia, *Il gorno della civetta; Il contesto*

20. Soldati, *La sposa americana*

이탈리아문학과 영문학을 아는 사람이라면 위에 제시한 두 목록의 유관성이 전혀 없다는 사실을 바로 알 수 있다.[3] 영어 텍스트 대부분은 통속 문학 혹은 홍미 위주의 문학 장르인 반면 이탈리아어 텍스트는 거의 고전이나 저명한 작가의 대표 저작물이다. 본 연구진은 이것이 텍스트 선정 절차(이 단계에서는 임의 추출을 사용하여 사람으로 인한 편향성이 개입되지 않음)의 효과가 아니라 두 문화권에서 구별되는 번역 정책에서 기인한 것으로 본다.

이제 UMIST에서 개발한 단일언어 유관 코퍼스의 선구자라 할 수 있는 번역 영어 코퍼스(Translational English Corpus: 이하 TEC)에서 이탈리아어 서적을 위주로 살펴보자.[4]

번역 영어 코퍼스(TEC) 내 이탈리아어 서적

1. Banti, *Artemisia*
2. Buzzati, *Restless nights*
3. Buzzati, *The siren*
4. Capriolo, *The woman watching*
5. Savinio, *The childhood of Nivasio Dolcemare*
6. Tabucchi, *Declares Pereira*
7. Tarchetti, *Passion*
8. Tarchetti, *Fantastic tales*
9. Troiano, *Jerome*

위의 번역 서적 중 일부 원문은 매우 오래 전에 작성된 것이다. 출발 텍스트(ST)가 작성된 시기와 도착 텍스트(TT) 생성 시기가 100년 이상 차이가 나는 경우가 대부분인데, 나머지 작품은 다소 불명확한 지위에 있기도 하다. 예컨대 번역 관련 서적인 트로이아노(Troiano)의 <제롬(Jerome)>의 경우 저자는 번역 에이전시의 설립자이자 전무이사이며, 해당 서적은 에이전시 창립 20주년을 기념하여 6개 언어로 번역되었다. 앞서 제시한 서적 중 40퍼센트를 로렌스 베누티(Lawrence Venutti)가 번역했는데, 번역학자이자 번역사의 역할에 관한 주장(베누티, 1998 참조)을 펼친 그의 번역이 편향성을 더하는 요인이 될 수도 있다.

그렇다면 TEC와 매칭되는 원문 텍스트의 유관 코퍼스 작성을 만들어보자는 생각을 할 수도 있다. 그러나 이렇게 한다 하더라도 이러한 모델 결정의 효과를 자문해야만 하므로 모든 문제가 해결되는 것은 아니다. 번역 대상과 번역의 이유에 관한 사회문화적 '번역환경'규범과 연관된 이러한 '번역 편향성'을 교정한다면 우리의 예상에 더 맞추기 위해 전체적인 그림을 바꿀 수도 있지 않을까? 비교 가능한 대상만을 포함하도록 텍스트 선정을 제한한다면 번역 텍스트와 원문 텍스트 사이의 중요한 상황적 차이점을 제대로 들여다보지 못할 수도 있을 것이다.

이제 영어 유관 코퍼스(English Comparable Corpus: 이하 ECC)의 탄생을 가져온 TEC에 비(非)번역 작품이 추가되면 어떤 일이 생길지 생각해보자. 본 요소(비(非)-TEC)는 BNC(British National Corpus)에서 가져왔다. 따라서 당초 영어로 작성되었으며 1960년에서 1993년(추정컨대 1975년~1993년일 것이다. 자세한 내용은 버나드(Burnard), 1995를 참조) 사이에 출판되었다. 반면 TEC의 경우 당초 이탈리아어로 작성되고 1866년에서 1994년 사이에 출판된 텍스트를 포함하며, 영어로 번역된 시기는 1980년대 말에서 1990년대이다. 여기에서 기본 가정은 A언어로 작성된 텍스트가 당초 생성된 시기는 B언어로 번역된 결과물과 당초 B언어로 작성된 원문과의 비교에 영향을 주지 않는다는 것이다. 이러한 가정이 옳다고 증명된다면 직관적 의문을 갖게 되므로 본 연구진은 경험적 검증이 필요하다고 주장할 것이다.

본 연구진이 제기하고자 하는 두 번째 논점은 앞서 언급한 두 개의 코퍼스에 포함된 작품의 명성과 관련된다. 본 연구진이 목도한 바에 따르면 이탈리아어에서 영어로 번역된 텍스트(따라서 TEC 및 유사 코퍼스에 포함될 가능성이 높은 텍스트)는 대개 도착 문화권에서 명성이 높은 고전 작품이었다. 그러나 BNC에 포함된 작품들은 수용과 생산 관점에서 언어 대표성을 고려하여 선정되었으므로 베스트셀러 및 발행 부수가 많은 서적이 다수 포함된다. (일부) 텍스트에서 제시된 "인지된 수준 지위(perceived quality status)", "대상 독자 규모(target audience size)" 등 기술적(記述的) 정보는 비교 근거로서 주관성이 너무 강하고 신뢰도가 지나치게 낮기 때문에(버나드, 개인 서신, 2002) 영어 유관 코퍼스에 포함된 텍스트 쌍은 두 개 코퍼스 중 한 개, 그리고 동일한 모집단의 구성 요소가 아닐 가능성이 있으며, 두 개의 코퍼스에서 수행된 번역 과정을 참조해야만 어느 코퍼스에 속하는지 구별할 수 있다.

코퍼스 사용자가 이러한 내재적 편향성을 인지하고 데이터 해석 시

이를 제외하고자 한다면 앞서 언급한 내용 자체가 극복 불가능한 문제가 아니라는 점을 다시 한 번 밝힌다. 예컨대 ECC의 비(非)번역 요소에 비하여 이에 상응하는 "TEC의 언어가 […] 더욱 공식적으로 판단될 수 있다"라고 결론을 내린 올로한(2001) 연구에 대하여 일각에서는 앞서 언급된 불일치가 요인이 될 수도 있다는 견해를 제시한다. 관련 출발어 텍스트 연구를 통해 이러한 가능성은 확인, 기각될 수 있으므로 외연화가 번역의 "보편적" 특질이라는 올로한의 연구를 뒷받침하는 증거의 설득력은 한층 강화된다. 그리고 다른 언어로 작성된 MCC를 살펴볼 경우, 상이한 번역 환경 규범의 대상이 되는 또 다른 상황/문화 맥락에서 외연화 과정을 관찰한다면 번역 법칙에 관한 일반화의 타당성이 더욱 강화될 것이다.

번역 코퍼스를 특징짓는 모든 특성은 번역 과정뿐 아니라 텍스트의 장르와 1개 이상의 출발어 영향을 받은 결과물일 수 있다. 장르 및 논픽션 텍스트에서 대상 독자의 중요성은 이미 핀란드어로 번역된 텍스트와 핀란드어로 작성된 논픽션 텍스트를 학술 및 일반 대중 영역에서 비교한 마우라넨(2000, 2002)의 연구로 알려진 바 있다. 출발어의 역할은 다음에서 분명해진다.

> 번역을 전적으로 도착어 환경의 결과물로서 연구한다면 번역을 일정한 패턴으로 이끌었다고 판단되는 원인에 관한 제안만 제언할 수 있다. 연구 결과를 설명하려면 번역 요소의 출발 텍스트를 포함하는 다른 병렬 코퍼스를 구축하고 분석할 필요가 있다[…] (라비오사, 1998b, p.565)

요약하면, 번역 코퍼스의 지위를 동일한 언어에서 원문 유관 코퍼스로 평가해야 하는 경우 원문 출발 텍스트의 유관 코퍼스와 관련된 번역문의 출발어 텍스트 지위에 대한 평가도 함께 진행할 필요가 있다. 예컨대 첫째, 도착어에서 원문 유관 텍스트 코퍼스보다 TTR이 낮고, 둘째, 이러한 편차가 출발 텍스트의 TTR과 출발어의 대조 코퍼스 TTR 간 편차보다 커야 번역 코퍼스의 TTR이 단순화의 증거라고 주장할 수 있다. 이는 다량, 다종(多種)의 전자 코퍼스를 다양한 구성 요소를 갖춘 유관 코퍼스 내에서 상이한 방법으로 결합해야 한다는 함의를 갖는다.

이상과 같은 이유로 본 연구진은 상이한 하위 코퍼스를 조합하고 각 구성 요소가 상응하는 요소를 통제하는 데 사용될 수 있도록 CEXI를 병렬 양방향 코퍼스로 구축하기로 결정하였다.

4. 결론

단어 개수와 소프트웨어 개발이 코퍼스 방법론의 중요한 측면이기는 하지만 본 연구진은 코퍼스 기반 번역 연구가 그 이상이라는 사실을 증명하고자 하였다. 다량의 텍스트로 번역 규범 또는 보편소를 모색하는 연구는 코퍼스 언어학에서 선호하는 방법론이나, 구체적인 코퍼스 형태에 기반한 연구는 코퍼스가 대별하는 대상에 따라 단지 부분적인 그림만 제공할 수 있다는 사실을 잊지 않는 것도 중요하다고 판단된다. 코퍼스는 상이한 대상 문화의 관습, 규범, 행동 패턴 연구에 귀중한 자원이다. 그러나 번역 코퍼스 설계는 번역물이 생산되고 해석되는 (여러) 사회 맥락에 대한 연구를 의미하므로 번역의 텍스트적, 언어적 특성을 평가할 수 있는 틀을 제공하기 위한 목적이 있다.

소수의 텍스트와 텍스트 조합에 근거한 결과물 해석을 확대하여 번역의 보편적 특징으로 상정하는 것은 번역학을 오도할뿐더러 비생산적일 수 있다. 어쩌면 보그랑데(Beaugrande)(n.d.)의 언어 보편소에 관한 주장에 동의하여 이를 번역 보편소로 확대할 수 도 있을 것이다.

과거 경험으로 판단컨대 '보편소'는 어쨌든 특정 언어, 특히 영어에서 간접적으로 추정되는 경향이 있다. 언어학 이론에서 영어의 주도권을 효과적으로 넘기려면 가능한 많은 언어권에서 훨씬 더 많은 노력을 기울여 각 코퍼스가 각 언어권의 용어를 다루는 대규모 코퍼스를 구축해야 한다.

미주

1. 슈미트와 섀플러(1996)는 외연화(explicitation)보다 명시성(explicitness)이라는 용어를 선호했다. 이와 관련된 내용은 본서의 체스터만(Chesterman) 편을 참조하기 바란다.

2. 동일한 시기 영국의 유관 자료를 번역 인덱스에서 구할 수 없었기에 연구 대상은 미국으로 한정되며, 기타 국가 출판물은 CEXI 표본 추출을 위한 틀에서 제외되었다.

3. 이탈리아어 및 영어권 문화에 익숙한 영어/이탈리아어 원어민을 대상으로 진행한 비공식 인터뷰를 통해 본 연구진의 직관이 맞는 것으로 확인되었다.

4. http://www.ccl.umist.ac.uk/staff/mona/tec.html#fiction에서 2003년 4월 28일 추출.

참고문헌

Baker, Mona (1995). Corpora in Translation Studies: An Overview and some Suggestions for Future Research. *Target, 7* (2), 223-243.

Baker, Mona (1996). Corpus-based Translation Studies: The Challenges that Lie Ahead. In H. L. Somers (Ed.), *Terminology, LSP and Translation* (pp.175-186). Amsterdam/Philadelphia: John Benjamins.

Beaugrande, Robert-Alain de (n.d.) Descriptive Linguistics at the Millennium: Corpus Data as Authentic Language. Online: http://www.beaugrande.com/, consulted 28/09/03.

BNC - British National Corpus. Online: http://info.ox.ac.uk/bnc/, consulted 28/09/03.

Burnard, Lou (1995). *Users' Reference Guide for the British National Corpus (SGML version).* Oxford: Oxford University Computing Services.

CEXI - English Italian Translational Corpus. Online: http://www.sitlec.unibo.it/cexi/, consulted 28/09/03.

Chemnitz English-German Translation Corpus. Online: http://www.tuchemnitz.de/phil/english/chairs/linguist/real/independent/transcorpus/index.htm, consulted 28/09/03.

COMPARA - Portuguese English Comparable Corpus. Online: http://www.linguateca.pt/COM PARA/Welcome.html, consulted 28/09/03.

ENPC - English Norwegian Parallel Corpus. Online: http://www.hf.uio.no/iba/prosjekt/, consulted 28/09/03.

Even-Zohar, Itamar (2000 [1978/1990]). The Position of Translated Literature within the Literary Polysystem. This version originally published in *Poetics Today, 11*(1), 45- 51. Reprinted in L. Venuti (Ed.), *The Translation Studies Reader* (pp.192-197). London: Routledge.

Online: http://www.tau.ac.ilritamarez/ps/pos_trli.ht m, consulted 28/09/03.

Firth, J. R. (1935). On Sociological Linguistics. Extracted from Firth, J. R.: *The Technique of Semantics - Transactions of the Royal Society.* Reprinted in D. Hymes (Ed.), *Language in Culture and Society* [1964] (pp.*66- 70).* New York: Harper International.

Firth, J. R. (1956). Descriptive Linguistics and the Study of English. In F. R. Palmer (Ed.), *Selected Papers of J. R. Firth* 1952-1959 [1968] (pp.96-113). London/Harlow: Longman.

Hymes, Dell (1972). On Communicative Competence. In J. B. Pride & J. Holmes (Eds.), *Sociolinguistics* (pp.269-293). London: Penguin.

Index Translationum, 5th edition. UNESCO 1998.

Laviosa, Sara (1997). How Comparable can 'Comparable Corpora' be? *Target,* 9(2), 289-319.

Laviosa , Sara (1998a). The English Comparable Corpus : A Resource and a Methodology. In L. Bowker, M. Cronin, D. Kenny, & J. Pearson (Eds.), *Unity in Diversity? Current Trends in Translation Studies* (pp.101-112). Manchester: St. Jerome.

Laviosa, Sara (1998b). Core Patterns of Lexical Use in a Com parable Corp us of English Lexical Pro se. *Meta,* 43(4), 557-570.

Laviosa, Sara (1998c). Universals of Translation. In M. Baker (Ed.), *The Routledge Encyclopaedia of Translation Studies* (pp.288-291). London/New York: Routledge.

Mauranen, Anna (2000). Strange Strings in Translated Language. In M. Olohan (Ed.), *Intercultural Faultlines* (pp.119-142). Manchester: St Jerome.

Mauranen, Anna (2001). Issues of Data in the Search for Translation Universals. *EST Conference 2001 Copenhagen Formats.* Online: www.cbs.dk/departments/english/EST/formats.shtml, consulted 24/04/02.

Mauranen, Anna (2002). Where is Cultural Adaptation? *Intralinea,* 5. Online: http://www.intralinea.it /vo15/cult2k1mauranen.htm, consulted 28/09/03.

Olohan, Maeve (2001). Spelling out the Optionals in Translation: A Corpus Study. In P.Rayson , A. Wilson, T. McEnery, A. Hardie, & S. Khoja (Eds.), *Proceedings of the Corpus Linguistics 2001 conference, UCREL Technical Papers:* 13 (pp.423-432). Lancaster: Lancaster University.

Olohan, Maeve, & Baker, Mona (2000). Reporting *that* in Translated English. Evidence for Subconscious Processes of Explicitation ?*Across Languages and Cultures, 1*(2), 141-158.

Schmied, Josef, & Schäffler, Hildegard (1996). Explicitness as a Universal Feature of Translation. In M. Ljung (Ed.), *Corpus-based Studies in English: Papers from the seventeenth International Conference on English Language Research on Computerized Corpora(ICAME 17)* (pp.21-36). Amsterdam/Atlanta: Rodopi.

Sperberg-McQueen, Michael, & Burnard, Lou (2001). *The XML Version of the TEI Guidelines.* Online : http://www.tei-c.org/P4X/, consulted 28/09/03.

Toury, Gideon (1995). *Descriptive Translation Studies and Beyond.* Amsterdam/Philadelphia: John Benjamins.

TEC - Translational English Corpus. Online: http://www.ccl.umist.ac.uk / staff/mona/tec, consulted 28/04/03.

Vanderauwera, Ria (1985). *Dutch Novels Translated into English. The Transformation of a Minority Literature.* Amsterdam: Rodopi.

Venuti, Lawrence (1998). *The Scandals of Translation: Towards an Ethics of Difference.* London /New York: Routledge.

Zanettin, Federico (2000). Parallel Corpora in Translation Studies. Issues in Corpus Design and Analysis. In M. Olohan (Ed.), *Intercultural Faultlines* (pp.105- 118). Manchester: St Jerome.

Zanettin, Federico (2002). CEXI. Designing an English Italian Translation al Corpus. In B. Kettemann & G. Marko (Eds.), *Teaching and Learning by Doing Corpus Analysis* (pp.329-343). Amsterdam/ Atlanta: Rodopi.

제 2 부

번역 언어의 대규모 연구 경향

코퍼스, 보편소, 그리고 간섭

안나 마우라넨(Anna Mauranen)
탐페레대학교(University of Tampere), 핀란드

번역 보편소를 모색하는 여정에서 간섭(interference)의 지위는 불분명하였다. 첫째, 간섭은 번역 텍스트에 대한 출발어 또는 출발텍스트의 영향에 대한 개념을 모호하게 하는 전이(transfer)와 구별이 분명하지 않은 경우가 잦았다. 둘째, 간섭은 모순적 보편소(베이커(Baker), 1993)나 보편소, 혹은 그 자체가 주요 번역 법칙(투리(Toury), 1995)으로 받아들여졌다. 본고는 핀란드어 번역 코퍼스(Corpus of Translated Finnish: CTF)에서 얻은 코퍼스 데이터 관점에서 앞서 언급한 이슈를 다루고자 한다. 아울러 상이한 코퍼스 사이에 서로 존재하는 상대적 거리를 비교하는 방법론을 제공하는데, 이는 번역된 언어의 보편소 관련 가설 검증에 필수적인 과정이다. 연구 방법은 개별 출발어는 물론 여러 출발어의 복합 코퍼스에서 전이와 유사한 특징의 총량을 비교하는 방법으로 진행하였다.

1. 서론

번역 보편소에 관한 모나 베이커(Mona Baker)의 기념비적 논문(1993)은 번역학 분야에서 논쟁과 연구 활동을 동시에 촉발하였다. 번역에서 보편소의 본질에 관한 기본적인 이슈, 또는 보편소의 존재 자체에 관한 논쟁은 여전히 진행 중이나, 베이커의 논문, 그리고 이에 관현 여러 학자의 후속 연구물은 번역학의 근본 이슈에 관한 열정적 연구를 유도하였다. 이러한 여러 연구 프로젝트 중에는 본 연구자의 연구물도 있다(에스콜라(Eskola), 2002; 얀투넨(Jantunen), 2001; 마우라넨(Mauranen) 1998a, 2000a; 티르코넨-콩디(Tirkkonen-Condit), 2000 등을 참조). 모나 베이커가 다음과 같이 내린 번역 보편소의 정의는 본 연구를 진행하게 된 한 가지 계기가 되었다.

> 원문보다는 번역문에서 주로 발생하되 특정한 언어 체계에서 비롯된 간섭의 결과가 아닌 제반 특징이 바로 번역의 보편적 특징이다. (베이커, 1993, p.243)

위의 정의에서 특히 본 연구자는 물론 학생들도 의문을 제기한 부분은 바로 간섭의 지위였다. 베이커가 내린 정의는 간섭을 배제한 것으로 보이나, 보편소의 초기 고전을 저술한 기드온 투리(Gideon Toury)는 번역 보편소(투리는 '번역 법칙(translational laws)'이라 부름)를 실제로는 "언어 간섭의 법칙"이라 정의하면서 이를 번역의 기본 법칙으로 보았다(투리, 1995, p.275).

> 번역에서 출발텍스트 구성과 관련된 제반 현상은 도착 텍스트에 전이되는 경향이 있다.

간섭은 베이커의 정의처럼 모순적 보편성, 아니면 투리의 견해처럼 보편성의 기본적 발현으로 간주된다. 이러한 견해 충돌은 매우 흥미롭다. '보편적'이라는 의미가 다른가, 보편소의 층위나 종류가 다른가, 혹은 '간섭'에 대한 이해가 서로 다른 것인가? 아니면 모두 다 다른가?

투리가 제안한 또 다른 번역 보편소인 표준화 강화의 법칙은 여러 구실로 문학에서 많은 관심을 받은 반면 간섭은 명확하게 드러나지 않았는데, 어쩌면 베이커의 명쾌한 정의 때문일 수도 있겠다. 본고에서 논의하고자 하는 내용은 두 가지이다. 첫째, 간섭을 어떻게 이해하고 있으며 보편소와 어떤 방법으로 연계할 수 있는가? 둘째, 코퍼스에서 이를 연구하기 위한 논거를 추출할 수 있는가? (가능하다면 어떠한 방법으로 추출하는가?)

2. 간섭, 그리고 간섭의 발현

간섭에 대한 고전적 정의는 우리엘 바인라이히(Uriel Weinreich)가 제시하였다. 그는 "이중언어 구사자의 발화에서 발생하는 두 언어 규범상 일탈 사례는 1개 언어에 대한 친밀도에서 비롯된다"고 보았다(바인라이히, 1953, p.1). 제2언어 학습에서 바인리히는 개인의 제1언어(L1)가 제2언어(L2)에 반드시 영향을 미친다는 함의를 갖는 것으로 보았고, L1이 L2에 간섭하는 방식을 기술 및 설명하는 방대한 양의 연구가 진행되었다. 반면 번역학 연구는 바인리히에 대한 언급이 드물기는 했으나 이와는 반대되는 견해를 수용한 듯 하다. 출발어(언어학의 L2)가 도착어(대개 번역사의 L1)에 영향을 준다고 보았기 때문이다. 최근 L2 습득 연구자 중 일부(쿡(Cook), 2003a에 발표된 여러 논문)가 바인리히의 '두 언어'에 내포된 함의에서 영감을 받아 제2언어(또는 제3언어 등)가 제1언어에 미치는 영향의 방식에 주목하기 시작하였다. 이는 제2언어 습득 연구와 번역학의 거리를 좁히기는 했으나 동시에 새로운 이슈를 야기하였다. 여기에는 번역에서 간섭을 제거하는 작업이 바람직한가 또는 실제 가능한가라는 문제가 포함된다.

번역은 언어 접촉 상황이 발생하므로 교차 언어적 영향을 예상할 수 있다. 언어 접촉 상황에서는 일반적으로 상호 영향을 준다는 것은 기정사실이다(예컨대 토마슨(Thomason), 2001을 참조). 관련 연구 사례로서 엘리스(Ellis, 1996)는 높은 수준의 이중언어 구사능력을 가진 경우에도 교차 언어적 영향 영향이 나타난다는 사실을 지적하였으며, 그로장과 소아레스(Grosjean & Soares, 1987)는 이중언어 구사자가 한 개의 언어로 말할 때 완전한 단일언어 상황일지라도 다른 언어가 완전히 비활성화되는 경우는 드물다고 주장하였다. 그러므로 결정적 증거가 없더라도 번역은 2개 언어 간 접촉을 포함하고 2개 언어 처리 절차의 형태를 갖기에 번역에서 전이가 발생한다는 합리적 추정이 가능하다. 더 낮은 단계에서 분리할 때 더욱 구체적인 가설을 세울 수 있게 되는데, 언어 층위와 관련하여 가장 많은 영향력을 주는 부분(어휘나 담화 층위보다 구문에 영향을 줄 가능성이 큰 부분), 그리고 국소적이고 텍스트적인 정도(텍스트 중심)와 전체적 영향을 주는 정도(2개 언어 체계의 특징에 속하는 정도)와 관련된 가설을 예로 들 수 있겠다. 지금까지 살펴본 바로는 전이가 어휘, 통사, 화용론, 그리고 텍스트적 현상에서 발견되므로 언어의 모든 층위에서 영향을 주는 것으로 볼 수 있다. 그러나 문학 번역가 사이에서 회자되는 일화적 증거에 비춰볼 때 SL이 가장 쉽게 빠져나가는 부분은 바로 통사 층위이다. 반면 실존주의 주제의 번역에 대한 기존 연구(마우라넨, 1999a)에 따르면 번역사는 정보 전달에 초점을 맞추고 TT의 텍스트 흐름을 유지하기 위해 통상적으로 ST 어휘를 희생시킨다.

현재 번역학에서 사용하는 간섭에 대한 인식은 다소 모호한 측면이 있다. 번역 전반에 걸친 SL의 영향을 일컫는 경우는 '전이'와 유사한 의미를 갖는다. 그러나 전이와 구분되는 경우도 있는데(예컨대 투리, 1995,

p.252), 간섭의 긍정적 측면을 택한 후 이를 부정적으로 바라본다. 이러한 시각에서는 "긍정적" 전이 또는 단순히 '전이'가 "부정적" 전이 또는 간섭보다 더 수용할만한 것으로 판단한다. 사실 투리 자신은 일반적인 도착어에서는 긍정적 전이를 구별하기가 불가능에 가깝다고 말하였다. 따라서 (적용 가능한 이론은 차치하고) 긍정적 전이를 다룰만한 특별한 이유가 있는가라는 문제가 제기되었다. 규범적 의미에서는 이를 단순히 '좋은 번역'이라고 수용할 수 있을 것이다. 이와 관련한 문제를 아래에서 다루도록 하겠다.

전이와 간섭이 근본적으로 동일한 프로세스를 나타낸다고 하면, 이론적 관점에서 응당 전이와 간섭이 유사하며, 동시에 '비(非)전이' 번역과 구별 가능하다는 점을 증명해야 한다. 이를 증명하지 못하면 (긍정적) 전이의 개념은 의미를 잃고 단순히 '번역'과 동일 선상에 머물게 된다.

전이는 텍스트 간 관계, 즉 하나의 텍스트가 다른 텍스트에 영향을 줄 때 발생한다는 것이 일반적 견해이다(투리, 1995 등). 비록 전이에 시스템적 특징이 있다 하더라도 가정컨대 전이는 투리의 표준화 증가의 법칙이 적용되는 부분, 즉 TL 결과물에서 발생한다. 그러므로 투리가 사용한 용어에 따르면 (ST) 텍스팀(texteme)을 (TL) 레퍼토림(repertoreme)으로 대체 가능하나 역으로는 대체가 불가하다.

그러나 이러한 가정에 의문을 제기하면서, 대신 출발 텍스트가 출발어 처리 시스템을 활성화하고, 이어서 도착 텍스트 생산에 영향을 준다는 입장을 가정할 수 있는데, 그 이유는 SL과 TL 시스템이 머리에서 동시에 활성화되기 때문이다. 다시 말해 반드시 텍스트 층위의 직접적 영향일 필요가 없고, 대신 ST가 SL 시스템에 영향을 주고 이어서 TL 시스템이 TT에 대해 미치는 간접적 영향일 수도 있다. 이러한 가능성에 대한 증거는 일견 TT 항목이 해당 ST의 전이로 보이더라도 실제로는 ST에 그러한 자극 요인이 없는 여러 사례를 통하여 확인할 수 있다. 가령 핀란드어 번역에 나타나는 영어식 표현을 연구한 만키넨

(Mankkinen, 1999)이 연구 대상으로 삼은 표현 중 *ottaa aikansa*(영어로 'it takes its time')라는 항목에서 일반적으로 핀란드어 표현에 사용되는 동사는 *ottaa*가 아니라 *viedä*이다(이에 대한 주석은 역시 'take'이나 *take*의 다른 의미에 해당된다). 만키넨의 연구를 통하여 앞의 예문에 해당하는 등가 표현이 ST에 존재하지 않는 것으로 밝혀졌다. 즉 ST가 예문의 영어식 표현을 유발하지 않은 것이다. 따라서 이중언어 처리 상황이 2개 언어를 모두 작동하게 만들었고, SL 시스템이 TL 처리 과정에 영향을 주었다는 설명이 타당하다. 따라서 언어적 영향은 언어 접촉, 또는 쿡(Cook, 2003b, p.2)의 용어로 이중언어 또는 다중언어를 구사하는 개인의 '다중역량(multicompetence)'에서 통상적으로 발생하는 결과물인 것이다. 번역은 언어 접촉에서 예외라는 사실을 증명하기를 기대하기란 지난하겠으나, 이를 증명하는 작업은 매우 흥미로울 것이다.

그렇다면 이를 어떻게 증명할 수 있을까? 다시 말해, 번역은 SL에서 비롯된 간섭에 대하여 유의미한 영향을 주지 않는다는 가정을 뒷받침하는 어떤 종류의 증거가 필요할까? 첫 번째 방법은 번역 텍스트와 비(非)번역텍스트의 유관텍스트의 유사성이 충분해서 텍스트가 동일한 모집단에서 추출되었다는 해석을 확보하는 것이다. 코퍼스는 항상 샘플이므로 통계학적 관점에서는 해당 코퍼스가 동일한 모집단에서 추출됐느냐가 문제이다. 아직까지 코퍼스의 전반적 편차나 유사성과 관련하여 전적으로 신뢰할만한 통계적 수단이 없으므로(그러나 킬가리프(Kilgarrif)가 이와 관련한 방법을 개발 중인데 자세한 내용은 킬가리프(2001)를 참조) 이를 해결하기 전까지는 이러한 문제를 경험적 근거로 직접 해결할 수는 없다. 그러나 본고 6장에서 이러한 비교가 가능한 한 가지 방법을 제안하고자 한다.

이를 증명할 수 있다면 번역문과 유관 원문이 동일한 텍스트 집단, 즉 동일한 텍스트 모집단에서 샘플이 추출되었다고 볼 수 있으므로, 유의미한 간섭은 없다는 사실 외에도 동일한 언어로 작성된 상황에서 번역문과 원문을 체계적으로 구분할 (다른) 언어적 특징도 없다는 사실을 알 수 있다. 이러한 방식에서 제시되는 증거를 간섭에만 적용하기에는 충분함을 넘어 너무 강력해서 과잉 규정이 될 것이다. 반대로 번역문이 원문과 다를 경우 역으로 응당 간섭이 원인이라는 추론이 불가해진다. 다른 이유가 있을 수 있으므로 증거는 필요 조건이 될지언정 충분 조건은 될 수 없다. 요약하면 전체 비교에서 번역문이 유사한 TL 텍스트와 구별되지 않을 경우에 한하여 전이의 역할이 없다고 확정할 수 있다.

(지금까지 증거가 강하게 암시하듯) 번역 텍스트가 비(非)번역 텍스트와 대규모로 구별된다면 간섭의 의미에 대한 해석이 모든 보편소와의 경쟁 관계에서 비롯되므로 "보편적 언어 독립적 법칙이 아니라 '언어 쌍별 간섭', 즉 대상 언어 쌍에 한정된 간섭이 존재하며, 이는 번역문과 당초 도착어로 작성된 텍스트 사이의 '특이성'을 설명한다" 등의 주장을 펼치게 될 것이다. 베이커(1993)의 보편소 개념을 반영하는 이러한 가설은 비록 반대 의견이 있기는 하지만 ST와 TT 모두에서 주어진 특성이 나타나고 TL의 전형성을 벗어난다면 지지를 받을 듯 하다. 연구의 출발점은 개별적이고 입증된 간섭 사례가 될 것이다. 이는 긍정적 전이의 문제에 대한 해결책도 제시할 수 있다. 전이의 결과물이 통상적인 도착어 결과물과 거의 구별되지 않는다면 어떻게 이 둘을 구별할 수 있겠는가? 투리(1995, p.252)는 "내재적 간섭은 번역문이 원문과 대립되는 경우에만 분명해진다"고 보았다. ST의 특성으로 가정한 내용 이면에 번역의 역할이 있다면 주어진 출발 텍스트가 번역(더 정확하게는 번역의 전이)에 영향을 주었다는 해석을 지지하는 것으로 볼 수 있다.

그러나 이러한 추론 과정이 직관적으로는 만족스러울지라도 제2언어 습득 시 겪게 되는 여러 어려움의 가장 큰 이유가 학습자의 모국어 간섭 때문("대조 분석 가설")이라는 초기 가정과 흡사하다. 그러나 면밀히 검토한 결과 대조 분석이 학습자 오류 예측에 매우 효과적이지 않은 것으로 나타났다. 미첼과 마일즈(Mitchell & Myles, 1998, p.30)는 "대부분 오류의 원인을 L1에서 찾을 수 없으며, L1으로 오류를 방지했어야 하는 영역 역시 [···] 오류가 발생하였다"고 보았다. 따라서 SL과 TL의 비교를 근거로 주어진 특징이 특이하게 발생하는 사례를 정확하게 예측해서 보여주지 못한다면 언어 쌍에 따른 SL 간섭이 타당하다는 주장의 근거가 다소 흔들리게 된다.

이중언어 구사로 인한 간섭이 번역 과정의 본질에서 비롯되고 간섭을 포함할지언정 간섭에만 국한되지 않는 더 일반적이거나 '보편적'인 번역의 특징보다는 번역의 언어 특수적 특징을 설명하는데 더욱 효과적이라는 사실 입증이 목적이라면 상당히 강력한 논거가 필요하다.

첫째, SL과 TL에 근거하여 간섭이 발생하는 지점과 발생하지 않는 지점을 정확히 예측할 수 있어야 한다. 이러한 예측에는 언어 체계 층위가 포함되어야 간섭이 SL과 TL 사이에 존재하며, 번역문 관찰에 앞서 출발 텍스트 분석이 선행되어야 텍스트에 국한된 예측을 얻을 수 있다는 주장을 펼 수 있다.

둘째, 위의 주장을 병렬 코퍼스로 검증할 수 있어야 한다. 출발 텍스트와 번역문으로 구성되는 병렬 코퍼스는 간섭의 결과물로 추정되는 특정 도착 텍스트의 특징이 실제 주어지고 예측된 ST의 특징을 규칙적으로 준수하는지, 그리고 이러한 자극 요인이 없으면 발생하지 않는다는 사실을 확인하는 데 필요하다. 이것이 사실로 확인되면 해당 특징이 국소적, 즉 원문의 자극 요인의 결과라는 사실을 나타내므로 간섭의 발생은 출발 텍스트와 연관된다는 만족스런 결과를 얻을 수 있다.

셋째, 앞서 지적한 바와 같이 결과 용례는 도착어 및 기타 출발어의 번역물에 대하여 예외적이라는 사실을 입증해야 한다. 이러한 세 가지 조건이 충족된다면 간섭의 특징은 단지 ST 자극 요인에 대한 반응으로서든, 통상적인 TL 관행만 보았을 때 예상보다 높은 빈도로든, 또는 심지어 더 일반적으로 번역된 언어에서든 ST 자극 요인의 결과로 나타난다고 확실히 주장할 수 있다. 이러한 과정이 다소 부담스러울 수 있으나 무릇 설명이란 근거가 흔들려서는 안 된다. 언어 체계 층위에서든 개별 텍스트 층위에서든 성공적인 간섭 예측 능력을 갖춘다면 이중언어로 인한 간섭을 뒷받침하는 강력한 증거를 제공할 것이다.

반면 이중언어 간섭이 제반 법칙이나 보편적 경향보다 중요하다는 사실이 아니라 출발어에서 도착어로 전이할 때 일반적 경향의 타당성 검토가 목적이라면 반드시 간섭이 정확히 어디에서 발생할지 예측할 필요는 없다. 비교 과정에 여러 출발어가 포함되므로 실제 정확한 예측이 불가능할 수 있기 때문이다. 이러한 경우에서 제기하는 주장은 구체성은 다소 약화될 수 있으나 일반성은 강화된다. 일반적 경향으로서의 간섭과 양립하는 대규모 증거는 번역에서 간섭의 지위를 결정하는 데 중요하다.

이를 증명하는 주요 자료는 반드시 유관 코퍼스, 즉 동일한 원칙으로 취합된 번역 텍스트와 도착어의 원문 텍스트 코퍼스를 매칭한 것이어야 한다. 자료는 첫째, 상정한 추론의 빈도를 알아보기 위한 SL-TL 번역 텍스트 코퍼스, 둘째, 다양한 출발어에서 번역된 경우 공통적 특성의 일치 정도 또는 정확성을 확인하기 위한 다양한 출발어 번역문으로 구성된 유사 코퍼스, 마지막으로 가장 중요한 요소로서 특정한 특징이 TL 원문 텍스트에서 공통성이 더한지, 덜한지, 아니면 일치하는지, 다시 말해 특징의 발생이 대규모로 예외적인지 알아보는 데 필요한 유관 도착어 원문 텍스트 코퍼스 등 세 가지 (하위)코퍼스로 구성하는 것이 이상적이다.

이러한 방법으로 잠재적인 '간섭'의 특징에서 유표적인 요소, 즉 간섭이 통상적인 TL 관행 관점에서만 보았을 때, 또는 더 일반적으로 번역언어에서 예상보다 더 자주 발생하는지 알아볼 수 있다. 이러한 비교를 통해 설명이 필요한 요소(일탈)가 존재하는지 확인할 수 있다. 동시에 ST-TT 비교에서 시작하는 방법과 비교하여 더욱 총체적인 관점을 유지할 수 있으며, 제반 개별 사례에 중요성을 지나치게 부여하지 않게 된다. 이러한 절차를 통하여 번역에서 체계적 SL 편향성이 발생한다는 가정을 검증하고, 이후 여기에 간섭(또는 전이)이라는 이름을 붙일 수 있는지 확인하게 된다. 기본적으로 이러한 과정을 통하여 전이/간섭이 언어 체계 층위에서 발생할 가능성이 있다고 가정할 수 있으나, 특정한 ST와 TT 사이에 존재하는 텍스트 특정적 관계는 전혀 드러나지 않는다.

3. 간섭과 전이, 차이점은?

앞서 지적한 바와 같이 '전이'와 '간섭'은 교차 사용이 가능한 경우도 있고, 상극 관계에 있을 때도 있다. 후자에서 간섭은 부정적 전이로 간주되는 반면 전이 자체는 긍정적, 적어도 중립적 개념으로 수용된다. 간섭과 전이의 구분 선은 모호하고 심지어 임의적이기도 하다. 비(非)전이가 긍정적이라고 보기 어려운 경우라면 긍정적 전이와 부정적 전이를 어떻게 구분하는가?

본 연구자는 긍정적 전이와 부정적 전이가 다양한 언어 기술 층위에서 규명된다는 전제 하에 이 두 개념은 연속 변이의 두 점이라고 볼 근거가 있다고 생각하는데, 한 쪽 끝에는 도착어 규범에서 어긋나는 총체적 일탈, 또는 번역 오류라는 이름으로 불릴 내용이 있으며, 다른 한 쪽에는 원문 도착어 텍스트에서 그냥 읽을 때에는 구별되지 않으나 대규모 빈도 편차 등을 통해 ST로부터 전이된 것으로 추정할 수 있는 경우도 있다(가령 엘러스탐(Gellerstam, 1996), 라비오사-브레이스웨이트(Laviosa-Braithwaite, 1996) 등을 참조). 규범을 정하려면 연속 변이를 어딘가에서는 분리하고, 수용 가능성을 기준으로 전이를 구분하는 선을 그어야 한다. 이러한 기준 설정은 본고의 연구범위를 벗어나지만, 부정적이라고 정하는 주체는 누구인가? 라는 질문이 필연적으로 수반된다.

문학에서처럼 부정적 전이와 긍정적 전이를 결정하는 주체는 규범 문법 전문가만 될 수 있는 것인가?

이 질문에 대하여 용인가능성은 해당 문화의 사회적 수용성으로 결정된다고 본 투리의 견해에서 더욱 원칙적인 답변을 찾을 수 있다. 투리는 자신이 제시한 언어 간섭의 법칙의 하위 요소를 다음과 같이 규정한다.

> 간섭 용인도, 그리고 이에 따른 간섭 발현에 대한 용인도는 번역이 출발어/문화가 '주류'이거나 권위가 매우 강할 때, 그리고 특히 도착어/문화가 어떤 의미로든 '비주류'나 '약세'일 때 증가하는 경향이 있다. (투리, 1995, p.278)

이러한 견해를 토대로 본 연구자는 출발어가 영어인가 러시아어인가에 따라 이의 핀란드어 번역에 차이가 있을 것으로 예상하였다. 핀란드에서 현재는 물론 본 코퍼스(번역 핀란드어 코퍼스: Corpus of Translated Finnish) 작성 범위인 최소 10년 간 영어를 사용하는 앵글로 아메리카 문화가 러시아 문화에 비해 주목을 많이 받았을 뿐 아니라 일반적으로 더 높게 평가된다는 사실을 부인할 수 없다. 따라서 투리의 제안이 옳다면 영어권 문화에 대한 용인도가 러시아어 간섭에 비해 훨씬 클 것이므로 당초 핀란드어로 작성된 원문과 비교할 때 러시아어가 출발어인 번역물의 일탈 정도가 영어가 출발어인 번역물보다 낮을 것이다.

위의 가설을 검증하고 보편성과 관련된 간섭의 현황을 알아보기 위해 이제 번역 핀란드어 코퍼스를 다루고자 한다.

4. 번역 핀란드어 코퍼스

번역 핀란드어 코퍼스(CTF)는 핀란드 사본린나 번역대학의 본 연구자의 연구 그룹이 1997년부터 2000년까지 작성하였다(마우라넨, 1998a). CTF는 총 1,000만 개 단어로 구성되는데 핀란드어 원문 텍스트에서 발췌한 단어가 약 400만 개이고 나머지 단어는 상이한 출발어의 번역문에서 수집하였다. 출발어는 영어 및 러시아어인 경우가 대부분이며, 나머지 출발어(총 10개)는 2개 전형 사례 중 하나로 제시하였다. CTF는 UMIST에서 작성한 번역 영어 코퍼스(Translational English Corpus: TEC)와 더불어 현존하는 최대 유관 코퍼스이므로 번역 보편소 연구에 중요하다. 또한 코퍼스 작성의 주요 언어인 핀란드어가 인구어족(印歐語族)이 아니라는 점도 특히 흥미롭다. 현재 우리가 접하는 번역학, 그리고 코퍼스 대부분은 인구어, 특히 영어에 지나치게 편중됐다. 더욱이 CTF는 처음부터 유관 코퍼스 용으로 작성되었으므로 실제 조건이 허락하는 범위에서 코퍼스 작성 에 일관적인 원칙이 적용됐다.

CTF는 동일한 핀란드어 번역 텍스트 쌍과 여러 출발어 텍스트를 비교할 수 있도록 작성되었으므로 원문보다 번역문이 많다. 출발어는 대부분 인구어족이지만 핀란드어처럼 피노우그리아어족에 속하는 헝가리어와 에스토니아어도 포함된다. 따라서 CTF 데이터로 언어 분류의 영향 문제에 대한 연구가 가능하다. 본 코퍼스에 포함된 텍스트는 발췌문이 아닌, 전체 텍스트이다. 선정 기준은 장르, 더욱 엄밀하게 말한다면 영역이다. 선택한 장르는 기본 층위의 장르보다는 장르 클러스터로 기술하는 것이 더욱 타당하고(마우라넨, 1998b 참조), 일관적으로 외부 분류 기준을 적용하기 때문이다. 외부 분류 기준이란 출판사 및 도서관에서 사용하는 분류 체계를 의미한다. 다시 말해 기본적으로 문화권에서 널리 사용되고 일반적으로 수용되는 분류법을 사용하였다는 의미에서 본 연구진은 이를 '대중 장르' 세트로도 부른다. 내부, 또는 언어적 기준은 연구에서 사용된 기준을 동일하게 적용하여 자료를 선택하였다는 의미가 될 수 있으므로 의도적으로 지양하였다. 내부 기준을 사용한다면 심각한 순환성문제를 초래할 수 있으므로 다소 개략적인 측면이 있으나 문화적으로 관련 있는 대상과 의미를 반영하는 대중 장르 접근법을 사용하였다.

한편 진실성 확보를 위하여 코퍼스용 발췌문이 아닌 출판된 번역물을 사용하였다. 해당 문화권에서 수용되는 번역 결과물을 연구해야 유의미하다는 판단 하에 품질이 높은 번역물을 최우선적으로 선정하였다. 따라서 저명한 출판사에서 대부분 전문 번역사가 작업한 텍스트를 사용하였다. 학술 텍스트 등 일부 장르의 경우 번역 주체가 전문 번역사가 아니라 해당 분야 전문가인 경우는 예외로 해야겠다. 번역의 이데올로기, 전통, 그리고 방식은 변화하기 마련이므로 일부 조정이 있기는 했으나 텍스트 생산 시기는 비교적 짧은 5년(1995년에서 1999년)으로 설정하였다. 선택한 장르는 주로 번역에 대한 중요도를 고려하였으며, 중요도는 다음과 같이 세 가지로 구분하였다.

1. *유명도*로 인해 문화적으로 영향력이 있음
2. *넓은 독자층*으로 인해 영향력이 있음(예: 대중 및 오락 장르)
3. *다량으로 번역*되어 영향력이 있음(예: 아동용 도서, 사용자 매뉴얼 및 기술 텍스트)

실제 적용과정에서 위의 기준은 연구진의 관심사에 따라 가중치를 적용하였다. 그 결과 문학 텍스트, 학술 텍스트, 아동용 픽션, 대중 픽션, 대중 논픽션, 오락 및 전기(傳記) 등 7개 장르를 선정하였다. 자료 수집은 유관 핀란드어를 찾아 매칭하는 작업이 다른 작업보다 더욱 용이한 번역물을 중심으로 진행하였다. 결과적으로 수집한 자료는 '전형적' 번역물로서 새로운 분야 연구를 위한 예비 연구에 훌륭한 토대가 된다.

5. 코퍼스 비교

전술한 내용, 즉 전이는 보편적일 가능성이 있으며, 출발 문화가 도착 문화에서 주목을 받고 높게 평가되는 경우 용인도가 높아진다는 두 개의 가설을 검증하기 위하여 본 연구자는 분석 대상을 텍스트 매칭에서 가장 폭 넓게 SL을 선정할 수 있는 문학의 하위 코퍼스로 선정하였다.

하위 코퍼스

핀란드어로 작성된 픽션

1백만 단어

출발어가 복수인 번역물(10개 언어)

1백만 단어 이상

출발어가 영어인 번역물

1백만 단어 이상

출발어가 러시아어인 번역물

60만 단어 이상

다른 코퍼스의 절반을 약간 넘어 규모가 확실히 작은 러시아어 하위 코퍼스를 제외한다면 다른 하위 코퍼스의 규모는 서로 상당히 비슷하다. 더 많은 자료를 수집하기 위하여 러시아어 코퍼스에 적용한 시간 범위를 이미 앞당겼으므로(1990년대 초반) 위의 상황을 바꾸기란 극히 어렵다. 핀란드어 번역 텍스트는 출발어가 영어인 경우가 대부분이나 문학 장르는 예외적으로 지금까지는 SL의 종류가 가장 많았다.

앞서 지적한 바와 같이 코퍼스 간 전체적인 유사성과 차이점을 타당하게 측정할 수 있는 방법은 없다. 이에 본 연구자는 위의 4개 하위 코퍼스의 어휘 순위 비교를 바탕으로 상호 비교를 위한 잠정적 해결책을 개발하였다. 먼저 각 코퍼스에서 빈도를 기준으로 어휘 목록을 작성한다. 작성한 어휘 목록은 단어의 기본형이 아닌, 개별 단어 형태로 구성된다. 단어를 기본형으로 만드는 작업은 불필요하거나 심지어 무의미한 것으로 판단하였다. 번역 관점에서는 전형적인 형태의 빈도에서 나타나는 큰 차이가 결코 사소하지 않다는 것이 명백하기 때문이다. 오히려 굴절이 심하게 일어나는 언어에서는 비(非)전형적 사용 패턴을 나타낼 수도 있다(마우라넨, 1999b 참조).

본 연구에서 필요로 하는 비교 방법과 관련한 선행 연구가 없으므로 본 연구자는 코퍼스 언어학으로 이미 알려진 일반 원칙을 출발점으로 삼았다(대안 해결 방안은 본서의 얀투넨(Jantunen)을 참조). 첫째, 상이한 적정 규모 코퍼스에서 빈도가 가장 높은 항목은 주어진 언어에서도 상당히 유사한 모습을 보이는 경향이 있다. 실제 빈출 항목은 코퍼스 규모가 매우 다른 경우(최대 10배 차이)에도 유의한 일관성을 보일 수 있다(마우라넨, 1999b 참조). 따라서 러시아어 하위 코퍼스 규모가 다른 하위 코퍼스의 3분의 2에 불과하더라도 결과에는 큰 영향을 주지 않는데, 특히 순위는 코퍼스 규모에 크게 민감하게 반응하지 않기 때문이다. 둘째, 일단 최상위 빈도 단어가 나타나면 이후 코퍼스는 편차를 보이기 시작하며, 빈출 어휘는 긴 목록의 끝 부분으로 차츰 사라져 결국 출현 빈도가 1회로 줄어든다.

본 연구자가 사용한 해결책은 각각 30 단어로 구성된 빈도 대역 3개를 시험하는 것이었다. 제1대역은 1에서 30, 제2대역은 50에서 79, 그리고 제3대역은 100에서 129까지이다(고유명사를 제외했으므로 약간의 조정을 실시). 이러한 대역은 빈도가 매우 높기 때문에 보수적으로 선택하였는데, '보수적'이란 변화 폭이 크지 않을 수 있다는 의미이다. 본 연구자는 단일언어 코퍼스의 분포를 고려할 때 최 상위 빈도 대역에는 변화가 거의 없을 것이며, 제2대역은 변화가 어느 정도 있으나 제3대역은 상위 100개 빈도 수준 바로 다음에서 선정했으므로 예측이 가장 어렵다고 가정하였다. 또한 유의미한 변화는 중간 대역이 가장 유력하리라 예상하였다. 물론 이렇게 예상할만한 타당한 근거가 있더라도 중간 대역에 대한 최적의 위치는 살펴볼만한 선행 연구가 전무하였으므로 결과적으로는 실험을 실시해야 알 수 있다.

빈도 대역을 설정하고 고유명사를 제외한 이후의 절차는 다음과 같다. 먼저 핀란드어로 작성된 텍스트의 어휘 순위를 비교 기준, 즉 참조 코퍼스로 설정하였다. 여기에 표준과 각 항목의 편차, 즉 표준에서 동일 항목의 순위와 해당 항목의 순위 위치의 차이에 주목하면서 이를 다른 코퍼스와 비교하였다. 편차는 상향(표준 대비 번역 코퍼스의 항목 순위가 더 높은 경우) 또는 하향(해당 항목의 순위가 더 낮은 경우)으로 나타났는데, 해당 항목들은 고유 값(순위에서의 차이 값)만 나타난 경우를 제외하면 서로 상쇄되었다고 볼 수도 있다. 이어 참조 코퍼스와 각각의 하위 코퍼스 간 총 추정치 차이를 계산하기 위하여 고유 값은 하나씩 모두 합산하였다. 두 번째 단계의 번역 코퍼스 간 비교에도 이와 동일한 절차를 적용했는데 이 때에는 여러 언어로 구성된 하위 코퍼스를 참조 코퍼스로 사용하였다.

위의 실험 방법은 코퍼스 간 상대적 거리를 비교하기 위한 잠정적 방안으로 개발되었다. 이 방법은 어휘 순위 편차에만 근거했으므로 당연히 부분적으로만 활용이 가능하나 포괄적으로 전체를 비교할 수 있는 방법이 부재한 상황에서는 다른 가능한 방법과 함께 사용함으로써 일종의 지침으로 활용될 수 있을 것이다. 본 방법은 실험 단계이므로 통계적으로 유의한 기존 검정은 물론 모집단과 관련, 전술한 가정을 제시하는 과정에서 원론적으로 고려할 수는 있으나, 다량의 기사 본문으로 구성된 자료에 적용되지 않는 비모수 검정에 부적합하다. 본고에서 제시한 방법은 어떤 코퍼스가 서로 어떻게 다른가에 관한 내용을 개략적으로 소개하는데 그치지만 추후 보완 연구를 통해 더욱 완성된 형태의 연구로 활용되기를 기대한다.

6. 연구 결과

앞서 제시한 하위 코퍼스 비교 방법을 적용한 결과 일부 흥미로우면서도 놀라운 결과를 관찰할 수 있었다. 연구 결과 제3대역이 아닌 중간 빈도 대역(50-79)이 실제 전반적으로 가장 큰 편차를 보였다(아래 표 1에서 4 참조). 그러나 핀란드어 원문 텍스트와 비교할 경우 빈도 목록을 따라 내려갈수록 편차의 차이가 꾸준히 증가한 영어 하위 코퍼스는 예외를 보이는 등 일부 변화도 관찰되었다.

표 1. 핀란드어 원문과의 편차 합계

빈도 대역	혼종	영어	러시아어	합계
1-30	87	75	96	258
50-79	142	87	178	407
100-129	62	167	77	306
합계	291	329	351	971

본 연구자는 앞서 보편성이 이중언어 간섭보다 더 중요하다면 혼종 SL에서 발췌한 텍스트와 특정 SL에서 발췌한 텍스트 사이에 차이가 거의 없을 것이라고 주장하였으나, 보편성과 SL 특수적 간섭의 비교 검정에서 연구 대상 코퍼스 모두가 당초 핀란드어로 작성된 텍스트와 차이를 보였다. 다시 말해 3개 번역 코퍼스 간 상호 유사성이 당초 핀란드어로 작성된 코퍼스보다 높게 나타난 것이다. 표 1은 3개 하위 코퍼스 모두 당초 핀란드어로 작성된 코퍼스와 차이가 있다는 기본 가정이 성립한다는 사실을 보여주는데 이는 그다지 놀랍지 않다. 더욱 흥미로웠던 부분은 개별 패턴도 존재한다는 것이다. 혼종 SL의 편차가 가장 작았고, 러시아어와의 편차가 가장 컸으며, 영어는 그 사이에 위치한다.

표 2. 혼종 출발어와의 편차 합계

빈도 대역	영어	러시아어	합계
1-30	63	71	134
50-79	190	115	305
100-129	104	51	155
합계	357	237	594

이제 개별 SL을 혼종 번역 코퍼스와 비교했을 때 어떤 결과가 나왔는지 살펴보자(표 2). 영어와 러시아어 사이에도 분명한 차이가 드러났다. 즉 러시아어가 영어보다 일반적인 번역어에 더 가까운 것으로 나타났다.

앞서 개별 SL 하위 코퍼스가 전반적인 번역문보다 원문에서 더 큰 차이를 보인다는 가정에 대한 예측이 가장 어렵다고 하였다. 특정 SL의 간섭이 전반적인 번역문보다 더 영향을 주는 요소라고 한다면 다양한 번역 소스 간 편차는 번역문과 원문 사이의 편차보다 커야 한다. 표 1과 2를 합친 표 3에서 본 연구자는 영어와 러시아어 하위 코퍼스를 각각 혼종 SL 번역문 및 핀란드어 원문과 비교하였다.

표 3. 혼종 출발어 및 핀란드어 원문과 비교한 영어 및 러시아어 번역 텍스트

	혼종 출발어			핀란드어 원문		
빈도 대역	영어	러시아어	합계	영어	러시아어	합계
1-30	63	71	134	75	96	171
50-79	190	115	305	87	178	265
100-129	104	51	155	167	77	244
합계	357	237	594	329	351	680

참조 코퍼스와의 전체적인 편차 수치를 보면 원문이 번역문보다 분명히 높게 나타난다. 다시 말해 개별 SL의 번역문은 핀란드어 원문보다 일반 번역문에 가까웠다. 이는 동일한 언어에서 번역 텍스트는 원문 텍

표 4. 핀란드어 원문과 비교한 영어 및 러시아어 번역 텍스트

핀란드어 원문				
빈도 대역	영어	러시아어	합계	
1-30	75	96	171	
50-79	87	178	265	
100-129	167	77	244	
합계	329	351	680	

스트와 구별되는 특징을 공유한다는 가정을 뒷받침한다. 따라서 본 연구 결과 번역 텍스트는 서로 일정한 유사성을 갖는다고 볼 수 있다. '번역체', 즉 TL 원문과 번역문의 편차는 SL 특정적 간섭으로 한정할 수 없다. 아울러 출발어 사이에도 분명한 수준 차이가 존재한다. 영어 SL 텍스트는 다른 번역 텍스트에 비하여 당초 핀란드어로 작성된 텍스트와의 차이가 더 작은 반면 러시아어가 출발어인 번역문의 경우 이와 반대되는 경향을 보인다. 이는 SL 특정적 간섭의 흔적으로 볼 수 있다. 따라서 본 연구 결과는 간섭이 보편적이라는 해석과 양립 가능하다. 요약하면 본 연구 결과를 통하여 번역 텍스트 간 상호 유사성이 당초 TL로 작성된 텍스트보다 크지만 출발어 영향이 분명한 경우도 확실히 존재한다는 점을 알 수 있다. 이는 전이가 번역 언어의 특징 이면에서 모종의 원인이 된다는 점을 시사한다.

마지막으로 출발어가 영어와 러시아어인 경우 존재하는 편차는 어떻게 볼 것인가? 영어권 문화에 대한 용인도가 러시아어 간섭에 비해 클 것이라는 전제 하에 앞서 러시아어가 출발어인 텍스트와 핀란드어 텍스트의 차이가 영어가 출발어인 텍스트에 비하여 작을 것이라는 가설을 세운 바 있다. 실제 이를 비교했을 때(표 4는 위의 표 3의 우측 내용을 그대로 적은 것임) 러시아어가 출발어인 텍스트와 핀란드어 원문을 비교하면 차이가 작은 것이 아니라 오히려 더 큰 것으로 나타났다. 따라서 상대적으로 높게 평가되는 문화에서 비롯된 차이가 수용 가능성이 높다는 가정은 본 자료에서는 기각된다.

러시아어 자료가 적다는 점은 분명 약점이다. 물론 적은 자료는 러시아어에 대한 평가가 더 낮다는 사실을 보여주지만 현 상태로는 이러한 편향성에 대한 수정을 기대할 수 없으며 고질적인 문제일수도 있다. 중심적 출발 문화와 주변적 출발 문화로부터 동일한 자료 양을 확보하기란 쉽지 않을 듯 하다. 그러나 통계적 관점에서 직접적인 빈도가 아니라 순위 편차에 근거한 비교를 실시한다는 점에서 코퍼스 크기가 같지 않다는 문제는 크게 줄일 수 있다. 본 연구는 투리가 완벽하게 제시한 타당한 가정에 역행하는 결과를 제시한다는 점에서 매우 흥미롭다. 후속 연구와 새로운 설명이 필요한 이유다.

7. 결론

본고에서는 번역 법칙 혹은 번역 보편소의 토대를 구성하는 간섭의 개연성을 연구하려면 도착어로 작성된 원문 텍스트, 그리고 다양한 출발어에서 비롯된 번역 텍스트 등 서로 다른 종류의 유관 코퍼스가 필요하다는 내용을 다루었다. 이러한 유관 코퍼스에 근거한 연구 결과를 살펴보면 번역 텍스트는 분명히 원문으로 작성된 비(非)번역 텍스트와는 다르며, 전반적으로 번역 텍스트 사이에는 비(非)번역 텍스트보다 높은 유사성이 존재한다. 아울러 영어와 러시아 등 출발어에 따라 개별적 차이가 존재한다는 단면을 볼 수 있었다. 연구 결과 번역 텍스트 상호간에 유사성이 존재하므로 출발어가 번역 텍스트 형성에 영향을 주기는 하지만 이것이 유일한 이유는 아니었다. 따라서 본 연구는 간섭 혹은 전이가 일반적인 번역 법칙을 구성한다는 투리(1995)의 주장에 신빙성을 더하였다. 또한 특정 언어 쌍 사이의 이중언어 간섭이 번역 텍스트와 비(非)번역 텍스트 사이의 편차를 철저히 규명하지 않는 범위에서 베이커(1993)의 가설을 지지하였다. 이러한 두 개의 가설 조율을 위해 본 연구진은 번역에 대한 출발어의 영향이라는 일반적 경향이 이와 동일한 경향을 보이는 여러 언어 쌍에 근거한 순수 이론적 관념이라는 사실을 인정하기만 하면 되었다. 반면 특정 도착어에 대한 특정 출발어(또는 실제 상정하듯 출발 텍스트)의 영향은 번역 텍스트와 비(非)번역 텍스트의 차이를 설명하는 데 불충분하다. 따라서 간섭(또는 전이)은 고도의 추상 층위에서 번역에 포함된 각 언어 쌍에서 예상대로 일어나는 내용을 정확히 설명하는 하나의 보편적 경향으로 개념화할 수 있다.

본 연구에서 실시한 일반 층위 비교로는 간섭의 개별적 발생 사례를 적시할 수 없었다. 따라서 흥미로운 연구 문제가 남는다. 전이는 이중언어 처리과정을 포함하기에 2개 언어 체계 사이에서 회피 불가한 접촉, 즉 다중언어를 구사하는 개인의 '다중역량(쿡, 2003b)'의 결과물이므로 보편적인가? 아니면 전이는 출발어, 그리고 해당 텍스트를 전달하는 번역사의 과업으로 인해 발생하는가? 언어의 다양한 층위가 간섭에 따라 상이한 영향을 받는지에 대한 더욱 정확한 이해 역시 필요하다. 예컨대 화용적 간섭이 도착 텍스트에 강력한 영향력을 발휘할 수 있을 것으로 보인다(마우라넨 2000b 참조).

과연 (긍정적) 전이와 (부정적) 간섭을 체계적으로 구분할 필요성은 있는가? 본고에서는 이 두 용어를 혼용했으나 간섭은 중립적이고 기술적인 용어로 재정의해야 할 필요성이 제기되기도 한다(에스콜라, 2002, 본서). 그러나 부정적이지 않은 용어가 이미 존재하므로 해당 용어를 계속해서 사용하지 않는 것이 바람직할까? 이 두 용어를 구분하는 한 가지 방법은 전이를 SL과 TL 사이에 공유되는 특징이 과장되거나 과도하게 표현되는 경우, 즉 '선호되는 선택', 또는 무표적 선택을 의미하도록 사용하는 것이다. 그렇다면 간섭은 TL 규범에서 일탈하여 SL 규범을 사용하는 경우, 즉 TL에서 '덜 선호되는 특징'을 일컬을 때 사용 가능할 것이다. 후자의 사례로는 TL의 규칙을 명백히 위반하지는 않지만 원문 텍스트에서는 찾을 수 없는 연어 혹은 언어 조합을 들 수 있다(마우라넨, 2000a 참조). 전이와 간섭의 경계선을 명확하게 긋기란 어렵지만 이러한 구분은 예컨대 본고에서 논의한 바와 같이 보편적 경향에 관한 가설을 더욱 분명하게 설정하는 데에는 확실히 도움이 될 것이다. 보편소 탐색 관련 연구를 진전시키기 위하여 우리는 전이 현상이 간섭 현상보다 더 광범위하게 발생한다는 가설을 세울 수도 있다. 이는 출발어와 도착어가 공유하는 특징이 원문에 비하여 번역 텍스트에서 비례적으로 더 강력하게 나타나는 반면 두 언어가 다른 경우는 그렇지 않을 것이다.

수용성에 영향을 주는 문화적 우위에 대한 검증은 예상했던 결과를 도출하는데 실패하였다. 핀란드어는 이미 영어의 영향을 받았고, 따라서 문화적 거리가 예상보다 가깝거나, 러시아어에서 비롯된 기존의 오랜 번역 전통이 현재 관행에 영향을 주었을 수도 있다는 등 여러 대안적 설명이 떠올랐다. 이에 대한 해답을 구하는 과정은 번역의 사회적, 역사적 맥락, 가능하면 역사적 번역 코퍼스에 대한 심층 연구에서 시작할 필요가 있다.

참고문헌

Baker. Mona (1993). Corpus Linguistics and Translation Studies - Implications and Applications. In M. Baker. G. Francis. & E. Tognini-Bonelli (Eds.), *Text and Technology. In Honour of John Sinclair* (pp.233-250). Amsterdam: John Benjamins.

Cook. Vivian (2003a). *Effects of the Second Language on the First.* Clevedon: Multilingual Matters.

Cook, Vivian (2003b). Introduction: The Changing L1 in the L2 User's Mind. In V. Cook (Ed.), *Effects of the Second Language on the First* (pp.1-18). Clevedon: Multilingual Matters.

Ellis, Nick C. (1996). Sequencing in SLA. Phonological Memory, Chunking, and Points of Order. *Studies in Second Language Acquisition. 18*, 91-126.

Eskola, Sari (2002). *Syntetisoivat rakenteet käännössuomessa: suomennetun kaunokirjallisuuden ominaispiirteiden tarkastelua korpusmenetelmillä* [Synthesising Structures in Translated Finnish. A Corpus-based Analysis of the Special Features of Finnish Literary Translations], [Publications of the University of Joensuu 30]. Joensuu, University of Joensuu.

Eskola, Sari (this volume). Untypical Frequencies in Translated Language: a Corpus-Based Study on a Literary Corpus of Translated and Non-Translated Finnish. In A. Mauranen & P.Kujamäki (Eds.), *Translation Universals - Do They Exist?* Amsterdam/ Philadelphia: John Benjamins.

Gellerstam, Martin (1996). Translation as a source for cross-linguistic studies. In K. Aijmer, B. Altenberg, & M. Johansson (Eds.), *Languages in Contrast* (pp.53-62). Lund: Lund University Press,

Grosjean, Francois. & Soares, Carlos (1987). Processing mixed language: some preliminary findings. In J. Vaid (Ed.), *Language Processing in Bilinguals: Psycholinguistic and Neurophysiological Perspectives* (pp.145-179). Hillsdale. NJ: Erlbaum.

Jantunen, Jarmo (2001). Synonymity and lexical simplification in translations: A corpus-based approach. *Across Languages and Cultures. 2*(1). 97-112.

Jantunen, Jarmo (this volume). Untypical Pattern s in Translations: Issues on Corpus Method ology and Synonymity. In A. Maurancn & P.Kujarnaki (Eds.), *Translation Universals* - Do *They Exist?* Amsterdam/Philadeiphia: John Benjamins.

Kilgarriff, Adam (2001). Comparing corpora. On line: http://www/itri. brighton.ac.uk, consulted August 26, 2001.

Laviosa-Braithwaite, Sara (1996). *The English Comparable Corpus (ECC): A Resource and a Methodology for the Empirical Study of Translation.* UMIST: Unpublished PhD thesis.

Mankkinen, Marika (1999). *Manifestations of translatedness: a case study of anglicisms in the novel Trainspotting.* Unpublished MA Thesis. Savonlinna School of Translation Studies, University of Joensuu.

Maurane n, Anna (1998a). *Käännössuomi ja kääntämisen universaalit: tutkimus korpusaineistolla* [Translated Finnish and Translation Universals: A Corpus Study), Project Research Plan. MS. Savonlinna School of Translation Studies.

Mauranen, Anna (1998b). Another Look at Genre: Corpus linguistics vs. genre analysis. *Studio Anglica Posnaniensia. XXXIII,* 303-315.

Mauranen, Anna (1999a). What sort of theme is *there?* A translational perspective. *Languages in Contrast. 2*(1), 57-86.

Mauranen, Anna (1999b). Will 'translationese' ruin a contrastive study? *Languages in Contrast, 2*(2), 161-185.

Mauranen, Anna (2000a). Strange Strings in Translated Language: A Study on Corpora. In M. Olohan (Ed.), *Intercultural Faultlines. Research Models in Translation Studies 1: Textual and Cognitive Aspects* (pp.119-141). Manchester: St. Jerome Publishing.

Mauranen, Anna (2000b). Where's cultural adaptation? Paper presented at CULT 2K, the 2nd International conference on Corpus Use and Learning to Translate. University of Bologna 3-4.11. 2000, Bertinoro.

Mitchell, Rosamond, & Myles, Florence (1998). *Second language learning theories.* London: Arnold.

Thomason, Sara Grey (2001). *Language Contact.* Edinburgh: Edinburgh University Press.

Tirkkonen-Condit, Sonja (2000). In search of translation universals: Non-equivalence or 'unique' items in a corpus test. Paper presented at Research Models in Translation Studies. UMIST 28-30 April, 2000, Manchester.

Toury, Gideon (1995). *Descriptive Translation Studies - and Beyond.* Amsterdam: John Benjamins.

Weinreich, Uriel (1953). *Languages in Contact.* The Hague: Mouton.

번역 언어에서 나타나는 비전형성의 빈도

번역 핀란드어와 비(非)번역 핀란드어의 문학 코퍼스에 대한 코퍼스 기반 연구

사리 에스콜라(Sari Eskola)
요엔수대학교(University of Joensuu), 핀란드

본고의 이론적 목표는 코퍼스 기반 번역학에서 빈번하게 사용되는 일부 핵심 개념을 명확하게 제시하는 것이다. 번역 *자체*의 정수 발견이 연구의 주된 관심사라면 규범 의존적 특징과 잠재적인 보편적 특징을 구분하는 것이 아니라 (번역과 관련하여 내재된 경향과 규칙성을 국소적으로, 그리고 전역적으로) 번역 법칙에 대한 의견을 더욱 폭 넓게 나눠야 할 것이다. 실험 목표는 당초 핀란드어로 작성된 텍스트, 그리고 영어와 러시아어인 출발어를 핀란드어로 번역한 텍스트 등 상이한 언어 변이형에서 핀란드어의 세 가지 비정형구조(참조, 종결 및 시간 구조)의 빈도 및 분포의 부동성에 관한 결과에 대하여 개요를 기술하는 데 있다. 본 연구자는 번역이 도착어 특정적이고, 독특한 언어 특징은 과소 표현되는 경향이 있으며, 간단한 번역 대응 표현(출발어에서 일종의 자극 역할)은 과대 표현되는 경향이 있다는 보편적 법칙을 지지하는 근거를 제공한다. 이는 간섭의 문제이나 부정적 간섭보다는 중립적, 추상적, 통계적 의미의 문제이다.

1. 서론

번역학은 처방적 견해에서 벗어나 번역은 필연적으로 자체적인 언어 변이형을 구성한다고 이해하는 방향으로 점차 관점을 옮기고 있다. 번역은 당초 동일한 언어로 생성된 텍스트와는 구분되는 특성을 갖는 경향이 있다(또 그렇게 허용되기도 한다) (베이커(Baker), 1999, p.292에서 기술한 바와 같이 번역은 "일탈"이 아니라 "다름"이다). 번역 텍스트는 "제 3의 코드(the third code)" (프롤리(Frawley), 1984), "제 3의 언어 (the third language)"(더프(Duff), 1981), 그리고 "혼종 언어(hybrid language)"(트로스보리(Trosborg), 2000) 등으로 불리기도 하였다. 그러나 번역을 구분하는 구체적이고 분명한 특징에 대한 지식은 여전히 모호하고, 번역 본연을 구성하는 것은 무엇인가라는 질문은 아직 남아 있다. 이 주제에 관한 구체적 주장을 펼치기 전에 우리는 응당 대규모 전자 텍스트 수집과 코퍼스 방법론에 근거하여 번역 텍스트와 비(非)번역 텍스트를 대상으로 더 심도 있고 체계적인 비교 연구를 해야 할 필요가 있다.

베이커(1993, 1995, 1996)는 번역언어의 특징을 조사하기 위하여 코퍼스 언어학의 방법론을 활용하자고 제안한 바 있다. 현재 코퍼스 기반 번역학(CTS: corpus-based translation studies)이라는 새로운 분야를 연구함으로써 번역 텍스트의 실제적 성격을 규명하고, 번역의 성격, 그리고 일반 대중을 대상으로 (결정적이거나 전혀 반대인) 모호한 논의보다는 구체적인 무언가를 도출하려는 연구자가 늘어나고 있다. 이러한 기술론적 연구는 코퍼스 언어학 도구를 이용할 수 있게 되면서 급격히 가속화되었다. 여러 코퍼스를 사용할 경우 실제적 맥락의 정성 및 정량 연구를 통한 언어 분석이 가능해지며, 코퍼스 언어학을 응용하면 소규모 코퍼스 및 수기 방법 연구에서는 볼 수 없었던 번역의 무언가를 드러낼 수 있다.

2. 규범에서 법칙으로

규범(예컨대 투리(Toury), 1978, 1980; 셰프너(Schäffner), 1999; 체스터만(Chesterman), 1997)이라는 난처한 문제에 대하여 다수의 연구가 진행되었으며 CTS도 마찬가지이다. 규범 개념은 번역학이 사회과학 분야에서 차용한 것이나 번역 규범이 정확히 무엇으로 구성되는지 성격에 대한 합의는 아직 이루어지지 않았다. 규범은 대개 관찰된 규칙성과 동일시되므로 대상이 너무 많고, 이로 인하여 개념 자체의 설명력은 도전을 받고 힘을 잃게 된 것으로 보인다. 본 연구자는 본연의 규범을 관찰 가능한 대상이 아니라 반복되는 상황에서 규칙성을 근거로 규명하는 것이라고 본다. 규범의 핵심 개념은 구속력이 있는 제약 요소이자 우리의 행동 방법을 규정하는 사회적 기대이며, 규범은 우리의 행위를 평가하는 기준이 된다. 규범은 행위의 규칙성으로 귀결되지만 언어적 특징 자체는 규범이 아니다. 규칙성을 토대로 규범 규명이 가능할지라도 규칙성 외에 다른 원인이 있을 수 있으므로 규칙성 자체가 반드시 규범 존재의 증거가 되는 것은 아니다. 실제 어떤 특징이 규범 의존적인지를 규명하려면 가치와 우선순위에 대한 지식과 번역에서 관찰할 수 있는 제반 특징 사이의 연관성을 찾아야 할 것이다(핌(Pym), 1998 참조).

CTS에서 규범은 보편소와 더불어 번역에서 관찰되는 반복 패턴을 설명하는 중심 개념으로 자리잡았다. 많은 연구자들이 국소적, 제한적 행위 규칙성을 규범 또는 규범 의존적 현상으로 언급한다(콘(Kohn), 1996; 베이커, 1993; 외베로스(Øverås), 1998 등). 규범은 국소적인 사회문화적 맥락에서 작용하며 시간이 경과하면서 변하지만, 보편소는 전역적으로 관찰 가능한 행동의 경향이자 규칙성이므로 관련 언어와 무관하게 번역에서 발견 된다. 번역의 일부 특징이 규범 의존적인지 아니면 보편소인지(예컨대 외연화의 경우 판데어아우브라(Vanderauwera), 1985; 블룸-쿨카(Blum-Kulka), 1986; 바이스브로트(Weissbrod), 1992; 외베로스, 1998 참조) 혼선이 있는 듯 하다. 본 연구자는 규범은 본질적으로 처방적인 반면 보편소는 기술적이고 예측 가능하다는 견해를 가지고 있으므로 번역의 규칙적 특징을 설명할 때 규범과 보편소를 혼용해서는 안 된다고 보는데 이러한 혼용은 CTS의 잠재력을 불필요하게 제한하기 때문이다.

그렇다면 더욱 광범위하게 번역 *법칙*(1991년 투리가 처음 제시한 매우 훌륭한 개념이나 번역학계에서는 일반적으로 거의 사용되지 않은 개념)에 관한 이야기를 시작하는 것이 실로 중요해진다. 당초 도착어에서 작성된 텍스트로부터 번역 *자체*가 어떻게 일탈하는지, 그리고 특정한 과정으로서 번역이 언어 행동에 어떻게 영향을 주는지를 규명하려면, 국소적인 주요 관심 대상 또한 특정한 조건에서의 번역 규범보다는 번역 자체에 내재된 특징인 번역 법칙에 쏠리게 된다. 따라서 본 연구자는 규범과 보편소를 병렬 현상으로 보기보다는 국소적 번역 법칙과 보편적 번역 법칙으로 구분하고자 한다. 예컨대 국소적 법칙은 특정한 언어 쌍이나 텍스트 타입, 그리고 시기별로 모색하는 것이고, 보편적 법칙은 모든 번역에서 작용하는 전역적 경향을 의미한다. 번역 과정이 미치는 영향은 A라는 언어와 B라는 언어를 서로 번역할 때 구분되는 통계적 선호도나 특징 등으로 나타날 수 있다. 라빈(Rabin, 1958, pp.144-145)은 특정 언어 쌍을 다루는 번역사는 여러 전략을 시도하고 시험하면서 일종의 "번역 축적물(translation stock)"을 구축할 수 있으며, 이를 통하여 추후 전략을 구사한 번역물을 나타낼 수 있다고 주장하였다. 이러한 국소적 특징 이면에 모든 번역에서 작용하는 일부 보편적 경향이 존재할 수도 있다. 이러한 맥락에서 체스터만(1998)은 모든 번역사들에게 일반적으로 적용되거나 일부 번역사만 보이는 경향을 일컫는 법칙에 대해 언급한다. 아울러 그는 "그렇다면 경험적 연구의 임무는 어떠한 상황 조건에서 이러한 법칙이 어떠한 확률로 유지되는지, 또는 유지되지 않는지를 설정하는 것이다"라고 주장한다(체스터만, 1998, p.218).

코퍼스 언어학의 기법은 번역에서 관찰할 수 있는 일정한 패턴을 이끌어낼 수 있으므로 이를 바탕으로 어떠한 규범이 발견된 특징에 영향을 주었는지 추정하려는 연구자도 있을 것이다. 실제 상황에서 번역사의 선택에 영향을 주는 규범은 번역 법칙에도 영향을 준다. 그렇다면 방법론적 관점에서 규범은 설명력은 있으나, 이러한 설명력은 항상 연구자가 어떠한 규범이 적용되었는지 *해석*하는 결과에 따라 달라진다. (개별 또는 기타 지역 규범과는 반대로) 규범은 본래 보편적일 수 있으나 이를 내재된 보편적 경향(법칙)과 혼동해서는 안 된다.

분명 번역의 본질과 과정에서 무언가가 번역 법칙을 만든다. 번역학에서는 이 '무언가'는 정확히 무엇인지를 알지 못하기에 아직 상당히 모호한 상태이다. 본고에서는 번역사들의 작업 진행을 기술하기 위한 번역 과정의 공식화된 모델과 이론보다 원어로 글쓰기와 대비되는 인지 과정으로서 번역 본질의 기본적 차이를 논하고자 한다. 클라우디(Klaudy, 1995, p.142)는 모국어로 말하는 경우에도 머리에서 생각한 바를 언어 형태로 표시하는 과정이 결코 직접적이지도, 단순하지도 않다고 보았다. 따라서 다른 언어에서 비롯된 사고를 하는 경우 언어 과정은 더욱 복잡해지고 많은 제약 요소가 뒤따를 수 밖에 없다. 따라서 번역은 복잡한 과정이며 번역에 영향을 주는 요소도 여럿이다. 최소한 ST, SL, TL의 구별되는 특징, 번역 전통(규범 포함), 개인적 선호도 등의 요소가 작용할 것이다. 이러한 특징은 모두 국소적인 것이다. 법칙의 전역성과 추상성이 커질수록 소위 독특한 언어 과정으로서 번역의 본질의 영향이 더욱 분명해지며, 출발어, 텍스트 타입 등이 줄 수 있는 영향력은 감소한다. 다시 말해 번역 과정에 앞서 언급한 요소가 주는 영향은 보편적 법칙보다 국소적 법칙에서 더 분명해진다. 보편적 법칙(단순화, 외연화, 관습성 등)이 꼭 절대적 법칙은 아니지만 광범위하게 목도되는 통계적 경향(평균적으로 번역사들이 무언가를 하거나 하지 않는 경향)이 강하다. 지금까지 보편적 법칙 대부분은 소규모, 수기 분석을 통해 직관적으로 규명된 바, 이에 대한 비판적 검토가 필요하다. 보편소 관련 가설은 여러 언어 쌍(가급적 인구어족 이외의 언어도 포함)과 여러 종류의 언어적 요소(어휘, 구문, 텍스트, 문체)를 기반으로 결과를 얻을 때에만 검증이 가능하다. 번역 보편소 연구는 조각그림 맞추기와 비슷하다. 번역의 본질을 모색하는 과정에서 단 한 개의 패턴이라 하더라도 용례를 다루는 정보이며, 이러한 모든 정보 조각은 전체 그림의 일부이기 때문이다. 더욱이 모든 개별 연구는 특정한 텍스트 타입과 언어 쌍, 그리고 국소적 층위의 번역에서 작용하는 전형성에 대하여 귀중한 정보를 제공한다.

표 1. 번역 및 비(非)번역 핀란드어 산문 코퍼스

산문	텍스트 수	단어 수
영어가 출발어인 번역(TE-텍스트)	11	639,608
러시아어가 출발어인 번역(TR-텍스트)	11	635,511
당초 핀란드어로 작성된 텍스트(OF-텍스트)	19	619,296
합계	41	1,933,279

3. 번역 및 비(非)번역 텍스트에서 참조, 시간 및 종결 구조의 용례

3.1 자료

표 1과 같이 본 연구자의 코퍼스(번역 및 비(非)번역 핀란드어 산문 코퍼스)는 당초 핀란드어로 작성된 산문(OF-텍스트)과 영어에서 핀란드어로 번역한 산문(TE-텍스트), 그리고 러시아어에서 핀란드어로 번역한 산문(TR-텍스트) 등 세 개의 상이한 요소(언어 변형)로 구성된다. 자료는 사본린나 번역대학에서 작성한 *번역 핀란드어 코퍼스(CTF)*의 하부 코퍼스이다. 모든 텍스트는 1990년대 출판되었으며, 발췌가 아닌, 생략하지

않은 전문(全文)이다. 코퍼스 규모는 약 2백만 단어이며 각 구성요소의 단어 수는 대략 60만개이다(각 요소의 샘플 규모가 비슷하므로 결과를 직접 비교할 수 있다).

핀란드에서 번역은 문어 텍스트의 상당 부분을 차지하며 폭 넓은 독자층이 존재한다. 핀란드에서 출판되는 전체 산문 중 약 60퍼센트가 번역물인데 출발어가 영어인 경우와 러시아어인 경우의 차이는 상당하다. 전체 번역물 중 약 70퍼센트가 영어에서 번역된 반면 러시아어에서 번역된 비율은 1퍼센트에 불과하다. 따라서 본 연구자의 코퍼스에 사용된 출발어들은 핀란드에서 매우 다른 번역 전통을 가지고 있다. 이 두 언어는 번역 방법(및 기대)에 차이가 있으므로 이러한 번역 전통에서 서로 다른 규범이 작용한다.

3.2 결과

본 연구자는 박사학위 논문(에스콜라, 2002)에서 국소적 번역 법칙과 전역적 번역 법칙을 검토하기 위하여 번역된 핀란드어와 원문 텍스트를 비교하였다. 이러한 맥락에서 본 연구는 구체성에서 추상성으로, 그리고 국소적에서 전역적인 방향으로 진행된다. 국소적 층위에서는 주어진 언어쌍(영어-핀란드어, 러시아어-핀란드어), 주어진 시기(현대 문학), 그리고 텍스트 타입(문학 산문)에서 나타나는 번역사들의 행동 규칙성에 관한 결론을 도출하였다. 2개의 상이한 번역 하위 코퍼스를 사용한 이유는 출발어가 번역 핀란드어에 줄 수 있는 영향을 고찰하기 위함이다. 출발어와 무관하게 발견된 특징에 관한 결과는 전역적 층위의 번역 보편소와 관련된 가설 검증에 사용할 수 있다.

본고는 참조(예: *Tiedän hänen tulleen*, 'I know she has come', 그녀가 온 것을 나는 안다), 시간(예: *Lukiessaan kirjaa*, 'Reading a book', 책을 읽다), 그리고 종결(예: *Kiirehdin ehtiäkseni junaan*, 'I hurried to catch the train', 나는 기

차를 타기 위해 서둘렀다)구조 등 3개의 비정형 통사 구조에 주목하였다. 이 구조는 압축 술어로서 정보를 압축적으로 전달하는데 자주 사용된다. 정형 동사를 포함하지 않으며 종속절로 대체될 수도 있다. 정형 및 비정형 변형은 동일한 정보를 다루며, 보통 교차 사용이 가능하다. 이러한 구조를 사용할 때 선택을 할 수 있으므로 번역 텍스트와 비(非)번역 텍스트에서 선택, 사용되는 패턴의 차이를 발견하는 것은 흥미롭다. 많은 인구어족 언어와 비교할 때 핀란드어는 어미 변화가 매우 복잡하며 이러한 종류의 구문을 생산적으로 사용한다.

번역 텍스트를 비(非)번역 텍스트와 비교할 때 비전형적 통사, 어휘 및 텍스트 빈도가 나타나는 경향이 있다는 가정이 본 연구 분석의 출발점이다. 이러한 법칙을 뒷받침하는 일부 연구 결과(예: 엘러스탐(Gellerstam), 1996; 라비오사-브레이스웨이트(Laviosa-Braithwaite), 1996; 마우라넨(Mauranen), 2000 등)가 있으나 연구물의 수는 매우 작다. 현재 참조할 수 있는 결과물은 통사 층위에서 나타나는 비정형적 빈도에 초점을 맞추고 있으며, 출발어에서 해당 통사 요소의 사용 가능 여부가 중요한 요인이 된다. 번역에서 서로 바꿔 쓸 수 있는 특정 표현을 선택하는 과정에서 선호되는 표현들은 체계적 가능성이나 대응 구조의 실제 전형성 관점 모두에서 출발어의 특징과 매우 밀접하게 연관되는 경향이 분명하게 나타난다. 서로 다른 언어에서 특정한 언어 구조의 전형성에 대한 대조 연구가 아직 크게 부족한데다 직관적 접근법은 결과 추정에 썩 좋은 방법은 아닌 반면, 여러 언어의 체계상 특징의 유사점과 차이점에 대한 지식의 토대는 훨씬 더 탄탄한 상태이다. 이러한 맥락에서 분석을 실시한 핀란드어 비정형 동사 형태는 다음과 같은 하부 그룹으로 분류할 수 있겠다.

a. 구문이 독특하고 언어 특화적이어서 정형 동사 형태를 사용하여 생산적으로 환언할 수도 있는 간단한 등가가 영어와 러시아어에 없음(참조 구조).

b. 일부 제약이 있으나 정형 동사 형태를 사용하여 생산적으로 환언할 수 있는 등가 구문이 영어와 러시아어에 있음(시간 구조)
c. 구문이 영어와 러시아어에서 분명하고 간단한 등가가 있어 생산적인 정형 동사 대안이 없음(종결 구조)

앞서 언급한 제반 요인은 모두 영어와 러시아어에서는 일반적이다. 이런 측면에서 핀란드어는 영어나 러시아어와 상당히 다르다. 그러나 본 연구자는 영어와 러시아어를 구별 짓는 특징을 추후 언급할 것이며, 번역물과 출발어의 차이를 유발하는 요인은 종종 출발어 간 부동성에서 비롯된다는 사실을 보여줄 것이다. 이제 번역 텍스트와 비(非)번역 텍스트에서 나타나는 참조, 시간, 종결 구조의 빈도와 분포의 차이에 관한 결과를 더욱 자세하게 소개하도록 하겠다.

3.2.1 참조 구조

핀란드어에서 참조 구조는 긍정의 that 절을 *see*(보다), *hear*(듣다), *believe*(믿다), *say*(말하다) 등의 동사로 축약할 때 사용된다. 참조 구조는 핀란드어의 특징적 통사 구문이므로 러시아어와 영어에 단순히 대응하는 등가 구문이 없다. 예 1과 2에서 알 수 있듯이 핀란드어에서는 정형 동사 형태와 이의 축약형인 비정형 동사(해당 동사와 무관) 중 무엇이든 선택할 수 있으나, 러시아어와 영어의 경우 일반적으로 참조 표현에서 비정형 또는 정형 동사 형태 가운데 한 가지 형태를 선호하며, 교차 사용이 가능한 변형이 존재하는 경우는 극히 드물다(영어의 경우 동사 *see*는 비정형 동사 형태가, *know*는 정형 동사 형태가 필요하고, 러시아어의 경우 두 개 동사의 대응 표현 모두에서 정형 동사 형태가 있어야 한다).

(1) 핀란드어a.	*Näin Liisan lukevan kirjaa.*	비정형
b.	*Näin, että Liisa lukee kirja.*	정형
러시아어	*Ja videla, čto Liisa čitaet knigu.*	정형
영어	*I saw Liisa read/reading a book.*	비정형
(2) 핀란드어a.	*Tiedän hänen tulleen.*	비정형
b	*Tiedän, että hän on tullut.*	정형
러시아어	*Ja znaju, čto ona prišla.*	정형
영어	*I know (that) she has come.*	정형

연구 결과 번역 텍스트는 핀란드어 원문 텍스트에 비해 참조 구조 빈도가 낮게 나타났다(그림 1). 이러한 경향은 러시아어가 출발어인 번역 텍스트에서 특히 강하다. 출발어 대응 구문에서 체계적 부정사 자극이 없으므로 번역 텍스트에서 참조 구조가 낮게 나타나는 현상은 상당히 당연해 보인다.

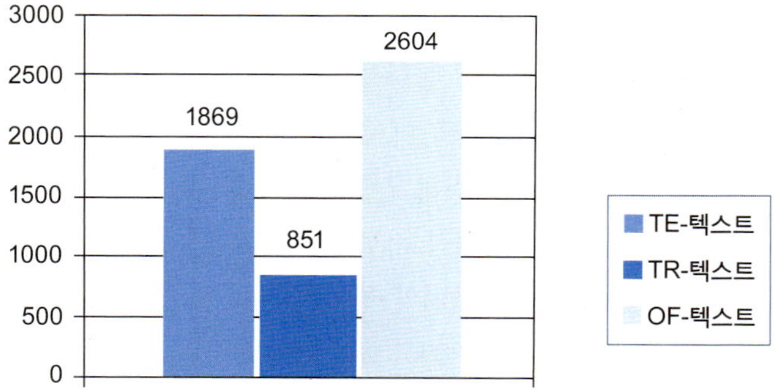

그림 1. 참조 구조의 빈도

참조 구문에서 언급된 시간은 출발어가 상이한 번역 텍스트 간 흥미로운 결과를 나타낸다(그림 2-3). 러시아어가 출발어인 경우 현재 및 과거 시제 모두에서 참조 구문의 빈도가 원문 텍스트보다 낮게 나타난다. 출발어가 영어인 경우, 특히 과거 시제가 사용된 구문은 분명 빈도가 낮지만, 현재 시제는 영어가 출발어인 번역 텍스트와 원문 텍스트 사이의 차이가 그렇게 크지 않다.

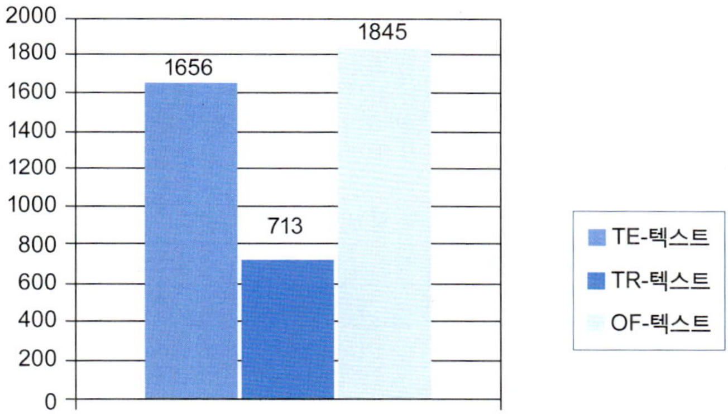

그림 2. 현재 시제에서 참조 구조의 빈도

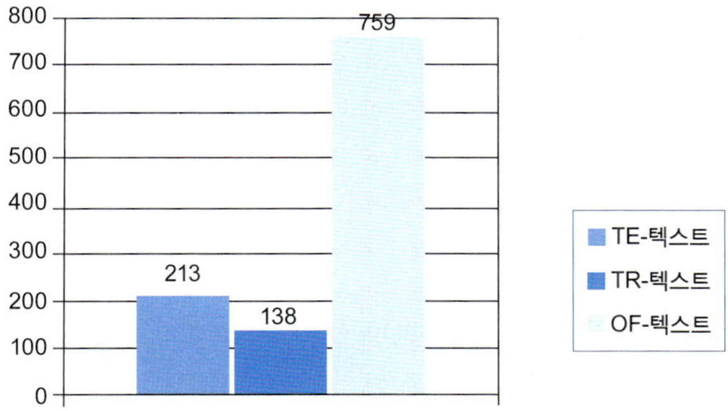

그림 3. 과거 시제에서 참조 구조의 빈도

연구 결과를 보면 번역 텍스트에서 참조 구조 사용 빈도가 낮게 나타난 것 외에 사용 방법도 다른 것으로 나타났다. 표 2와 3은 번역 텍스트와 비(非)번역 텍스트 사이에 일부 유의한 부동성을 보여주는 두 가지 종류의 특정 참조 구문의 빈도를 나타낸다. 첫째, 현재 시제에서 지각 동사(*see, hear, notice* 등)와 함께 사용되는 참조 구조는 영어가 출발어인 번역 텍스트에서 빈도가 월등히 높게 나타나는 경향이 분명하게 목도되었다(표 2). 수치를 보면 빈도는 물론 해당 구문의 상대 비율이 다른 두 요소보다 영어가 출발어인 번역 텍스트에서 높게 나타났다.

표 2. 참조 구조에서 지각 동사의 빈도 및 비율(현재 시제)

TE-텍스트 N=1869		TR-텍스트 N=851		OF-텍스트 N=2604	
빈도	비율(%)	빈도	비율(%)	빈도	비율(%)
521	27.9	123	14.5	236	9.1

위의 표는 출발어가 러시아어와 영어일 때 현재 시제에서 사용된 참조 구조의 빈도 차이를 부분적으로나마 설명한다. 러시아어나 핀란드어와는 달리 영어의 지각 동사는 대개 원형 형태(3)로 참조 표현에 사용된다. 이러한 결과를 바탕으로 이러한 체계적 특징은 영어가 출발어인 번역 텍스트에서 과도하게 사용되는 현상과 연관이 있는 것으로 판단된다.

(3)	***Näin*** *Liisan lukevan kirjaa.*	비정형
	Ja ***videla****, čto Liisa čitaet knigu.*	정형
	I ***saw*** *Liisa read/reading a book.*	비정형

둘째, 두 시제 모두에서 발화 및 보고 동사(*say, tell, inform* 등)와 함께 사용되는 참조 구조는 당초 핀란드어로 작성된 텍스트보다 두 개의 번

역 텍스트 그룹에서 낮게 사용되는 경향이 분명하게 나타났다(표 3).

표 3. 참조 구조에서 발화 및 보고 동사의 빈도 및 비율(현재 및 과거 시제)

TE-텍스트 N=1869		TR-텍스트 N=851		OF-텍스트 N=2604	
빈도	비율(%)	빈도	비율(%)	빈도	비율(%)
181	9.7	80	9.4	1036	39.8

발화 및 보고 동사는 러시아어와 영어에서 일반적으로 정형 동사 형태로 참조 표현에 사용되므로(4) 이러한 타입의 참조 구조에 대한 자극은 두 개의 출발어 모두에서 없는 것으로 판단된다. 지금까지는 참조 구조에서 가장 흔한 타입은 핀란드어 원문 텍스트이고 번역 텍스트에서는 매우 드문 것으로 나타났다.

(4) *Hän* ***kertoi*** *minulle tulevansa.* 비정형
Ona ***skazala*** *mne, čto pridet.* 정형
She ***told*** *me that she was coming.* 정형

3.2.2 시간 구조

시간 구조는 주절과 관련하여 행위의 시간을 표시할 때 사용된다. 러시아어와 영어의 대응 구문에서는 현재 및 과거 시제 모두에서 비정형 구문이나 정형 구문 중 하나를 선택할 수 있다(5-6). 그러나 일부 제약이 있다. 러시아어와 영어에서 이러한 구문(동명사 및 현재분사)는 비정형 표현의 주어가 주절의 주어와 일치하지 않을 경우에는 사용되지 않는다. 그러나 영어에서는 산트포르츠(Zandvoort, 1975, pp.35-36)가 주창한 '절대분사구문'이라는 표현이 있는데, 이는 분사 구문이 주절의 주어와 다른 주어를 갖는 것을 의미한다(예: *The authorities having arrived -.-, the ceremony began*).

(5)	핀란드어	a.	*Lukiessaan kirjaa...*	비정형
		b.	*Kun hän lukee kirjaa...*	정형
	러시아어	a.	*Čitaja knigu...*	비정형
		b.	*Kogda onačitaet knigu...*	정형
	영어	a.	*Reading a book...*	비정형
		b.	*As she is reading a book..*	정형
(6)	핀란드어	a.	*Luettuaan kirjan...*	비정형
		b.	*Kun hän on lukenut kirjan..*	정형
	러시아어	a.	*Pročitav knigu...*	비정형
		b.	*Posle togokak ona pročitala knigu*	정형
	영어	a.	*Having read the book...*	비정형
		b.	*When she has read the book...*	정형

시간 구조는 두 개의 번역 요소 모두에서 사용 빈도가 높게 나타났다(그림 4). 출발어가 영어인지, 러시아어인지에 따른 편차는 미미한 것으로 파악되었다.

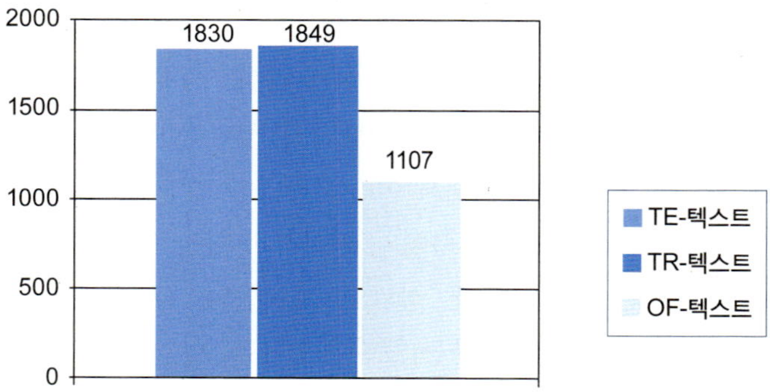

그림 4. 시간 구조의 빈도

시간 관계의 경우 출발어가 영어인지 러시아어인지에 따라 일정한 차이가 있다. 지시된 행위가 주절의 행위와 동시에 발생한 시간 구조는 영어가 출발어인 번역 텍스트에서 분명 빈도가 높았으나 이전에 발생한 행위에 이러한 타입이 사용된 경우는 원문 텍스트보다 빈도가 낮았다. 출발어가 러시아어인 번역 텍스트의 경우 두 가지 타입 모두 당초 핀란드어로 작성된 텍스트보다 사용 빈도가 높았다(그림 5 및 6).

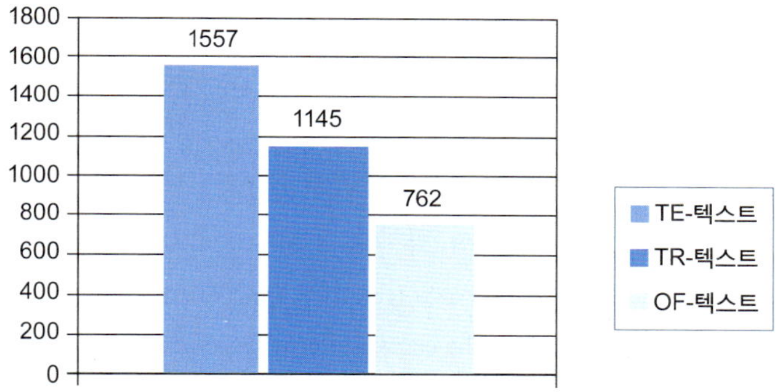

그림 5. 현재 시제에서 시간 구조의 빈도

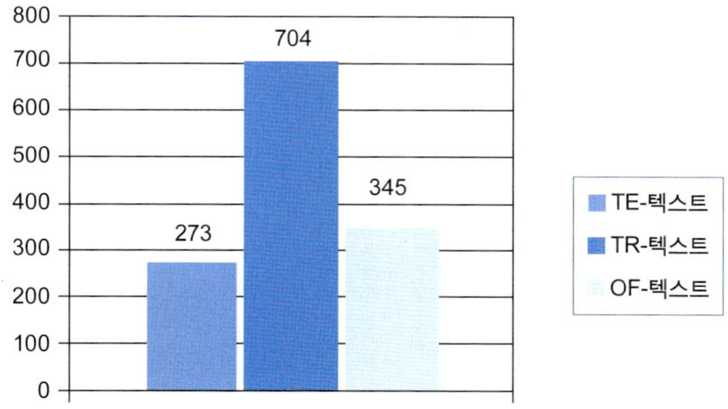

그림 6. 과거 시제에서 시간 구조의 빈도

출발어가 영어인지 러시아어인지에 따라 번역 텍스트에서 경향이 달라지는 것은 출발어에서 이론 상 가능한 구조의 실제 빈도로부터 영향을 받았을 수 있다. 본 연구자의 직감으로는 러시아어에서 과거 시제 동명사는 영어보다도 흔할 정도로, 정말 흔하게 사용된다. 문제는 러시아어와 영어에서 이러한 동사 형태의 실제적 전형성에 대한 증거가 부족하다는 점이다. 앞서 언급한 바와 같이 언어에서 가능한 무언가에 대한 직관은 언어의 전형성에 대한 직감보다 훨씬 신뢰도가 높으므로(싱클레어(Sinclair), 1991, p.39 및 마우라넨, 2000, p.138을 참조), 최종적인 결론을 내리기 앞서 영어 및 러시아어에서 이러한 구문에 대한 실제 용례에 관한 실증적 결과가 있어야 할 것이다.

시간 구조 용례에는 어순에서 흥미로운 유표적 차이가 있다. 핀란드어의 경우 시간 구조의 한정사 위치를 상당히 자유롭게 선택할 수 있다(본고에서 적지 않은 일부 제약이 있기는 하다). 예컨대 *autoa pestessää*(영어로 단어 대 단어 번역을 하면 'the car washing POSS.SUFF.')에서 한정사는 앞에 위치하며 *pestessään autoa*(영어로 단어 대 단어 번역을 하면 'washing POSS.SUFF. the car')의 경우 한정사는 뒤에 위치한다. 표 4와 같이 핀란드어 원문 텍스트에서 한정사는 번역 텍스트와 비교할 때 앞에 위치하는 경향을 보인다. 러시아어의 동명사 구문과 영어의 ing-분사 구문의 경우 한정사는 (목적어는 예외 없이) 거의 항상 뒤에 위치한다. 이러한 현상이 번역 텍스트의 어순에 영향을 주었을 것으로 보인다.

표 4. 소유격 접미사(POSS. SUFF.)가 포함된 시간 구조에서 한정사의 위치

	전치		후치	
	빈도	비율(%)	빈도	비율(%)
TE-텍스트 N=1112	285	25.6	827	74.4
TR-텍스트 N=1297	298	23.0	999	77.0
OF-텍스트 N=580	319	55.0	261	45.0

3.2.3 종결 구조

종결 구조는 목적을 표현할 때 사용된다. 전반적으로 핀란드어에서는 참조 및 시간 구조에 비하여 사용 빈도가 훨씬 낮다. 종결 구조는 참조 구조와는 달리 러시아어와 영어 모두에서 간단한 등가가 분명하게 존재한다. 핀란드어의 경우 비정형 형태와 정형 형태에서 한 가지를 선택할 수 있는 반면, 러시아어와 영어의 경우 일반적으로 대부분 비정형 형태를 사용한다는 점에서 차이가 있다(7).

(7) 핀란드어a.	*Kiirehdin <u>ehtiäkseni</u> junaan.*	비정형
b.	*Kiirehdin, jottaehtisin junaan.*	정형
러시아어	*Ja toropilas´ <u>ˇctobyuspet´</u> na poezd.*	비정형
영어	*I hurried <u>(in order) to catch</u> the train.*	비정형

그림 7과 같이 번역 텍스트는 원문 핀란드어 텍스트와 현격한 차이를 보이지만 참조 구조와는 반대되는 경향을 보이는데, 종결 구조는 번역 텍스트에서 원문 핀란드어 텍스트에 비하여 최대 2배 이상 사용된다.

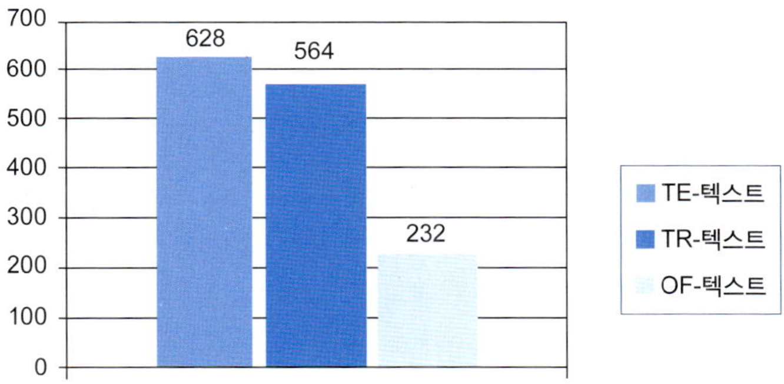

그림 7. 종결 구조의 빈도

영어와 러시아어에서 동사 원형 형태는 자극 기능을 수행함으로써 핀란드어 번역에서 종결 구조가 과도하게 나타난다. 이는 핀란드어 종결 구조의 90퍼센트 이상이 영어에서 종결(in order) to-구조로 번역된다는 사실을 발견한 노우시아이넨(Nousiainen, 1982)의 논문을 통하여 입증되었다. 노우시아이넨은 또 핀란드어의 비정형 구조만큼 영어에서 명백하고 간단한 등가를 가진 것은 없다고 주장하였다. 쿼크(Quirk)외(1972, p.753)는 영어의 부정사에서 목적절이 압도적으로 많다고 보았다.

종결 구조 용례를 보면 핀란드어 원문 텍스트에 비하여 번역 텍스트에서 한정사 후치를 선호하는 하는 증거를 볼 수 있다. 비율은 낮지만 (표 5) 시간 구조의 어순과 관련한 결과와 궤를 같이한다.

표 5. 종결 구조에서 한정사의 위치

	전치		후치	
	빈도	비율(%)	빈도	비율(%)
TE-텍스트 N=593	11	1.9	582	98.1
TR-텍스트 N=532	13	2.4	519	97.6
OF-텍스트 N=207	16	7.7	191	97.2

4. 논의

연구 결과 번역 행위가 핀란드어 비정형 동사 형태의 빈도와 분포에 영향을 주는 것으로 나타났다. 나아가 이러한 영향의 원인이 출발어에 있다는 사실도 시사한다. 이와 유사한 경향은 코퍼스 기법을 활용한 핀란드 학자 2명의 연구 결과를 통해서도 분명히 밝혀졌다. 마우라넨(2000)은 핀란드어 번역에서 단어 조합(연어 및 여러 단어로 구성된 문자열 모두)을 분석한 결과 도착어 특정성이 높은 항목일수록 번역 텍스트에서 반영 정도가 덜하다는 사실을 발견하였다. 티르코넨-

콩디(Tirkkonen-Condit, 2000)는 라이스(Reiss, 1971)을 원용하여 핀란드어에서 번역이 불가능한 독특한 항목으로 본 일부 법조동사(*jaksaa, malttaa, viitsiä, kehdata* 등)에 대한 연구를 진행한 결과, 자연적으로 생성된 텍스트와 비교할 때 번역 텍스트에서 법조동사의 사용 빈도가 낮다는 사실을 발견하였다. 이 두 연구는 모두 어휘 연구인데 반하여 본 연구자는 이러한 류의 행위가 일부 통사 구조에서도 유효하다는 사실을 입증하였다. 대체 및 교차 사용이 가능한 표현에 대한 언어적 선택은 자연적인 글쓰기 및 번역 행위에 상이한 해결책을 제공하곤 한다. 이는 단순화 법칙의 증거로 볼 수 있는데, 번역사는 도착어 원문 텍스트의 저자처럼 체계적 가능성에 따라 광범위하게 도착어 자원을 활용하는 것이 아니라 원문 텍스트에 비하여 번역 텍스에서 변형이 작은 이점을 활용하는 방법으로 단순화를 사용한다.

이에 본 연구자의 주요 결론은 다음과 같이 요약할 수 있다.

> 번역 텍스트는 도착어 특수적이고, 독특한 언어적 특징을 과소 대표하며, 출발어에서 자주 사용되는 간단한 번역 등가가 존재하는 특징(출발 텍스트에서 일종의 자극으로 기능)은 실제보다 과잉 대표하는 경향이 있다.

이는 출발어 자극이 존재하는 경우 번역에서 대응 구조를 사용하는 가능성이 높아지며, 자극이 없으면 가능성이 낮아진다는 것을 의미한다. 출발어 자극에 관한 가설은 간섭 개념과 유사한데, 이는 물론 새로운 것이 아니다. 간섭 개념은 번역이 출발어 특징을 부정적으로 반영한다는 함의를 갖고 있다. 그러나 간섭을 바라보는 "예전" 방법과 "새로운" 방법에는 기본적으로 두 가지 차이가 존재한다. 첫째, 지금까지 간섭에 대한 주장은 거의 SL과 TL의 관계에 국한되어 제기되었다. 기술적 코퍼스기반 번역학에서 실시한 연구물을 통하여 도착어 자료만 있어도 간섭의 증거를 관찰할 수 있다는 새로운 주장이 소개되었다. 둘째, 최근 들어 *번역체(translationese)* 개념이 원문 텍스트와 번역 텍스트를 구분 짓는 특징으로서 더욱 중립적인 용어로 자리잡은 것과 같이 출발어의 영향은 지양해야 하는 부정적 현상이 아니라 중립적, 추상적, 통계적 현상으로서, 어쩌면 보편적 현상으로 보는 것이 중요하다. 본고에서 제시한 가설은 아직 가설에 불과하다. 본 가설은 상이한 관점에서 여러 종류의 코퍼스(예컨대 병렬 코퍼스를 이용하여 여러 언어와 실제 번역 결과물 간 차이에 대한 대조 분석 등)를 기반으로 추가적으로 검증이 진행되어야 하며, 보편성 역시 여러 출발어와 도착어를 포함하는 대규모 유관 코퍼스를 기반으로 검증이 실시되어야 할 것이다.

참고
문헌

Baker, Mona (1993). Corpus Linguistics and Translation Studies: Implication s and Application s. In M. Baker, G. Francis, & E. Tognini-Bonelli (Eds.), *Text and Technology. In honour of John Sinclair* (pp.233-250). Amsterdam/Philadephia: John Benjamins.

Baker, Mona (1995). Corpora in Translation Studies: an Overview and Some Suggestions for Future Research. *Target, 7,* 223-243.

Baker, Mona (1996). Corpus-Based Translation Studies: the Challenges that Lie Ahead. In H. Somers (Ed.), *Terminology, LSP and Translation: Studies in Language Engineering, In Honour of Juan* C. *Sager* (pp.175-185). Amsterdam/Philadelphia: John Benjamins.

Baker, Mona (1999). The Role of Corpora in Investigating the Linguistic Behaviour of Professional Translators. *International Journal of Corpus Linguistics, 4*(2), 281-298.

Blum-Kulka, Shoshana (1986). Shift s of Cohesion and Coherence in Translation. In J. House & S. Blum-Kulka (Eds.), *Interlingual and Intercultural Communication: Discourse and Cognition in Translation and Second Language Acquisition Studies* (pp.17-35). Tübingen: Gunter Narr.

Chesterman, Andrew (1997). *Memes of Translation: The Spread of Ideas in Translation Theory.* Amsterdam: John Benjamins.

Chesterman, Andrew (1998). Causes, Translations, Effects. *Target, 10*(2), 201-230.

The Corpus of Translated Finnish. Compiled at the Savonlinna School of Translation Studies, University of Joensuu, 1997-. Availability: Anna Mauranen, School of Modern Languages and Translation Studies in the Faculty of the Humanities of Tampere University.

Duff. Alan (1981). *The Third Language: Recurrent Problems of*

Translation into English. Oxford: Pergamon Press.

Eskola, Sari (2002). *Syntetisoivat rakenteet käännössuomessa. Suomennetun kaunokirjallisuuden ominaispiirteiden tarkastelua korpusmenetelmillä* [Synthesising Structures in Translated Finnish. A Corpus-based Analysis of the Special Features of Finnish Literary Translations]. [Publications of the University of Joensuu 30]. Joensuu: University of Joensuu.

Frawley. william (1984). Prolegomenon to a Theory of Translation. In W. Frawley (Ed.), *Translation: Literary, Linguistic. and Philosophical Perspectives* (pp.159-175). London/Toronto: Associated University Presses.

Gellerstam, Martin (1996). Translation as a Source for Cross-Linguistic Studies. In K. Aijmer, B. Altenberg. & M. Johansson (Eds.), *Languages in Contrast: Papers from a Symposium on Text-Based Cross-Linguistic Studies, Lund 4-5 March 1994* (pp.53-62). Lund: Lund University Press.

Klaudy, Kinga (1995). Concretization and Generalization of Meaning in Translation. In M. Thelen & B. Lewandowska-Tomaszczyk (Eds.), *Translation and Meaning Part 3* (pp.140-152). Maastricht: Hogeschool Maastricht.

Kohn, János (1996). What Can (Corpus) Linguistics Do for Translation? In K. Klaudy, J. Lambert, & A. Schar (Eds.), *Translation Studies in Hungary.* Budapest: Scholastica.

Laviosa-Braithwaite, Sara (1996). *The English Comparable Corpus (ECC): A Resource and a Methodology for the Empirical Study of Translation.* UMIST: Unpublished PhD thesis.

Mauranen, Anna (2000). Strange Strings in Translated Languages.

A Study on Corpora. In M. Olohan (Ed.), *Intercultural Faultfines. Research Models in Translation Studies I. Textual and Cognitive Aspects* (pp.119-142). Manchester: St. Jerome Publishing.

Nousiainen, Merja (1982). *Suomen kielen nominaalirakenteiden englanninkielisistä käännösvastineista* [On English translation equivalents of Finnish nominal structures]. Unpublished MA Thesis. University of Turku, Finland.

Øverås, Linn (1998). In Search of the Third Code: an Investigation of Norms in Literary Translation. *Meta, 43*, 571-588.

Pym, Anthony (1998). *Method in Translation History.* Manchester: St. Jerome Publishing.

Quirk, Randolph, Greenbaum. Sidney, Leech, Geoffrey, & Svartvik, Jan (1972). *Grammar of Contemporary English.* Harlow: Longman.

Rabin, Chaim (1958). The Linguistics of Tran slation. In A. H. Smith (Ed.), *Aspects of Translation* [Communication Research Centre, University College. London : Studies in Communication, Vol. 5] (pp.123-145). London: Seeker & Warburg.

Reiss, Katharina (1971). *Möglichkeiten und Grenzen der Übersetzungskritik: Kategorien und Kriterien für eine sachgerechte Beurteilung von Übersetzungen.* München: Hueber.

Schäffner. Christina (1999). *Translation and Norms.* Clevedon: Multilingual Matters.

Sinclair, John (1991). *Corpus, Concordance, Collocation.* Oxford: Oxford University Press.

Tirkkonen-Condit, Sonja (2000). In Search of Translation Universals: Non-equivalence or 'Unique' Items in a Corpus Test. Paper presented in the conference on Research Models in Translation Studies, 28-30.4.2000, Manchester, UK.

Toury, Gideon (1978). The Nature and Role of Norm s in Literary Translation. In J. S. Holmes, J. Lambert, & R. von den Broeck (Eds.), *Literatures and Translation. New Perspectives in Literary Studies* (pp.83-100). Leuven: Acco.

Toury, Gideon (1980). *In Search of a Theory of Translation.* Tel Aviv: The Porter Institute for Poetics and Semiotics.

Toury, Gideon (1985). A Rationale for Descriptive Translation Studies. In T. Hermans (Ed.), *The Manipulation of Literature* (pp.16-41). London: Croom Helm.

Toury, Gideon (1991). What are Descriptive Studies into Translation Likely to Yield apart from Isolated Descriptions? In K. M. van Leuven Zwart & T. Naaijkens (Eds.), *Translation Studies: The State of The Art. Proceedings of the First James S Holmes Symposium on Translation Studies* (pp.179-192). Amsterdam: Rodopi.

Trosborg, Anna (2000). Translating Hybrid Political Texts. In A. Trosborg (Ed.}, *Analysing Professional Genres* (pp.145-158). Amsterdam: John Benjamins.

Vanderauwera, Ria (1985). *Dutch Novels Translated into English: The Transformation of a Minority Literature.* Amsterdam: Rodopi.

Weissbrod, Rachel (1992). Explicitation in Translations of Prose -Fiction from English to Hebrew as a Function of Norms. *Multilingua, II*(2), 153-171.

Zandvoort, Reinard Willem (1975). *A Handbook of English Grammar.* 7th edition. London: Longma n.

번역에서 나타나는 비전형적 패턴

코퍼스 방법론과 유의성에 관한 제반 이슈를 중심으로

야르모 하리 얀투넨(Jarmo Harri Jantunen)
요엔수대학교(University of Joensuu), 핀란드

본고는 번역 보편소 연구에 사용되는 코퍼스 기반 방법론과 통계적 방법론을 검토하고 추가적인 발전 방향을 모색한다. 또한 번역에서 비전형적 어휘 패턴에 대한 가설(마우라넨(Mauranen), 2000)을 검증하고 추가적으로 수정하고자 한다. 본고는 번역 핀란드어 코퍼스(CTF: Corpus of Translated Finnish)를 구성하는 핀란드어 픽션 유관 코퍼스(Finnish Comparable Corpus of Fiction, FCCF)의 3개 하위 코퍼스에서 유의어와 어휘문법적 패턴을 중점적으로 살펴본다. 번역에서 흥미와 문제를 동시에 유발하는 특성이 있는 유의어는 코퍼스 연구가 도입되기 이전은 물론 코퍼스 기반 연구에서도 이미 논의된 바 있다. 본고는 특별히 출발어 영향 분석을 위해 고안된 3단계 대조 분석(TPCA: Three-Phase Comparative Analysis)을 분석 방법으로 적용하였다. TPCA와 통계적 방법을 통해 살펴본 결과 보편적인 비전형적 어휘문법 패턴에 대한 분명하고 일관적인 증거는 없는 반면 출발어 의존적 경향을 뒷받침하는 증거가 확인되었다. 마지막으로 기존 연구 결과물이 모순적인 결과를 보이고, 단일 연구물의 결과마저도 관심을 패턴에 두느냐 항목에 두느냐

에 따라 부분적으로 상이한 결과를 나타내므로 번역 보편소와 관련된 일반화는 반드시 주의를 기울여야 한다고 제안한다.

1. 서론

코퍼스 기반 분석법은 번역학 분야에서 다양한 연구 문제를 조사하는데 도움을 제공해왔다. 코퍼스 연구가 이미 큰 영향을 준 분야로는 번역 보편소 연구(베이커(Baker), 1993)를 꼽을 수 있다.[1] 지금까지 코퍼스 언어학 방법론을 사용하여 제시된 번역 보편소 후보로는 단순화(라비오사-브레이스웨이트(Laviosa-Braithwaite), 1996, 1997; 라비오사(Laviosa), 1998a; 얀투넨(Jantunen), 2001a)와 외연화(올로한과 베이커(Olohan & Baker), 2000) 등이 있다. 마우라넨(Mauranen)은 "원문 도착어 텍스트에서 발견되는 어휘 패턴과 다른 번역 텍스트의 어휘 패턴은 번역 언어에서 보편적인 특성으로 볼 수 있다" (마우라넨, 2000, p.136)"는 견해를 통하여 번역의 비전형적 어휘 패턴을 새로운 보편소 후보로 제시하였다. 마우라넨은 번역 텍스트에서 어휘 항목의 비전형적 빈도와 비전형적 어휘 패턴이 나타난다고 기술한다. 어휘 항목의 비전형적 빈도는 비(非)번역 텍스트보다 번역 텍스트에서 빈도가 높게 나타나는 메타텍스트 동사(예: *haluta*, 영어로 'to want to'의 의미) 등을 통하여 나타난다. 비전형적 어휘 패턴은 번역에서 어휘 결합이 비(非)번역 핀란드와 다른 핀란드어 연결사 *toisaalta*(영어로는 'on the other hand') 등으로 나타난다. 또한 비(非)번역 핀란드어 텍스트는 출발어가 영어 및 영어 이외의 언어인 번역텍스트와는 다른데(상게서, pp.128-129), 마우라넨은 이를 출발어 자극의 독립성 표출로 해석한다.

본고는 두 부분으로 구성된다. 첫째, 보편적 경향과 출발어 영향 분석에 적용할 수 있는 방법론을 더욱 발전시킨다. 본고에서 사용된 방법론은 코퍼스 기반 번역학에 관한 선행 연구에서 사용된 방법론의 연장선상에 있다. 둘째, 본고는 번역 텍스트에서 나타나는 비전형적 패턴에 대한 가설을 더욱 개선하여 검증을 실시하고자 한다. 어휘와 문법은 서로 연관되고 명백하게 상호 의존적이므로(싱클레어(Sinclair), 1991, 1998; 호이(Hoey), 1997 등 참조) 본고의 분석은 어휘 맥락은 물론 문법 패턴을 대상으로 실시하며, 이를 통해 번역에서 나타날 수 있는 비전형적 패턴이라는 그림을 보완하고자 한다. 선행 연구 결과에 기반하여 본고에서 제시하는 가설은 다음과 같다. *비(非)번역 핀란드어 텍스트와 비교할 때 핀란드어로의 번역은 (1) 어휘 항목의 비전형적 빈도와 (2) 어휘와 문법의 비전형적 결합을 보인다. 이러한 경향은 출발어 자극과 무관하게 발생한다.*

본 가설은 핀란드어 유의 등급 수식어 3개, 즉 *hyvin, kovin, oikein*(모두 영어로 'very'와 유사한 의미)에 대한 어휘-문법 결합 패턴의 빈도 연구로 검증한다. 유의어를 선택한 이유는 본 연구자가 아는 한 번역학 연구에서 준(準)유의어에 대한 지속적 분석이 아직 미흡하기 때문이다. 본고는 유의어 연구와 코퍼스 기반 번역 연구의 가교 역할을 기대하고 있으며, 본 연구의 방법론과 결과를 번역 텍스트에서 유의어 사용에 대한 선행 연구와 연계하고자 한다. 일반적인 유의어, 특히 등급 수식어의 선택에 관한 자세한 내용은 다음 절에서 다룬다. 본 연구는 주로 정량 분석을 사용했으나 연구 문제에 대한 포괄적 기술을 위해 정성적 연구 방법도 포함하였다.

2. 동의어와 번역 연구

2.1 번역에서 유의성에 관한 선행 연구

동의어와 유의어에 대한 연구는 번역과 번역 언어에 대한 연구와 유사한 측면이 많은데, 특히 코퍼스를 사용하지 않고 번역 등가를 분석했던 시기는 물론 최근 코퍼스를 활용한 번역 보편소 연구도 마찬가지이다. 기계 판독이 가능한 번역 코퍼스가 등장하기 이전 블룸-쿨카과 레벤스턴(Blum-Kulka and Levenston, 1983, p.119, pp.130-131)은 일반 수준 또는 친숙한 동의어 사용이 번역에서 어휘의 단순화를 설명할 수 있을 것이라고 제안하였다. 1990년대 들어 콘(Kohn, 1996, p.48)과 라비오사-브레이스웨이트(1997, p.533) 등 적어도 두 명의 학자가 관련 견해를 밝혔는데, 이들은 모두 제한적인 동의어 사용이 번역에서 어휘 단순화의 지표가 될 수 있다고 주장하였다.

유의성과 단순화를 모두 다룬 최초의 코퍼스 기반 연구인 얀투넨(2001a)의 연구는 기존의 연구 결과와 반대로 유의어 범위(확대어)가 번역 텍스트에서 더 좁아지지 않았고, 유의 등급 수식어 범위가 번역 텍스트에서 확대되는 경우도 나타났다. 또한 번역사는 유의어 그룹에서 다른 요소를 희생하면서까지 가장 빈도가 높은 동의어(들)을 선호하지 않는 경향도 나타났다. 그러나 마우라넨(2000)은 유의 표현 중 일부는 번역 텍스트에서 과도하게 나타나는 대신 다른 유의 표현은 비(非)번역 텍스트에서 선호되는 현상을 발견하였다. "번역 텍스트와 원문[비(非)번역] 텍스트는 준(準) 동의어를 선택하는 과정에서 상이한 선호도를 보이므로 많은 차이가 발생"(상게서, p.138)하는 듯 하다. 이러한 결과는 상당히 상반되는 경향이므로 후속 연구에 흥미로운 토대가 된다.

동의어는 번역에서 비전형적 패턴을 분석할 때에도 적절한 항목으로 판단된다. 유의어 그룹의 각 요소는 뚜렷한 맥락에 따라 사용되는데,

이것이 동의어에서 유래된 단어와 구분되는 특질이다. 이에 먼저 A라는 언어에서 유의어에 어떠한 상황적 제한이 있는지 분석하고, 이어서 A라는 언어로 번역할 때 동의어에 같은 제한과 용법이 나타나는지 살펴볼 것이다. 다음 절에서는 동의어의 내재적 특징을 더욱 자세히 기술하도록 한다.

2.2 동의어의 어휘 및 문법적 패턴

유의어의 의미는 중심 의미 특질은 비슷하지만 "부차적 또는 주변적 특질"(크루즈(Cruse, 1986, p.267)로 인해 모든 맥락에서 바꿔 쓸 수는 없다. 즉 맥락 의존성을 갖는다는 의미이다. 크루즈(2000, p.157)에 따르면 절대적 유의성 시험을 통과하는 유의어는 거의 없으므로 어휘 항목은 정확히 동일한 맥락에서만 출현한다. 맥락에 따른 동의어 사용은 언어적 또는 비(非)언어적 요인으로 결정될 수 있다. 비(非)언어적 요인의 예로는 어역(구어 등), 방언(사회적 또는 지리적), 그리고 문체 특정적(공식 또는 일상) 맥락의 제약 등이 있다. 예컨대 영어의 *die*(죽다)와 *kick the bucket*(골로 가다)는 용례 범위가 다르다. *die*는 더욱 중립적 표현이자 다양한 맥락에서 사용 가능하지만 *kick the bucket*은 구어의 성격이 더 강한 표현으로 진단서보다는 은어 혹은 방언에서나 사용된다(*die*의 동의어는 크루즈, 1986을 참조). 반면 언어적 요인은 비(非)언어적 요인만큼 확실하거나 눈에 띄게 드러나지 않는 요소, 즉 어휘의 용례를 결정하거나 제한하는 어휘 및 문법 결합도와 연관된다. 어휘 결합도는 다른 단어들에 대한 대상 단어의 체계적 공(共)발생 패턴을 의미한다(바이버 외(Biber et al.), 1998, p.6 참조). 이러한 결합도를 주로 연어(collocation)라 부르며, 대상 단어 연어 구성어(collocate) 주변의 인접 단어라 한다(퍼드(Firth), 1968; 싱클레어, 1991 등 참조). 다시 말해 연어는 한 단어가 연어 구성어 사이에 주어진 거리, 즉 미리 설정된 범위 내에서의 반복적 공기

(co-occurrence) 현상을 말한다. 이러한 범위는 구조적 단위(가령 한 문장 또는 텍스트 전체 등, 자세한 내용은 케니(Kenny, 2001), p.90 참조)로 결정되기도 하지만 단어 수로 측정한 대상 단어(절점)와 해당 연어 구성어 사이의 '짧은 거리'로 결정되는 것이 더욱 일반적이다.

많은 연구자들에 따르면 반복적이거나 습관적인 공기 현상만을 연어로 볼 수 있다. 예컨대 셰를머(Kjellmer, 1987)는 최소 2회 이상 발생한 결합만 포함한 반면 케네디(Kennedy, 1991)는 4회를 기준으로 설정하며, 존스와 싱클레어(Jones and Sinclair, 1974)는 기준을 10회로 제한한다. 연어의 원시 빈도만 계산한 경우(케니, 2001) 외에도 어느 정도 통계적 접근법을 활용한 연어 분석이 실시되었다. 가령 마우라넨(2000)은 번역 텍스트와 비(非)번역 텍스트에서 어휘 결합도를 비교하는 방법을, 바이버 외(1998)는 동의어 분석에서 상대 빈도(1백만 어휘 당 발생 건수)를 사용하였다. 이러한 빈도 계산 규준화는 특히 코퍼스에서 길이 비교가 가능하지 않을 때(바이버 외, 상게서, p.263) 유용하다. 그러나 원시 빈도 계산이나 표준 빈도는 대상 단어와 해당 연어 구성어 사이의 공기 영향*(strength)*에 대해서는 많은 정보를 제공하지 않는다. 또 다른 접근법, 즉 관찰 빈도와 기대 빈도에 기초한 통계적 유의도 검정은 결합도의 영향 측정에 대신 사용할 수 있다. 통계 검정(스텁스(Stubbs, 1995), 반브룩(Barnbrook, 1996) 등 참조), 또는 전체 통계 접근법(케니, 2001)은 자체의 문제가 있음에도, 우연히 발생한 연어를 통계적으로 유의한 공기 건수와 구별하는 경우 코퍼스 언어학에서 광범위하게 사용되고 있다. 본고에서 사용한 통계 과정은 본 장 후반부에서 상세히 설명하기로 한다.

가장 협의적인 관점에서 연어는 절점의 어휘 결합도만을 인정한다(싱클레어, 1991, p.170). 그러나 절점 단어와 문법류(grammatical class) 사이에는 같은 종류의 공기가 존재한다. 이러한 문법적 연어를 *유연결(類連結: colligation)*이라고 한다. 그러나 유연결은 당초 문법적 범주의 상호 관계로 정의되었으므로 품사나 문장군 등 범주와 관련된다(퍼드, 1968,

p.181; 토그니니 보넬리(Tognini Bonelli, 1996, p.74 참조). 그러나 현대 코퍼스 언어학에서 유연결은 단어의 결합을 의미하는 "유(類; class)의 성원이라기보다 독특한 어휘 항목"(토그니니 보넬리, 상게서), 또는 문법적 범주를 갖추거나(호이, 1997, p.8; 싱클레어, 1998, p.15), 문장이나 텍스트에서 독특한 지위를 갖는 항목(호이, 상게서; 케네디, 1991[2])으로 본다. 본고에서 언급한 2개의 맥락 구조(연어 및 유연결)는 모두 단어 의미 분석에서 핵심 역할을 한다. 카터(Carter)가 언급한 바와 같이 의미는 여러 종류의 상호관계로 구성된다.

> • '단어'의 의미는 단어가 차지하는 위치와 특정 범위 내에서 작용하는 패턴과 범위, 그리고 구문 패턴을 포함하는 여러 다른 관계망 내에서 전개되는 대조에 관하여 가능한 완전한 정보가 실로 적절하게 제공되지 않으면 성립할 수 없다. (카터, 1987, p.56)[3]

어휘 또는 문법 패턴에 대한 코퍼스 기반 분석은 준(準)유의어 용례 기술에 특히 적합하다(바이버 외, 1998). 그러나 지금까지 코퍼스 기반 연구는 이러한 목적에 널리 사용되지 않았고, 관련 연구는 소수에 불과하다. 코퍼스를 활용하여 언어 구조 및 용례에 대한 소개한 바이버, 콘라드, 레픈(Biber, Conrad and Reppen, 상게서)은 일부 동의어 집단에서 체계적 차이점을 규명하였다. 예컨대 영어에서 준(準)유의 형용사인 *big, large, great* 등은 학술 논문에서는 분명히 다른 연어 결합도를 보이는데, 대체로 *big*은 *enough, large*는 *number, great*는 *deal*과 연어를 이룬다. 다른 예에서 유의 동사인 *start*와 *begin*에 대한 연구를 실시한 결과 이전과 유사한 경향이 목도되는데, *start*는 일반적으로 자동사로(*Blood loss started about the eighth day of infection...*), *begin*은 타동사로 사용된다(*Then I began to laugh a bit.*). 얀투넨(2001b)의 연구에서 핀란드어 형용사인 *tärkeä*와 *keskeinen*(두 단어 모두 '중요한'이라는 중심 의미 자질을 가지고 있음)은 명백히 상이한 연어 및 유연결 결합도 패턴을 보인다. 맥락 결합도[4]에서 도출된 일부 결과를 기술하자면 *tärkeä*(중요한)는 선행 연어 구성어 가운데 등급 수식어가 11퍼센트를 차지한 반면 *keskeinen*(중요한, 중심적인)의 경우 등급 수식어 비율은 3퍼센트에 불과하였다. 본고에서 소개하는 분석을 보면 준(準)동의어 용례의 맥락 의존성은 서로 구분되는 듯한 모습을 분명하게 나타낸다.

3. 본고의 연구 방법 및 자료

3.1 3단계 대조 분석(TCPA: Three-Phase Comparative Analysis): 번역 시 출발어 영향 연구를 위한 코퍼스 기반 방법론

분석 자료는 핀란드 사본린나 번역대학에서 작성한 번역 핀란드어 코퍼스(CTF: Corpus of Translated Finnish)의 구성 코퍼스인 핀란드어 픽션 유관 코퍼스(FCCF: Finnish Comparable Corpus of Fiction)이다(CTF 관련 내용은 본서의 마우라넨, 2000을 참조). 번역학에서 유관 코퍼스란 번역 텍스트와 비(非)번역 텍스트를 모두 포함하는 하위 코퍼스로 구성된 코퍼스를 말한다(베이커, 1995). 비교 가능성이란 대개 텍스트를 장르, 출판 시기, 그리고 가능하면 텍스트 타입 및 텍스트 길이에서도 비교할 수 있다는 의미이다. FCCF는 비(非)번역 핀란드어 코퍼스(CNF: Corpus of Non-translated Finnish), 다중 출발어 번역 핀란드어 코퍼스(MuCTF: Multi-source-language Corpus of Translated Finnish), 그리고 단일 출발어 번역 핀란드어 코퍼스(MoCTF: Mono-source-language Corpus of Translated Finnish) 등 3개 하위 코퍼스로 구성된다. MuCTF에 포함된 출발어는 네덜란드어, 영어, 프랑스어, 독일어, 노르웨이어, 러시아어, 스페인어, 스웨덴어 등 인구어족 언어, 그리고 에스토니아어, 헝가리어 등 피노우그리아어족 언어이다. MoCTF의 경우 현대 핀란드어로 번역되는 언어 중 영어가 절대 다수임을 고려하여 출발어를 영어로 선정하였다.[5]

FCCF의 하위 코퍼스의 토큰 수는 각각 8십만에서 1백만 개이며, 총 토큰 수는 2백 9십만 개이다. 자료에 포함된 텍스트는 전문(全文) 50개이다. 대상 텍스트의 출판연도는 1995년 이후이므로 현대 핀란드어를 반영한다. 코퍼스 이름에서 알 수 있듯이 코퍼스에 포함된 장르는 픽션이다. 픽션을 선정한 이유는 픽션 이외의 산문이 핀란드어로 번역된 경우 대부분 출발어가 영어이기 때문이다. 픽션을 대상으로 선정했기에 MuCTF 작성이 가능하였다. 특정 텍스트 작성자의 독특한 표현법을 지양하기 위하여 자료에는 작가 및 번역사 1인당 1편의 텍스트만 포함시켰다. 자료를 간략히 설명하자면 FCCF는 문어(文語), 기(旣) 출판, 전문(全文), 공시(共時) 코퍼스로서 비(非)번역 하위 코퍼스와 번역 하위 코퍼스로 구성되며, 이 중 번역 하위 코퍼스는 단일 출발어 하위 코퍼스와 다중 출발어 하위 코퍼스로 구분된다(코퍼스 유형론에 관한 자세한 설명은 라비오사(1997)를 참조).

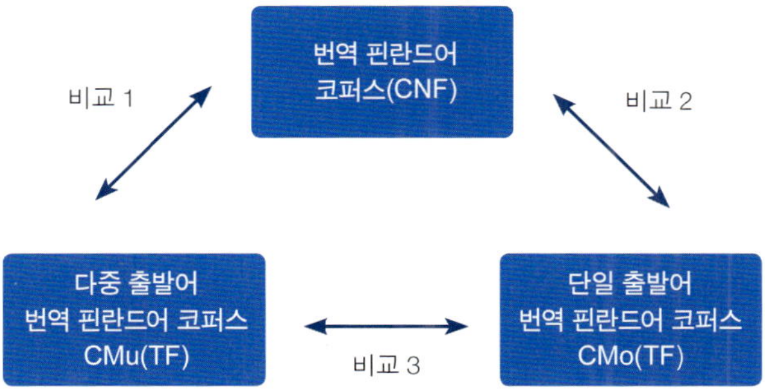

그림 1. 핀란드어 픽션 유관 코퍼스(FCCF)와 3단계 대조 분석(TPCA)

그렇다면 번역 코퍼스는 왜 두 개인가? 번역 데이터베이스 2개를 사용한 이유는 번역 핀란드어에 줄 수 있는 출발어의 영향을 조사함은 물론 일반적인 번역과 비교해서 특정 출발어의 번역에서 나타날 수도 있는 특징을 연구하기 위해서이다. 이러한 연구 방법은 그림 1에 도식화된 3단계 대조 분석(TPCA)을 통해 검증할 것이다.

3단계 대조 분석 중 1단계는 CNF와 MuCTF 비교로 구성된다. MuCTF는 소위 일반 번역 핀란드어, 즉 여러 출발어에서 번역된 핀란드어로서 코퍼스에 포함된 특정 출발어의 특징이 반영되지 않는다고 전제한다. MuCTF에서는 출발어 중 우세한 언어가 없으므로 일반적인 번역 핀란드어를 대표한다는 목표를 반영한 자료로 볼 수 있다. 2단계는 CNF와 MoCTF(그림 1의 비교 2)의 비교를 통하여 특정 출발어가 번역핀란드어에 주는 영향을 발견하고자 한다. 2단계 결과가 1단계 비교와 유사하면 출발어가 번역 핀란드어에 영향을 주지 않는다고 가정할 수 있다. 그러나 반대의 경우 출발어의 영향 가능성을 배제할 수 없다. 3단계(비교 3)는 2개의 번역 코퍼스를 대조함으로써 번역 핀란드의 그림을 완성하는 단계이다. 여기에서는 MoCTF를 MuCTF와 비교하여 1개 출발어에서만 번역한 텍스트가 MuCTF의 번역 텍스트와 다른 패턴을 보일 수도 있는지 확인한다. 다시 말해 어휘 문법 패턴 측면에서 1개 출발어의 번역 텍스트가 일반적인 번역 텍스트와 다른가? 2개 번역 하위 코퍼스에서 도출된 결과가 유사하다면 출발어는 번역 핀란드어의 패턴에 영향이 없다고 볼 수 있으며 반대의 결과가 나온다면 영향을 준다고 볼 수 있다.

그러나 특정 출발어의 영향에 대한 연구는 새로운 경향이 아니다. TCPA는 라비오사와 마우라넨의 선행 연구로부터 영향을 받았다고 볼 수 있다. 먼저 단순화를 연구한 라비오사(라비오사-브레이스웨이트, 1996; 라비오사, 1998a)는 비록 전체적 방법론이 주로 비(非)번역 코퍼스와 다중 출발어 코퍼스 비교로 구성되기는 했으나 출발어 영향에 관한 연구도 진행하였다(라비오사, 1998b도 참조). 출발어 영향 검증을 위하여 라비오사는 여러 번역 하위 코퍼스를 비교하였다. 그러나 본 장에서 사용한 방법과 비교하면 라비오사의 모델은 중대한 차이가 있다. TCPA는 단일 출발어 코퍼스를 활용하여 한 개의 특정 출발어의 영향 검증이 목적인 반면, 라비오사의 연구 방법은 언어군(群) 특화적 출발어 코퍼스(가령 게르만어 계열과 로망스어 계열의 비교)를 비교하거나 2개 출발어 코퍼스(예컨대 이탈리아어와 스페인어)를 2개 단일 출발어 코퍼스(예컨대 프랑스어)와 비교한다(라비오사-브레이스웨이트, 1996, p.125, 129; 라비오사, 1998a, pp.105-107). 후자 형태의 비교는 본고의 분석 방법과 동일하지만 전자의 경우 1개 특정 출발어의 영향에 대한 정보를 얻고자 한다면 관련 언어의 어휘 및 문법 구성이 유사하다는 특징을 반영하더라도 문제의 소지가 있다. 그러나 라비오사 연구의 주요 목표는 방법론 개발이었으며, 여러 출발어의 그룹화 작업은 출발어 영향을 위한 분석 연구의 시발점으로 볼 수 있을 것이다(개인 서신, 2001).

라비오사와 마찬가지로 마우라넨(2000) 역시 출발어 변수 분석 연구를 실시하였다. 그러나 비교 과정 관점에서 마우라넨의 분석은 분명히 달랐다. 라비오사는 여러 출발어(그룹)를 비교한 반면 마우라넨은 비(非)번역어를 주로 1개 출발어(영어)의 번역 텍스트와 비교했으며, 2차적으로 비(非)영어 출발어(다중 출발어 코퍼서스)와 비교하였다. 비록 후자의 비교 방법은 연구에서 번역 자료 분량 부족으로 인한 문제가 있었으나(마우라넨, 상게서, pp.128, 136-136) 마우라넨의 연구는 방법론 개발을 시도하였고 이에 성공하였다. TPCA와는 달리 마우라넨은 영어를 다중 출발어 코퍼스에 포함하지 않았으며, 출발어 변수 연구를 위하여 영어를 다중 언어 코퍼스에 포함시키지 않은 대신 비(非)영어 자료로 출발어 변수를 연구하였다. 그러나 방법론적 관점에서 보면 연구의 목적이 영어의 번역 텍스트를 제외한 번역 텍스트만을 대표하는 것이 아니라 일반적인 번역 핀란드어 대한 연구였다면, 다중 출발어 코퍼스의 출발어에 영어를 포함 시켜야만 했다. 마우라넨은 또 여러 출발어에서 빈도 및 결합 정보를 얻기 위하여 어느 정도는 2개 번역 코퍼스를 비교하였다. 그러나 이러한 목표와 절차는 마우라넨 연구의 주요 초점이 아니었다.

본 연구자가 소개하고자 하는 마지막 연구자는 2개의 단일 출발어 코퍼스(영어 및 러시아어에서 핀란드어로 번역)와 1개의 비(非)번역어 코퍼스(핀란드어)에서 비정형 동사 형태를 연구한 에스콜라(Eskola, 2002)이다. 에스콜라는 2개의 단일 출발어 코퍼스에서 추출한 빈도와 패턴 대조를 통하여 1개 특정 출발어의 영향 분석을 시도하였다. 그 결과 번역 보편소 가설을 검증하고 추가적인 수정을 시도한 제반 후속 연구에서 1개의 특정 출발어 영향에 대한 자료를 얻기 위한 여러 시도가 이루어졌다. 아래의 표 1에 지금까지 시도된 분석 연구 목록을 소개한다.

표 1. 출발어 영향 연구를 위해 시도된 주요 방법론

연구자	과정
라비오사(1996, 1998a)	비교 대상 a. 언어군(群) 특화적 출발어 코퍼스 b. 2개 출발어 코퍼스 및 단일 출발어 코퍼스
마우라넨(2000)	비(非)번역 텍스트의 비교 대상 a. 영어 출발어 b. 비(非)영어 출발어
에스콜라(2002)	2개 단일 출발어 코퍼스 간 비교

본고의 분석 방법에 사용한 소프트웨어는 워드스미스 툴즈의 용례 추출 패키지인 콩코드(Concord)이다(스코트(Scott), 1998)[6]. 콩코드는 절점 단어(키워드), 그리고 이와 가장 유사한 근원 맥락을 포함하는 콩코던스 라인 생성에 사용된다. 이러한 맥락 상 키워드(KWIC: Keyword in Context) 분석은 즉각적 유연결 구성어와 절점 단어의 연어 구성어를 추출하는데 활용된다. 코퍼스에서 연관 콩코던드 라인(절점을 포함하는

라인 등)을 추출하면 주어진 지위에서 품사를 기준으로 수기 분류를 실시한다. 대상 범위는 절점을 기준으로 좌측으로 두 단어, 그리고 우측으로 두 단어로 제한된다. 그러나 계산 과정에서는 단어 외에도 분석 과정에서 독특한 매개변수가 될 수도 있는 절의 시작 또는 종료 지점도 포함된다(그림 2 참조).

	2L	1L	절점	1R	2R	
silloin hän	sanoi	jotain	*hyuin*	kummallista	#	Et sinä ole ...
(Then s/he	said	something	very	strange.	#	You are not ...)
(그러자 그(녀)는	말했다	무언가	매우	이상한 것을.	#	당신은 아니다 ...)

그림 2. 범위. "L"은 좌측, "R"은 우측을 의미하며, 표시된 숫자는 절점과의 거리를 의미(대략적인 번역어는 괄호에 표시)

3.2 유사성 및 차이 분석에 사용한 통계 절차

"자료의 두 그룹에서 관찰된 편차가 자료의 내재적 가변성으로 인하여 우연히 발생한 것이 아니라고 절대적으로 확신할 수 없다"(옥스(Oakes), 1998, p.1)는 견해를 근거로 본 연구자는 자료 구축 상 오류 회피를 위해 다양한 통계적 절차를 원용하였다. 서로 다른 하위 코퍼스에서 관찰 빈도의 유의도 검정을 위해 카이제곱(χ^2) 검정[7]을 사용하였다. 또한 연어의 유의도와 강도 검정을 위해 통계 기법을 사용하였다. 유의도 측정은 여러 검정법을 사용할 수 있는 데, 이 중 Z-스코어와 T-스코어, 그리고 상호 정보(I) 검정이 가장 일반적으로 사용된다(반브룩, 1996, pp.94-100; 검정 범위는 옥스(1998)를 참조).

반브룩은 연구 대상인 연어의 유의도 검정에 가장 알맞은 한 가지 검정법을 선택하는 일은 어렵거나 심지어 불가능하다고 본다(상게서, p.101). 스텁스(1995)은 여러 검정법은 복잡하므로 반드시 주의를 기울여 해석해야 한다는 주장으로 반브룩의 견해에 동의한다. 스텁스와 반브룩 모두 상이한 검정법 간 균형 유지가 한 가지 통계 기법을 사용하는 방법보다는 나을 것이라고 제안한다. 반브룩(상게서, pp.100-101)은 앞서 언급한 세 가지 검정법은 연어의 유의도에 대하여 서로 다른 정보를 제공한다고 보고한다. Z-스코어 및 I-검정은 저 빈도 공기 항목의 유의도를 강조하는 반면, T-스코어 검정은 자료에서 상대적으로 빈도가 높은 연어를 선별한다. 본고에서는 연어의 유의도 검정을 위하여 T-스코어[8]와 I-검정[9]을 모두 사용하는 스텁스(상게서, p.40)의 견해를 부분적으로 적용하였다. 유의도는 병렬순위법을 사용하여 산출하는데 먼저 각 연어를 점수에 따라 분류(2개의 등위 목록을 활용하여 한 개는 I로, 다른 한 개는 T-스코어로 분류)한다. 둘째, 분류된 목록은 각 연어의 등위를 2개 목록에 더해 합산한다. 이러한 방법은 연어를 유의도의 마지막 순서에 위치시킨다. 예를 들어 비(非)번역 핀란드어 코퍼스에서 *hyvin pian*(영어로 'very soon')과 *hyvin pieni*(영어로 'very small')의 연어 유의도를 비교해보자. 분류 목록에서 순위를 의미하는 등위는 다음과 같다(실제 점수는 괄호에 표시).

hyvin pian:	I (5.57)→4.	t (2.19)→7.
hyvin pieni:	I (3.90)→9.	t (2.29)→5.

위의 검정은 연어에 대한 강조가 분명히 다르다. I는 *hyvin pian*이라는 연어를 선별한 반면 T-스코어는 *hyvin pieni*에 대한 연어 유의도가 높게 나타났다. 이러한 문제 해결을 위해 등위를 더한 결과 *hyvin pian*은 4+7=11, *hyvin pieni*는 9+5=14가 되었다. 따라서 위의 두 가지 방법

에 따르면 두 연어 가운데 *hyvin pian*이 더욱 강력하다. 그러나 이러한 방법을 원용하기 전, 위의 연어는 두 차례의 필터링 과정을 거쳤다. 먼저 최소 2인 이상의 작가나 번역사가 사용한 연어 구성어(즉 2개 이상의 텍스트 파일에서 존재하는 연어 구성어)를 사용했으며, 이어서 빈도 5 이상의 연어만 계산에 포함시켰다. 필터링은 개인의 특유 표현, 그리고 한 명의 텍스트 생산자가 언어를 창의적으로 사용하면서 출현했을 개연성이 있는 드문 결합, 또는 단 한 번밖에 기록에 남지 않은 표현(케니, 2001 참조)을 걸러내기 위해 진행하였다. 마지막으로 유연결 구성어의 비중 간 편차 유의도 검정을 위하여 독립 표본 Z-검정[10](버틀러(Butler), 1985)을 계산하였다. 두 가지 검정 모두에서 유의도는 5퍼센트 수준($p \leq 0.05$)으로 결정된 바 결과는 우연의 결과가 아닌, 95퍼센트의 신뢰도를 보인다.

4. 코퍼스에서 빈도가 가장 높은 3개 상승사에 대한 정량 분석

면밀한 분석을 위하여 선택한 단어는 형용사, 부사, 양화사, 그리고 부치사 구조(전치 및 후치구)[11]를 앞에서 수식하는 등급 수식어이다. 등급 수식어를 선택한 데에는 여러 이유가 있다. 첫째, 상이한 등급 수식어 그룹은 다양한 유의어를 포함한다. 더욱이 쿼크 외(Quirk et al., 1985, pp.441-453)는 등급 수식어와 문법 수준의 결합에는 제약 요건이 있다고 주장한다. 예컨대 영어의 *The nail went right through the wall*(*못이 벽을 곧바로 뚫고 들어갔다*)이라는 예문에서 전치사구(*through the wall*/벽을 뚫고)의 앞에 위치할 수 있는 강의어(여기에서는 *right*/*곧바로*)의 수는 제한된다(상게서, p.449). 알텐베리(Altenberg, 1991)에 따르면 연어적으로도 등급 수식어는 제한되는데, 확장사 중 다수가 특정한 의미를 가진 단어와 함께 사용되는 경향이 있기 때문이다(예컨대 *utterly*(전적으로)

는 부정적 의미의 단어와 함께 사용된다). 알텐베리의 연구는 영어, 네덜란드어, 그리고 독일어의 등급 수식어 용례에서 이와 동일한 통합적, 연어적, 의미적 제한을 발견한 베클룬트(Bäcklund, 1973), 파라디스(Paradis, 1997), 클라인(Klein, 1998)의 연구와 궤를 같이 한다. 핀란드어의 경우 일부 연구 노력(오르파나(Orpana), 1988; 얀투넨(2001c); 얀투네과 에스콜라(Jantunen & Eskola), 2002 등 참조)이 있었으나 한동안 등급 수식어의 맥락적 제한에 대한 포괄적 분석 연구가 미진하였다. 그러나 미진한 연구에도 불구하고 핀란드어의 등급 수식어 역시 맥락적 제한이 있음을 예상할 수 있다. 더욱이 문법화된 수식어의 경우 내용어보다는 기능어와 더 밀접하므로 등급 수식어는 상대적으로 빈도가 높은 항목이고 주제와 상관 없이 텍스트에서 사용된다(클라인, 1998, pp.27-28 참조). 마지막으로 등급 수식어는 일반적으로 형태가 다양하지 않은데, FCCF는 분류 정리가 되지 않은 코퍼스이므로 단순 분석이 가능하다.

등급 수식어 중 상승사(규범 가정에서 등급을 상승시켜 정도는 높아지지만 극심한 정도는 아니라는 함의가 있음)는 적어도 영어에서는 가장 자주 사용될 것이다. 이는 파라디스(1997)의 표 2.2에서 2.6을 비교하거나, 상승사 *very*의 빈도가 매우 높다는 예를 통하여 부분적으로 설명이 가능하다(상게서, p.34; 베클룬트, 1973, p.158 참조).[12] 핀란드어 빈출어 사전(사우코넨 외(Saukkonen et al., 1979)에 따르면 핀란드에서도 상승사의 사용 빈도는 높다. 이에 전체 등급 수식어 가운데 FCCF에서 가장 자주 등장하는 상승사인 *hyvin, kovin, oikein*을 선택하여 면밀히 들여다보기로 하였다. FCCF에서 *hyvin, kovin, oikein*의 분포는 표 2에 제시하였다.

표 2. 상이한 하위 코퍼스에서 *hyvin, kovin, oikein*의 빈도(10만 토큰 당 원시 빈도 계산 및 표준 빈도)

	CNF		MuCTF		MoCTF	
	원시	표준	원시	표준	원시	표준
hyvin	352	36	709	66	555	70
kovin	176	18	414	39	306	38
oikein	121	12	157	15	156	20
합계	649	66	1280	120	1017	128

빈도 목록을 보면 FCCF의 모든 하위 코퍼스에서 빈도가 가장 높은 상승사는 *hyvin*이며, *kovin*과 *oikein*이 뒤를 잇는다.[13] 등위 빈도의 순서는 모든 하위 코퍼스에서 유사하게 나타나는데, 이를 통하여 첫째, 등위 빈도의 경우 번역 핀란드어와 비(非)번역 핀란드어가 다르지 않으며, 둘째, 영어가 출발어인 번역 텍스트(MoCTF)와 일반 번역 텍스트(MuCTF) 역시 차이가 없다는 점을 알 수 있다. 그러나 번역 텍스트와 비(非)번역 텍스트는 다른 방식으로 차이가 있다는 사실을 쉽게 알 수 있다. CNF에서 총 등급 수식어의 개수는 MuCTF 및 MoCTF보다 현저히 낮았다. CNF에서 산출한 표준 빈도 개수(66)와 비교할 때, 표준 빈도의 총합은 10만 단어 당 모든 수식어의 출현 빈도가 두 개의 번역 코퍼스 모두에서 거의 두 배(120 및 128)로 나타났다. 등급 수식어를 별개로 분석해도 유사한 경향이 나타난다. 모든 사례에서 표준 빈도는 CNF보다 번역 코퍼스에서 높게 나타났으며, 특히 *hyvin*과 *kovin*의 차이가 분명하게 드러났다.

번역 텍스트에서 비전형적 빈도와 패턴에 대한 가설을 검증하고 정의를 공고히 하기 위하여 카이제곱($\chi2$) 검정을 세 차례 실시하였다. 검정 작업은 TPCA 절차에 따라 진행됐는데, 첫째, 비(非)번역 코퍼스(CNF)용 자료가 MuCTF 자료와 다른지, 둘째, 영어가 출발어인 번역 텍스트가 비(非)번역 텍스트와 다른지 검정을 실시하였다. 마지막으로

MoCTF와 MuCTF를 비교하였다. 카이제곱 검정의 산출 값은 다음과 같다.

CNF vs. MuCTF:	$\chi^2 = 16.11$
CNF vs. MoCTF:	$\chi^2 = 3.81$
MuCTF vs. MoCTF:	$\chi^2 = 4.92$

유의 수준 0.05에서 카이제곱 임계 값은 5.99이다. 1차 검정 값(16.11)은 임계 값보다 크고, 2차 검정 값(3.81)은 임계 값보다 작으므로 CNF용 자료와 MuCTF용 자료 사이에는 유의한 차이가 있으나 CNF용 자료와 MoCTF용 자료 간에는 그렇지 않다는 결론을 내릴 수 있다. 그러므로 번역 텍스트는 비(非)번역 텍스트와 비교할 때 비전형적 어휘 항목 빈도를 보이지만, 더욱 흥미로운 점은 CNF와 MoCTF간 비교 결과가 1차 비교 결과와 같지 않으므로 출발어가 빈도에 영향을 준다고 볼 수 있다는 것이다. 그러므로 번역 텍스트에서 비전형적 어휘 빈도에 관한 가설은 부분적으로만 성립한다. 마지막으로 TCPA의 세 번째 단계를 보면 1개 출발어의 번역 텍스트는 χ^2검정 값(4.92)이 임계 값보다 낮으므로 일반적인 번역 텍스트와 비교할 때 비전형적 어휘 항목 빈도를 보이지 않는 경향이 있다. 따라서 통계 검정과 3단계 대조 분석을 토대로 기존 가설을 다듬어 '*번역 언어는 어휘 항목의 비전형적 빈도를 나타내지만 이러한 경향은 출발어에 따라 달라질 수 있다*'라는 (어휘 빈도에 관한) 새로운 가설을 구성할 수 있다. 이러한 가설로 비전형적 어휘 항목의 빈도는 번역 텍스트에서 나타나는 보편적 경향이라기 보다는 출발어 요소의 영향을 받들 수 있는 현상으로 볼 수 있다. 표 2의 수치, 그리고 특히 마우라넨의 선행 연구 결과에 비추어보면 이러한 결과는 놀라워 보일 수도 있다. 표 2와 마우라넨(2000)의 연구는 모두 상대 빈도를 제시하는데, 실제 매우 유사한 경향을 보였으나 상이한 언어 변이

형의 유사성과 부동성을 연구하고 신뢰하는 방법으로 검정하는 경우에는 단독으로 사용될 수 없다.

다음 절에서는 등급 수식어의 어휘 및 문법적 결합도에 초점을 맞출 것이다. 연구 결과는 크게 2개 절로 구성되는데, 먼저 3개 수식어 모두의 어휘 결합도에 대한 결과를, 그리고 1개 특정 등급 수식어, 즉 *hyvin*에 대한 문법적 결합도와 연관된 결과를 제시하도록 한다.

5. 유의 수식어 *hyvin, kovin* 및 *oikein*의 어휘 결합

다음 절에서 어휘 결합도 분석은 바로 오른쪽, 즉 콩코던스 라인에서 1R 위치에 있는 연어 구성물로 제한하기로 한다. 이러한 연어 구성어는 등급 수식어의 통사적 표제어 기능을 한다. 결과적으로 형용사(*hyvin* ***väsynyt***, 'very tired(매우 피곤한)'), 부사(*oikein* ***hyvi***n, 'very well(아주 잘)'), 양화사(*kovin* ***paljon***, 'very much(매우 많은)'), 그리고 전치사(*hyvin* ***lähellä*** *kotiani*, 'very near my home(우리 집에서 매우 가까이)') 등이 연어 구성어에 포함될 것이다. 유의 연어 구성어의 품사 분포는 표 3과 같다.

표 3. 등급 수식어의 유의 연어 구성어가 나타내는 품사

	hyvin			*kovin*			*oikein*		
	CNF	MuCTF	MoCTF	CNF	MuCTF	MoCTF	CNF	MuCTF	MoCTF
형용사	4	12	17	1	5	4	1	2	2
부사	3	11	3	1	4	5	1	1	2
양화사	2	2	1	2	3	2	-	1	1
부차사 구	-	-	-	-	1	-	-	-	-
합계	9	25	21	4	13	11	2	4	5

첫째, 유의 연어 구성어의 총합은 번역 코퍼스보다 CNF가 명백하게

낮게 나타났다. 앞의 표 2와 같이 CNF에서 적은 수식어 수가 틀림없이 부분적으로 영향을 주었을 것이다. 코퍼스에서 등급 수식어의 수가 증가하면 상이한 (유의한) 연어 구성어의 수 역시 증가할 가능성이 높다. 둘째, 각각의 수식어에 대하여 모든 언어 변이형에서 각 품사의 비율은 대략적으로 일치한다. 예컨대 형용사의 수는 부사의 수와 거의 일치하였다. 그러나 현격한 차이가 드러난 경우도 있는데, *hyvin*의 경우 형용사 연어 구성어의 수와 비율이 CNF나 MuCTF에 비하여 MoCTF에서 훨씬 높게 나타난 반면, 부사 연어 구성어의 비율은 훨씬 낮았다(표 3의 굵은 글씨체). 이를 통하여 출발어가 어휘 결합도에 영향을 줄 수는 있으나 비전형성은 *hyvin*의 경우에서만 명백하게 드러나므로 비전형적 어휘 패턴 경향은 일정하지 않다고 볼 수 있다. 마지막으로 연구 결과 도출된 유의 연어 구성어의 수 관점에서 다르다. 번역 텍스트의 비전형적 패턴 맥락에서는 중요성이 덜하지만 동의어 연구 맥락에서는 특히 중요하다. 그러나 번역 과정은 수식어가 유의한 구성어를 획득하는 상호 능력에 대해서는 영향을 미치지 않는다고 볼 수 있다.

3개 하위 코퍼스 내 *hyvin, kovin, oikein*의 구체적 연어 구성어는 각각 표 4, 5, 6에 기술하였다. 연어 결합을 더욱 포괄적으로 분석하려면 완전한 유의 연어 구성어 목록을 살펴보아야 할 것이나, 본고에서는 각 하위 코퍼스에서 상위 10개 유의 연어 구성어에 한정하여 분석을 진행하였다. 각각의 표에는 연어 및 이에 상응하는 영어 표현을 기재하였다. 연어 구성어 분류는 전술한 2단계 유의성 검정 절차를 따랐다(유의성이 가장 높은 연어 구성어가 맨 위에 위치).

비(非)번역 텍스트와 일반 번역 텍스트 사이에서 연어 구성어는 바로 확연한 차이를 나타냈는데, MuCTF 목록의 연어 구성어 중 CNF의 유의 연어 구성어 목록에 나타난 경우는 단 한 건도 없었다. CNF에서 유의성이 가장 높은 연어는 *hyvin väsynyt*인 반면 MuCTF에서는 *hyvin tärkeä*로 나타났다. 그 밖에 비(非)번역 텍스트에 등장하는 형용사 연

표 4. *hyvin*의 1R 상위 연어 구성어(괄호는 원시 빈도)

CNF	MuCTF	MoCTF
väsynyt 'tired(피곤한)' (7)	*tärkeä* 'important(중요한)' (15)	*yksinkertainen* 'simple (간단한)' (8)
hitaasti 'slowly(느리게)' (8)	*harvoin* 'seldom(거의 없는)' (8)	*surullinen* 'sad(슬픈)' (10)
hiljaa 'quietly(조용히)'(5)	*erikoinen* 'special(특별한)' (7)	*väsynyt* 'tired(피곤한)' (7)
vähän 'little(적은)' (양화사) (7)	*yksinkertainen* 'simple(간단한)' (7)	*kummallinen* 'strange(낯선)' (7)
pian 'soon(곧)' (5)	*selvästi* 'clearly(명백한)' (8)	*kaunis* 'beautiful(아름다운)' (10)
vanha 'old(늙은)' (6)	*vaikea* 'difficult(어려운)' (11)	*vaikea* 'difficult(어려운)' (8)
kaunis 'beautiful(아름다운)' (5)	*varhain* 'early(일찍)'(부사) (6)	*onnellinen* 'happy(행복한)' (7)
pieni 'small(작은)' (6)	*lähellä* 'close(가까이)'(부사) (7)	*hitaasti* 'slowly(천천히)' (7)
paljon 'much(많이)' (5)	*varovasti* 'carefully(조심히)' (6)	*paha* 'bad(나쁜)' (8)
	vaarallinen 'dangerous (위험한)' (7)	*pitkä* 'long, tall(긴, 큰)' (10)

어 구성어는 *vanha, kaunis, pieni*였으나 MuCTF에서는 *erikoinen, yksinkertainen, vaikea, vaarallinen*이었다. 두 목록에는 부사도 포함되나 역시 다른 양상을 보인다. MuCTF와 대조적으로 CNF에는 *vähän, paljo* 등 양화사가 등장한다. 2단계 대조에서도 번역 텍스트와 비(非)번역 텍스트의 차이를 뒷받침하는 결과를 목도할 수 있다. 영어가 출발어인 번역 텍스트는 비(非)번역 텍스트와 상이한 연어를 보이는 경향이 있으나, 흥미롭게도 하위 코퍼스에서 *hyvin väsynyt, hyvin kaunis, hyvin hitaasti* 등 3개 연어가 공통적으로 등장한다. 양화사는 목록에 없으므로 MoCTF 목록 머리어의 품사 종류는 더 적다. 따라서 이러한 TPCA의 두 단계는 경향이 출발어 영향을 받지 않을 것이라는 번역 텍스트에서의 비전형적 어휘 결합 가설을 지지한다. 그러나 본고

에서는 이미 살펴본 바와 같이 언어 변이형에 따라 달라지는 실제 어휘 결합이 아닌, 전반적 경향을 논하고 있다는 사실을 반드시 염두에 두어야 한다.

영어가 출발어인 번역 텍스트와 일반적인 번역 텍스트를 대조하는 마지막 단계에서 MuCTF보다 MoCTF에서 *hyvin*이 분명히 더 자주 형용사 수식에 사용된다는 사실을 확인하였다. 전술한 바와 같이 MoCTF와 일반 번역 텍스트에서는 형용사와 부사의 비율의 부동성이 존재한다(표 3). 유의 연어 구성어의 목록 머리어에 초점을 맞추면 동일한 경향이 관찰된다. MoCTF의 상위 10개 유의 연어 구성어 가운데 형용사는 9개인 반면 부사는 1개(*hitaasti*)에 불과하며 양화사는 없다. 더욱이 목록 머리어는 공통 연어가 2개에 불과하다(*yksinkertainen, vaikea*). 상위 10개 목록 중 다른 연어 구성어들은 MuCTF에서 추출한 목록과 다르다. 이러한 분석 결과를 통하여 일반 번역 텍스트와 특정 출발어의 번역 텍스트의 어휘 패턴이 구별된다는 사실을 알 수 있다. 그러나 지금까지 살펴본 목록은 *hyvin*의 상위 10개 유의 연어 구성어만 분석한 결과라는 사실을 유념하고 결론을 내려야 한다. 분석 대상을 목록 머리어 이상으로 확대하면 *hyvin*이라는 특정 등급 수식어의 연어 패턴을 더욱 완전하게 파악할 수 있을 것이다.

다음의 표 5는 *kovin*의 상위 10개 유의 연어 구성어이다. 분석 결과를 보면 언어 변이형에 따라 어휘 결합도가 다소 다르다는 사실을 알 수 있다. 다시 말해 CNF의 연어 구성어 중 3개(*usein, moni, paljon*)가 MuCTF에서, 1개(*paljon*)가 MoCTF에서도 등장한다. 그리고 마지막으로 MuCTF 의 목록 머리어 연어 구성어 6개(*paljon, kauan, pitkään, kauas, paha, hyvin*)가 MoCTF에서도 나타난다. 따라서 이러한 연어 결합은 *hyvin*의 사례보다 하위 코퍼스에서 더 유사하다고 하겠다.

상이한 언어 변이형에서 동의어의 연어 패턴을 더 넓게 파악하기 위하여 표 6에 *oikein*의 유의 연어 구성어를 기록하였다.

표 5. *kovin*의 상위 1R 연어 구성어 (괄호는 원시 빈도)

CNF		MuCTF		MoCTF	
usein 'often(자주)'	(7)	*paljon* 'much(많이)'	(41)	*paljon* 'much(많이)'	(28)
moni 'many(많은)'	(11)	*kauan* 'for a long time(오랫동안)'	(14)	*pitkälle* 'far(먼)'	(13)
paljon 'much(많이)'	(13)	*pitkään* 'for a longtime(오랜 시간)'	(7)	*surullinen* 'sad(슬픈)'	(6)
tärkeä 'important(중요한)'	(5)	*kauas* 'far(훨씬)' (부치사)	(5)	*hyvin* 'well(잘)' (부사)	(12)
		vähän 'little(작은)'	(12)	*paha* 'bad(나쁜)'	(7)
		moni 'many(많은)'	(9)	*pitkään* 'for a long time(오랜 시간)'	(5)
		usein 'often(자주)'	(7)	*kauan* 'for a longtime(으랫동안)'	
		iloinen 'glad(기쁜)'	(5)	*hyvä* 'good(좋은'	(7)
		paha 'bad(나쁜)'	(6)	*pitkä* 'long, tall(긴, 큰)'	(13)
		hyvin 'well(잘)' (부사)	(7)	*kauas* 'far(멀리) ' (부사)	(8)

표 6. *oikein*의 1R 연어 구성어(괄호 안은 원시 빈도)

CNF		MuCTF		MoCTF	
hyvin 'well(잘)' (부사)	(26)	*hyvin* 'well(잘)' (부사)	(36)	*hyvin* 'well(잘)' (부사)	(31)
hyvä 'good(좋은)'	(21)	*hyvä* 'good(좋은)'	(28)	*hyvä* 'good(좋은)'	(26)
		mukava 'nice(훌륭한)'	(8)	*kovasti* 'hard(어렵게)' (부사)	(8)
		paljon 'much(많이)'	(5)	*mukava* 'nice(훌륭한)'	(8)
				paljon 'much(많이)'	(9)

CNF의 경우 *oikein*의 유의 연어 구성어는 2개에 불과하다. 앞서 소개한 2개 사례와 마찬가지로 유의 연어 구성어의 수는 번역 코퍼스에서 약간 높게 나타났다. 그러나 *hyvin*과는 대조적으로, 그리고 *kovin*과도 약간 달리, *oikein*의 연어 구성어는 언어 변이형에 걸쳐 매우 안정적인 패턴을 보인다. 연어 구성어 쌍인 *oikein hyvin*과 *oikein hyvä*는 각

하위 코퍼스에서 가장 유의한 결합으로 나타났으며, 이 두 연어의 상호 순서 역서 유사하다. 더욱이 두 번역 자료의 연어는 영어가 출발어인 번역 텍스트에서만 등장하는 연어 *oikein kovasti*를 제외하면 거의 모두 일치하는 결과를 보였다.

어휘 결합도에 대하여 간략하게 분석을 실시한 결과 연어는 비(非)번역 텍스트보다는 번역 텍스트에서, 그리고 일반 번역 텍스트와 비교해서 1개 출발어의 번역 텍스트에서 매우 다르게 나타났다. 이러한 예로 *hyvin*을 들 수 있다. 그러나 *kovin*과 *oikein*의 분석 결과에서 관찰한 바와 같이 상황은 훨씬 더 복잡하다. *hyvin*과는 반대로 등급 수식어인 *kovin*, 특히 *oikein*은 언어 변이형에 걸친 어휘 패턴 변화가 덜하다. 어휘 연어의 안정성이 약한 *hyvin*에서 연어의 안정성이 강한 *oikein*까지 어떤 연속선이 존재하는 것으로 보인다. 이는 유의성이 매우 강한 단어라 하더라도 연어 변화 정도가 다를 수 있다고 볼 수 있다. 어휘 결합에 대한 3단계 대조 분석에 따르면 언어 변이형에 걸친 연어의 변화는 (1) 언어 변이형 자체는 물론 (2) 단어가 얼마나 의미적, 또는 통사적으로 상호 밀접하게 연관되었든 언어에서 사용되는 실제 단어로부터 영향을 받을 수 있다는 점은 분명하다.

6. 추가 분석: *hyvin*의 문법적 결합

본 절에서는 앞서 살펴본 바와 같이 언어 변이형에 걸쳐 가장 다양한 어휘 결합도를 보인등급 수식어 1개, 즉 *hyvin*만 살펴보고자 한다. 본 분석의 목표는 문법 결합도에 초점을 맞추어 다양성이라는 그림을 보완하는 것이다. 본 절의 경우 1R 위치 외에도 2L에서 2R(앞의 그림 2 참조)에 이르는 전체 범위에 집중할 것이다. 분석은 주어진 위치에서 각 품사의 수를 세고 각 품사의 비율을 계산하는 방법으로 진행하였다.

분석은 앞서 이미 연어 관점에서 분석이 진행된 1R 위치부터 시작한다. 1R위치에서 발견되는 통사 범주, 즉 유연결은 형용사, 부사, 양화사, 전치구 혹은 후치구이다. 이 위치에서는 다른 위치보다 품사 변이형이 덜 발생한다. 이는 머리어의 변화가 제한적이어서 등급 수식어가 변화를 더 발생시키는 다른 위치에서 전치 수식이 가능하기 때문이다.

유연결에 대한 TPCA 첫 단계(다음의 그림 3)는 먼저 이 위치에서 *hyvin*이 형용사를 선호한다는 점이 분명하게 나타나서 모든 유연결에서 차지하는 비율은 66퍼센트에서 75퍼센트에 달한다. 부사의 비율은 분명 낮게 나타나며(21-27퍼센트), 양화사와 부치사 구조의 비율은 매우 낮다. 하위 코퍼스간 분포도를 비교하면 무엇보다 일반 번역 텍스트가 비(非)번역 텍스트와 매우 유사하게 나타나며, 이 위치에서 각 유연결의 비율은 거의 같다. 그러나 출발어가 영어인 번역 텍스트는 분명 다른 경향을 보이는데, 첫째, 비(非)번역 텍스트와 다르므로 출발어의 영향이 있음을 알 수 있다.[14] 따라서 TPCA의 1, 2단계에서 *hyvin*의 머리어 비율은 비(非)번역 텍스트와 번역 텍스트 간 뚜렷한 차이를 보이지 않지만 이는 출발어 영향에 따라 달라질 것이다. 둘째, TPCA의 3단계에서 영어가 출발어인 번역 텍스트는 일반 번역 텍스트에 비하여 유연결 패턴이 다르게 나타났다. 이는 MoCTF에서 상대적으로 큰 비율을 차지하는 형용사 비율에서도 유사하게 나타나며(75퍼센트 대 68퍼센트), 부사는 MoCTF에서 비율이 지속적으로 낮게 나타난다(21퍼센트 대 27퍼센트)[15] 양화사와 부치사 구조는 역시 비율이 낮고 매우 유사한 양상을 보인다. 따라서 *hyvin*은 일반 번역 텍스트보다 영어가 출발어인 번역 텍스트에서 형용사와의 결합 강도가 높고 부사와의 결합 강도는 덜 높게 나타나므로 특정한 출발어가 핀란드어 등급 수식어의 문법 구조에 영향을 준다는 사실을 유추할 수 있다.

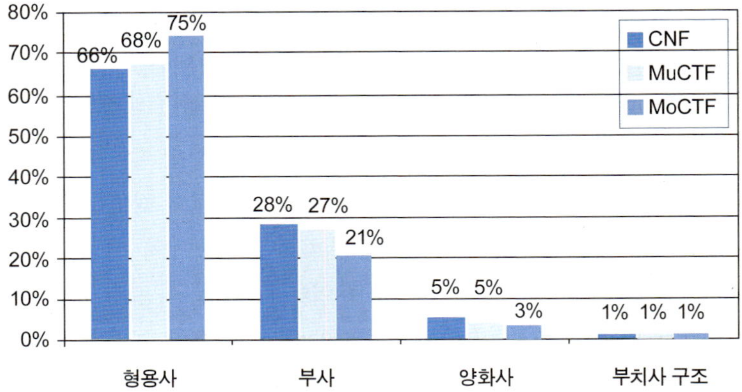

그림3. 하위 코퍼스에서 hyvin의 1R 유연결 비율

마지막으로 본 연구자는 전술한 전체 범위 분석을 통하여 *hyvin*의 유연결 TPCA를 마무리하였다. 분석 과정에서 품사는 물론 절의 시작과 끝을 기준으로 유연결을 분류하였다. 언어 변이형 비교 결과는 표 7에 제시했는데, 기록 대상은 비율이 유의하게 다른 유연결로 한정하였다.

첫 번째 줄은 앞에서 이미 분석한 결과를 나타내며, 다른 줄에 기록된 내용은 오른쪽으로 두 단어, 그리고 왼쪽으로 첫 번째 및 두 번째 단어의 위치 상태를 나타낸다. TPCA 1단계는 일반 번역 텍스트와 비(非)번역 텍스트가 매우 유사하다는 사실을 매우 명확하게 드러낸다. 유연결 비율은 단 한 개의 위치, 즉 2R 위치만 제외하면 모두 동일하며(또는 유의하게 다르지 않으며), MuCTF의 명사 및 절의 마지막 비율은 CNF와는 다르다.

표 7. TPCA에 따른 *hyvin*의 독특한 유연결 요약

위치	CNF vs. MuCTF	CNF vs. MoCTF	MuCTF vs. MoCTF
1R	-	형용사	형용사
		부사	부사
2R	명사	-	명사
	절의 마지막		부사
			절의 마지막
1L	-	동사	동사
			양화사
2L	-	-	대명사

TPCA 2단계 결과는 1R(앞서 이미 확인)과 1L 등 2개 위치에서 비율이 약간 다른 경향을 보였다. 그러나 유의한 편차를 보인 유연결 개수의 비율은 CNF와 MuCTF 간 차이보다 약간 더 높게 나타났다. 따라서 이번 비교는 출발어 영향에 대한 명확한 증거라기보다는 비율이 다른 유연결 개수와 비율이 다른 위치 개수 모두에 명확한 영향을 주지 않는다는 것으로 해석할 수 있다. 그러나 더욱 흥미로운 사실은 두 개의 하위 코퍼스 사이에 훨씬 더 분명한 차이가 있을 수 있다는 것이다. TPCA 3단계는 영어가 출발어인 번역 텍스트의 독특한 특징을 반영하는데, 콩코던스 목록을 분석하면 범위의 모든 위치에서 MuCTF에서 추출한 유연결과 유의하게 다른 비율을 보이는 유연결이 최소 1회, 통상적으로는 2회 이상 발생한다.

어휘 결합에서 출발어 영향의 증거를 찾을 수 있다는 사실(적어도 *hyvin*의 사례)에 비추어 유연결을 *hyvin*의 전체 범위에서 분석하면 기존 연구 결과와 일치하는 결과가 나온다. 결과적으로 *hyvin*의 문법적, 어휘적 패턴을 분석하면 상호 신빙성이 더해질 것이다. 그러나 유연결 비율에 한하여 언어 변이형(해당하는 경우)에 걸쳐 달리 나타난다는 사실을 반드시 유념해야 한다. 실제 유연결, 즉 문법적 결합은 모든 코퍼스에서 유사하게 나타났다. 그러므로 언어 변이형에 걸친 유연결 분석은

질적 차이가 아닌 양적 차이만 나타났다.

연어 및 유연결 분석 결과를 모두 요약하면 번역 언어에서의 비전형적 어휘 및 문법적 패턴과 관련하여 다음과 같은 새로운 가설을 제시할 수 있다. *번역 언어는 비전형적 어휘 결합을 나타내는 경향이 있으나 이러한 경향은 출발어와 분석 단어에 따라 달라진다. 문법적 결합은 번역 텍스트와 비(非)번역 텍스트에서 유사하게 나타나는 경향이 있으나 유연결 비율에서 출발어의 영향을 배제할 수는 없다.*

7. 향후 논의

본고는 마우라넨(2000)의 가설을 분석 및 보완하고, 나아가 번역의 보편적 경향 연구에 사용 가능한 절차를 소개 및 검증을 목표로 작성하였다. 본고에서 사용한 3단계 대조 분석(TPCA) 방법은 라비오사(라비오사-브레이스웨이트, 1996; 라비오사, 1998a, b)와 마우라넨(상게서)의 분석 방법과 유사한 측면이 있으나, 특정한 1개 출발어 영향을 분석했다는 점에서 분명한 차이가 있다. TCPA는 3단계 대조 과정을 거친다. 1단계에서는 비(非)번역 텍스트와 일반적인 번역 텍스트의 유사성과 부동성을 알아보기 위하여 비(非)번역 텍스트와 다중 출발어의 번역 텍스트를 대조한다. 2단계는 비(非)번역 텍스트와 1개 출발어, 즉 영어의 번역 텍스트 대조이다. 2단계의 목표는 1단계에서 얻은 결과가 보편적 자질로 해석 가능한지 여부를 검증하는 것이다. 마지막으로 3단계에서는 1개 출발어의 번역 텍스트가 일반 번역 텍스트와는 다른 특징을 보여주는지를 규명한다. 3단계의 분석은 유의한 핀란드어 등급 수식어, 즉 모두 영어의 very(매우)를 의미하는 *hyvin, kovin, oikein* 등 상승사에 초점을 맞춘다. 유의어를 대상으로 선정한 이유는 여러 연구에서 동의어가 출발 텍스트와 번역 텍스트는 물론 주어진 언어의 비(非)번역 텍스트와 동일한 언어로 번역된 텍스트에서도 달리 다루어질 수도 있다는 주장에 근거하였다.

본 장의 주요 목적은 방법론을 발전시키는 것이었음에도 TPCA는 번역 및 비(非)번역 텍스트 모두에서 어휘 및 문법적 결합에 관한 정보와 더불어 번역 텍스트에서 나타나는 광범위한 경향(보편소) 연구에서 활용 가능한 정보를 제공하였다. 결과를 요약하면 다음과 같다. 소위 번역 보편소에 대하여 명확하고 일관적인 증거는 발견되지 않았으나 결과를 보면 출발어 자극의 영향을 반영하는 경향이 나타났다. 먼저 전체 빈도를 살펴보면 번역에서 등급 수식어의 과도한 사용은 명확한 SL 독립성 경향이 있는 것으로 보였다. 그러나 통계 검정을 통해 출발어가 전체 빈도에 영향을 줄 수 있다는 사실이 드러났으므로 보편적 경향에 대한 가설은 기각되었다.

연어 분석은 번역 텍스트의 비전형적 어휘 결합 가설을 부분적으로만 지지하였다. 먼저 비(非)번역 텍스트와 비교하여 번역 텍스트는 출발어와 무관하게 다른 연어 사용 양식을 보이는 것으로 판단된다. 이는 비전형성 가설을 지지한다. 그러나 1개 출발어의 번역 텍스트에서 *실제 연어 사용 양식*을 살펴본 결과 일반 번역 텍스트와는 다른 양상이 나타났으므로 특정 출발어가 어휘 결합에 영향을 준다고 볼 수 있다. 놀랍게도 이러한 결과는 *모든* 유의 등급 수식어 사례에서 일치하지 않았는데 이를 통해 언어 항목이 결과에 분명한 영향을 끼쳤다는 사실을 알 수 있다. 유연결 분석 결과는 다시금 보편적 경향 가설을 지지하지 않는다. 비록 번역 텍스트는 비(非)번역 텍스트와 거의 동일한 문법 패턴을 보였으나 영어가 출발어인 번역 텍스트는 유연결 비율에서 다른 모습을 보였다.

결과적으로 어휘 및 문법 결합도와 전체 빈도 분석 결과는 기존 연구와 비교할 때 일부 대조적으로, 그리고 더욱 복잡하게 나타났다. 따라서 기존의 제반 가설은 더욱 면밀하게 검토하고 연구해야 할 필요가 있을 것이다. 본 연구자는 정성 가설과 정량 가설 구분의 필요성을 제안한다. 본고는 정성 및 정량 분석의 결과가 부분적으로 모순된다는 사실을 밝혔다. 예컨대 번역 텍스트에서 전체 빈도가 부분적으로 비전형적(빈도 전형성)일지라도 결합도는 전형성과 비전형성을 모두 가질 수 있다(패턴 전형성). 더욱 흥미로운 점은 유연결 분석에서 언어 변이형을 달리 나타낸 것은 실제 범위(질)가 아닌, 항목의 비율(양)이었다는 것이다.

TCPA는 번역에서 일반화 관련 정보 취득에 초점을 둔 어휘 항목에 대한 중요한 질문을 제기한다. 본고의 분석과 마우라넨 연구는 대조 기법을 사용하고 어휘 항목에 집중한다는 공통점이 있으나 두 연구 결과는 일치하지 않는다. 더욱이 본 장에서 살펴본 바와 같이 모두 한 개의 유의어 그룹에 속하는 여러 단어라도 대조적인 결과를 나타낼 수 있다. 그러므로 어휘 결합도에 기반한 해석은 추가적인 확대 연구를 수행하기 전에 많은 주의를 기울여야만 한다.

분명, 3단계 대조 분석은 빈도에 대한 출발어 영향과 번역 텍스트에서 등급 수식어의 어휘, 문법적 패턴에 대한 정보를 얻는데 비교적 유용하고 적절한 기법으로 판단된다. 그러나 향후 분석 과정에서 일부 방법론에 대한 연구는 반드시 이루어져야 할 것이다. 가령 MuCTF에서 1개 출발어의 영향은 무엇인가, 즉 코퍼스에서 등급 수식어가 일반 분포를 보이더라도 1개 출발어, 또는 동일한 언어 집단에 속하는 여러 출발어가 연어 및 유연결 패턴 분포를 왜곡하는가? 그리고 MoCTF에서 출발어가 영어가 아닌 이외의 언어일 경우 출발어 영향에서 다른 결과를 얻을 것인가? 본고에서는 이러한 질문에 답을 제시할 수 없으나 후속 연구를 통해 분석할 수 있을 것이다.

미주

1. 본고에서 사용하는 번역 보편소 개념에 대한 비판적 견해(티모츠코(Tymoczko), 1998 등)가 존재한다. 본고에서는 번역 보편소의 존재가 모든 언어 또는 시기와 장소를 불문하고 모든 언어쌍에 적용되지 않는다는 사실을 받아들이되 번역 보편소를 번역에서 나타날 수 있는 광범위한 경향을 지칭하는 일반적 개념으로 사용한다.

2. 특히 표 7.2와 7.4를 참조할 것.

3. 싱클레어(1996, p.94)에 따르면 단어 의미 연구는 연어 및 통합 패턴 분석뿐 아니라 언어 기술에서 중심적인 역할을 하는 의미 선호도와 운율자질(prosody)에 대한 기술이 수반되어야 한다. 그러나 맥락 의미 범주는 본고의 분석에서는 포함하지 않았다.

4. 더욱이 형태론적 특질(비교급, 최상급 등) 또한 이러한 준(準)유의어와 구분되는 것으로 보인다.

5. 1999년 현재 출발어 중 영어의 비중은 최대 69퍼센트이며 향후 더욱 증가할 것으로 보인다(민키넨(Minkkinen), 2001).

6. 워드스미스 툴즈는 http://www.lexically.net/wordsmith에서 볼 수 있다.

7. $\chi 2 = \Sigma$ (O – E)2/E, O = 관찰 빈도, E = 기대 빈도(버틀러, 1985, p.113; 옥스, 1998, p.25).

8. $t = (O - E) / \sqrt{0}$, O = 관찰 빈도, E = 기대 빈도(반브룩, 1996, p.97).

9. $I = \log_2 (O / E)$, O = 관찰 빈도, E = 기대 빈도(반브룩, 1996, p.98).

10. $z = (p_1 - p_2)/\sqrt{(1 - pp)(1 / N1 + 1 / N2)}$, p = 항목 비율, N = 표본 크기(버틀러, 1985, p.94).

11. 등급 수식어는 등급 부사(베클룬트, 1973; 클라인(Klein), 1998), 강의어(볼링거(Bolinger), 1972), 혹은 간단히 부사(쿼크 외, 1985)라고 한다. 적어도 영어에서는 본고에서 언급한 품사는 물론 동사, 대명사, 명사도 수식한다(쿼크 외, 1985; 알텐베리(Altenberg), 1991).

12. 파라디스(1997)는 구어체 영어만 연구하였다. 물론 등급 한정어의 분포는 장르 및 어역에 따라 달라질 수 있다는 사실을 반드시 유념해야 한다.

13. 본고에 기술한 상승사와 빈도 순위는 얀투넨(2001a, 표 6)의 결과와 다소 다르다. 연구 방법론과 목표의 차이에 따른 것이다.

14. 편차는 통계적으로 유의하다. 형용사의 경우 $Z = 2,699210$ ($p < 0.01$), 부사의 경우 $Z = 2,465150$ ($p < 0.05$)로 나타났다.

15. 편차는 통계적으로 유의하다. 형용사의 경우 $Z = 2,69259094$ ($p < 0.01$), 부사의 경우 $Z = 2,506196331$ ($p < 0.05$)로 나타났다.

참고문헌

Altenberg, Bengt (1991). Amplifier collocations in Spoken English. In S. Johansson & A.-B. Stenström (Eds.), *English Computer Corpora. Selected Papers and Research Guide* (pp.127-147). Berlin/New York: Mouton de Gruyter.

Baker, Mona (1993). Corpus Linguistics and Translation Studies: Implications and Applications. In M. Baker, G. Francis, & E. Tognini-Bonelli (Eds.), Text *and Technology: in Honour of John Sinclair* (pp.233-250). Amsterdam/Philadelphia: John Benjamins.

Baker, Mona (1995). Corpora in Translation Studies: An Overview and Some Suggestions for Future Research. *Target, 7*(2), 223-243. Barnbrook, Geoff (1996). *Language and Computers. A Practical Introduction to the Computer Analysis of Language.* Edinburgh University Press.

Biber, Douglas, Conrad, Susan, & Reppen, Randi (1998). *Corpus linguistics: Investigating Language Structure and Use.* Cambridge University Press.

Blum-Kulka, Shoshana, & Levenston, Edward (1983). Universals of lexical simplification. In C. Faerch & G. Kasper (Eds.), *Strategies in Interlanguage Communication* (pp.119-139). London/New York: Longman.

Bolinger, Dwight (1972). *Degree Words.* The Hague and Paris: Mouton.

Butler, Christopher (1985). *Statistics in Linguistics.* Oxford: Basil Blackwell. Bäcklund , Ulf (1973). *The Collocation of Adverbs of Degree in English* [Acta Universitatis Upsaliensis]. Uppsala.

Carter, Ronald (1987). *Vocabulary. Applied Linguistic Perspectives.* London: Allen and Unwin.

Cruse, D. Alan (1986). *Lexical Semantics.* Cambridge University Press.

Cruse, D. Alan (2000). *Meaning in Language. An Introduction to Semantics and Pragmatics.* Oxford University Press.

Eskola, Sari (2002). *Syntetisoivat rakenteet käännssuömessa. Suomennetun kaunokirjallisuuden ominaispiirteiden tarkastelua korpusmenetelmillä* [Synthesising Structures in Translated Finnish. A Corpus-based Analysis of the Special Features of Finnish Literary Translations], [Publications of the University of Joensuu 30]. Joensuu: University of Joensuu.

Firth, J. R. (1968). A synopsis of linguistic theory, 1930-1955. In F.R. Palmer (Ed.), *Selected Papers of J. R. Firth* 1952-1959 (pp.168-205). London: Longman.

Hoey, Michael (1997). From concordance to text structure: new uses for computer corpora. In P.Melia & B. Lewandowska-Tomaszczyk (Eds.), *Proceedings of the Practical Application of Linguistic Corpora Conference* (pp.2-23). Poland: Lodz University Press.

Jantunen, Jarmo Harri (2001a). Synonymity and lexical simplification in translations: A corpus-based approach. *Across Languages and Cultures, 2*(1), 97-112.

Jantunen, Jarmo Harri (2001b). *Tärkeäseikka* ja *keskeinen kysymys:* Milä korpuslingvistinen analyysi paljastaa lähisynonyyrneista? *[Tärkeä seikka* and *keskeinen kysymys:* What can corpus-linguistic analysis reveal about near synonyms?]. *Virittäjä, 105*(2), 170-192.

Jantunen, Jarmo Harri (2001c). Untypical lexical patterns: a universal feature in translations? Paper presented at the Conference Translation Universals - Do They Exist?, 19-20 October 2001, Savonlinna.

Jantunen, Jarmo Harri, & Eskola, Sari (2002). Käännössuomi

kielivarianttina: syntaktisia ja leksikaalisia erityispiirteitä [Translated Finnish as a language variant: Untypical syntactical and lexical features]. *Virittäjä, 106*(4), 184-207.

Jones, Susan, & Sinclair, John (1974). English lexical collocations: A study in computational linguistics. *Cahiers de Lexicologie, 24,* 15-61.

Kennedy, Graeme (1991). *Between* and *through :* The company they keep and the functions they serve. In K. Aijmer & B. Altenberg (Eds.), *English Corpus Linguistics. Studies on Honour of Jan Svartvik* (pp.95-110). London/New York: Longman .

Kenny, Dorothy (2001). *Lexis and Creativity in Translation. A Corpus-based Study.* Manchester/Northampton : St. Jerome Publishing.

Kjellmer, Gören (1987). Aspects of English Collocations. In W. Meijs (Ed.), *Corpus Linguistics and Beyond. Proceedings of the Seventh International Conference on English Language Research on Computerized Corpora* (pp.133- 140). Amsterdam: Rodopi.

Klein. Henny (1998). *Adverbs of Degree in Dutch and Related Languages.* Amsterdam/Philadelphia: John Benjamins.

Kohn, János (1996). What Can (Corpus) Linguistics Do for Translation? In K. Klaudy, J. Lambert. & A. Sohár (Eds.), *Translation Studies in Hungary* (pp.39-52). Budapest: Scholastica.

Laviosa, Sara (1997). How comparable can 'comparable corpora' be? *Target, 9*(2), 289-319.

Laviosa, Sara (1998a). The English Comparable Corpus. A Resource and a Methodology. In L. Bowker, M. Cronin, D. Kenny, & J. Pearson (Eds.), *Unity in Diversity?* Current *Trends in Translation Studies* (pp.101-112). Manchester/Northampton: St. Jerome Publishing.

Laviosa, Sara (1998b). Core patterns of lexical use in a comparable corpus of English narrative prose. *Meta, 43*(4), 557-570.

Laviosa-Braithwaite, Sara (1996). *The English Comparable Corpus* (ECC): *A Resource and a Methodology for The Empirical Study of Translation.* PhD Thesis, UMIST, Manchester. UK.

Laviosa-Braithwaite, Sara (1997). Investigating simplification in an English Comparable Corpus of Newspaper Articles. In K. Klaudy & J. Kohn (Eds.), *Transferre Necesse Est. Proceedings of the 2nd International Conference on Current Trends in Studies of Translation and Interpreting* (pp.531-540). Budapest: Scholastica.

Mauranen, Anna (2000). Strange strings in translated language: A study on corpora. In M. Olohan (Ed.), *Intercultural Faultlines. Research Models* in *Translation Studies I. Textual and Cognitive Aspects* (pp.119-141). Manchester/Northampton: St. Jerome Publishing.

Mauranen, Anna (this volume). Corpora, Universals and Interference. In A. Mauranen & P.Kujamäki (Eds.) *Translation Universals- Do They Exist?* Amsterdam/Philadelphia: John Benjamins.

Minkkinen, Virpi (2001). *Book in the 1980s and 1990s. Publishing, distribution and reading of literature.* Helsinki: Statistics Finland.

Oakes. Michael P.(1998). *Statistics for Corpus Linguistics.* Edinburgh University Press. Olohan, Maeve, & Baker, Mona (2000). Reporting that in translated English: Evidence for subconscious processes of explicitation? *Across Languages and Cultures, 1*(2), 141-158.

Orpana, Terttu (1988). *Kuvaus vai kommentti. Tutkimus suomen kielen adjektiiviadverbien semanttisesta tulkinnasta* [Description or Comment? A Study on the Semantic Interpretation of Adjectival Adverbs in Finnish], [Opera Fennistica and Linguistica 2]. Tampere:

University of Tampere.

Paradis. Carita (1997). *Degree Modifiers of Adjectives in Spoken British English* [Lund Studies in English 92]. Lund University Press.

Quirk, Randolph, Greenbaum, Sidney, Leech, Geoffrey, & Svartvik, Jan (1985). A *Comprehensive Grammar of the English Language.* London/New York: Longman.

Saukkonen, Pauli, Haipus, Marjatta, Niemikorpi, Antero, & Sulkala, Helena (1979). *A Frequency Dictionary of Finnish.* Porvoo : WSOY.

Scott, Mike (1998). *WordSmith Tools.* Oxford: Oxford University Press.

Sinclair, John (1991). *Corpus, Concordance, Collocation.* Oxford University Press.

Sinclair. John (1996). The search for units of meaning. *Textus. 9*, 75-106.

Sinclair, John (1998). The lexical item. In E. Weigand (Ed.), *Contrastive Lexical Semantics* (pp.1-24). Amsterdam/Philadelphia: John Benjamins.

Stubbs, Michael (1995). Collocations and semantic profiles: On the cause of the trouble with quantitative studies. *Functions of Language, 2*(1), 23-55.

Tognini Bonelli, Elena (1996). *Corpus Theory and Practice.* TWC.

Tymoczko, Maria (1998). Computerized Corpora and the Future of Translation Studies. *Meta, 43*(4). 652-659.

John Benjamins Series

07

Translation universals

제 3 부

기본 원리 검증

번역 특정적 어휘 문법?
영어가 출발어인 스웨덴어 텍스트에서 특징적인 어휘 및 연어 패턴

페르-올라 닐손(Per-Ola Nilsson)
예테보리대학교(Göteborg University), 스웨덴

본고는 영어-스웨덴어 병렬 코퍼스(ESPC: English-Swedish Parellel Corpus)의 유관 파트에서 스웨덴어 비(非)번역 픽션 텍스트에 비하여 영어가 출발어인 스웨덴어 번역 픽션 텍스트에서 과잉 대표되는 스웨덴어 문법어 *av*(영어의 'of', 'by')에 대한 연구이다. 또한 *av*를 포함하여 가장 두드러지게 과잉 대표된 연어 패턴에 대한 연구를 실시하였다. 연구 결과 *av*의 과잉 대표가 일반적이고 유의하게 나타나며, 어휘어 및 문법어를 포함하는 결합 패턴 역시 유의하게 과잉 대표된다는 사실이 밝혀졌다. 본고에서는 이러한 패턴의 주요 원인으로 출발어 전이를 지적한다.

1. 서론

본고는 영어가 출발어인 스웨덴어 번역 픽션 텍스트에서 번역 특정적 연어 패턴을 연구한다.[1] 본 연구는 코퍼스 위주 연구로서 스웨덴어의 문법어인 *av*(영어의 'of', 'by')의 번역 특정적 분포와 *av*의 빈도가 높은

용례 구조를 기술한다. 아울러 스웨덴어 번역 텍스트에서 특정적 분포에 원인이 될 수 있는 출발어 항목과 구조를 알아보고자 영어와 스웨덴어의 교차 언어적 기술도 제시한다.

연어 구성어의 경우처럼 어휘 항목이 다르면 함께 발생할 가능성이 달라지므로 연어는 어휘의 통사적 특징과 연관된다(맬름케어와 앤더슨(Malmkjaer & Anderson), 1991, p.301 참조). 연어는 "동일한 형태로 1회 이상 발생하는 단어의 연속체이며…문법 구조가 탄탄하다"(셰를머(Kjellmer), 1987, 레누프와 싱클레어(Renouf & Sinclair), 1991, p,128에서 재인용)고 정의된다. "연어 구조(collocational framework)"라는 용어의 정의는 약간 다른데, 레누프와 싱클레어는 "두 단어의 불연속적 연결체로 한 단어가 위치를 정하면 다른 단어와 서로 떨어지는 것"(1991, p.128)으로 정의한다. 그러므로 연어를 a + feeling + of의 조합으로 표시한다면 연어 구조는 불연속 연결체인 a + X + of의 형태로 제시할 수 있겠다. 두 가지 형식 모두 어휘어와 문법어를 포함할 수 있으며, 연어 구조는 구조의 구성 요소에 따라 다양한 형태의 어휘어를 포함할 수 있다. 예컨대 예시한 연어 구조는 부정관사가 포함되므로 명사를 포함할 가능성이 있다.

번역 텍스트에서 어휘어와 문법어는 모두 특정한 분포를 보일 수 있다. 어휘어 분포의 특징적 분포 양상은 번역 보편소 후보로 거론되었으며(베이커(Baker), 1993, p.245) 번역 텍스트의 어휘적 특질에 관한 코퍼스 연구 역시 이를 번역 텍스트의 두드러진 특질로 본다(옐러스탐(Gellerstam), 1989). 번역 텍스트에서 문법어의 특징적 분포에 관한 연구도 진행되었다(라비오사(Laviosa), 1998). 이러한 선행 연구의 자연스런 후속 연구는 번역 텍스트의 연어 패턴 연구가 될 것이다. 영어가 출발어인 스웨덴어 문학 번역의 경우 사전 코퍼스 연구 조사를 통해 앞서 언급한 특징적인 어휘문법 패턴이 나타날 수 있다고 알려졌다(닐손(Nilsson), 2002). 이후 명확히 제시하겠으나 개별 어휘와 문법류가 동시에 나타나는 공기로 정의할 수 있는 유연결(colligation)과 관계되는 경우 간혹 연어 패턴을 약간 더 추상적인 용어로 논의할 이유가 발생한다.

2. 연구 자료, 목적 및 방법

코퍼스 기반 연구의 대상은 주로 직관이나 선행 연구, 또는 이 두 요소가 모두 작용하여 선정된다. 반면 코퍼스 위주 연구의 경우 언어 자료 자체만으로 추가 연구를 위한 대상을 선정할 수 있다. 더욱이 이러한 형태의 특정한 연구에서 발견된 모든 자료는 기술의 대상인 점을 고려할 때 코퍼스 위주 연구 방법은 연구 시작점의 선정은 물론 코퍼스 검색 결과가 기존에 제시된 이론 검증을 위하여 선별적으로 사용되지 않는다는 측면에서 코퍼스 기반 연구와 다르다(코퍼스 위주 접근법에 대한 설명은 토니니-보넬리(Tognini-Bonelli), 2002를 참조).

이어서 코퍼스 기반 연구에서 코퍼스 자료의 지위를 지속적으로 관리하는 작업이 중요하지만, 코퍼스 위주 연구에서는 중요성이 커진다. 연구자가 기술 및 분석 과정에서 반드시 모든 결과를 고려해야 하고, 이론적 주장은 코퍼스 증거에만 기반하여 작성되므로 연구 문제와 유관한 결과 도출을 위한 코퍼스의 잠재력은 코퍼스 기반 연구보다 코퍼스 위주 연구에서 더욱 중요하다. 이러한 이유로 코퍼스는 대표성을 갖는다고 가정한 자료 형태를 대표한다는 점이 매우 중요하다. 가령 픽션의 번역 텍스트와 원문 텍스트의 대조 연구를 진행할 경우 해당 텍스트들이 각각 번역 텍스와 비(非)번역 텍스트의 대표성을 지닌다는 사실이 중요하며, 완전한 비교는 결코 가능하지 않고 번역 코퍼스에서 비교 가능성을 설정하는 것과 관련하여 수 많은 문제가 있다 하더라도 해당 "유관" 텍스트들은 장르 등의 관점에서 최대한 비교 가능해야 한다(라비오사, 1997 참조).

본고에 사용된 코퍼스는 영어와 스웨덴어의 원문 텍스트와 번역 픽션 텍스트, 그리고 픽션 비(非)번역 픽션 텍스트의 유관 코퍼스와 정렬 코퍼스를 결합한 병렬 코퍼스인 영어-스웨덴어 병렬 코퍼스(ESPC: English-Swedish Parallel Corpus)의 픽션 파트이다. 픽션 코퍼스로 활용된 하부 구성 요소는 소설 25편에서 각각 추출한 단어 10~15,000개로 이루어진다. 2개의 비교 하위 코퍼스인 스웨덴어 원문 및 번역 코퍼스는 각각 308,160단어와 346,649단어로 구성된다. 코퍼스의 픽션 파트는 일반 픽션, 범죄/미스터리, 아동용 픽션 등 3개의 텍스트 유형 범주를 포함하며, 영어와 스웨덴어 텍스트는 장르를 기준으로 매칭을 진행하였으나 일부 불완전한 경우도 있다. 하위 코퍼스 간 가장 큰 편차는 아동용 픽션 범주로, 영어 원문은 5편인 반면 스웨덴어 원문은 1편이다. 다른 픽션 범주에서 범주간 편차는 이보다 작다(알텐베리, 아이머와 스벤손(Altenberg, Aijmer & Svensson), 2001 참조).

전체 텍스트가 아닌, 소설의 도입부에서 추출한 어휘로 구성되었다는 점은 본 코퍼스의 텍스트 지위에 관한 중요한 이슈다. 여타 연구에서는 책 한 권 길이의 텍스트에서 일부 텍스트 특성은 불균등하게 분포하는 경향이 있다는 점을 지적한다(싱클레어(Sinclair), 1991, p.19). 이로 인하여 ESPC를 활용한 연구 범위는 가령 문체 연구 및 저 빈도 항목 연구 등에 제한이 있을 수 있다. 본 연구 등과 같은 다른 형태의 연구에서는 용인할만한 기본적 대표성이 있다는 가정 하에 진행하는데, 본 연구의 연구 대상인 고 빈도 문법 항목의 경우 긴 텍스트에서 상당히 균등하게 분포할 가능성이 높기 때문이다. 더욱이 본 연구의 주요 초점은 번역의 일반적 특질 연구이므로 여러 출처에서 추출하여 구성한 코퍼스가 상대적으로 적은 전체 텍스트에서 추출한 동일 규모의 코퍼스보다 일반성 도출에 더 적합한데, 저자의 개인적 문체 또는 번역사의 문체가 분포에 더 큰 영향을 줄 수 있기 때문이다.

본고는 영어가 출발어인 스웨덴어 번역 픽션 텍스트에서 고 빈도 스웨덴어 문법어인 *av*(영어의 'of', 'by')를 포함하는 구조의 특징적인 분포를 기술하고 간략히 논의하고자 한다. 이에 *av*를 포함하는 연어 구조의 범위를 기술하면서 일부 내용은 상세히 기술했으며, 아울러 연어 구조에 개입하는 어휘어의 특정 사례도 상세히 기술하고자 하였다.

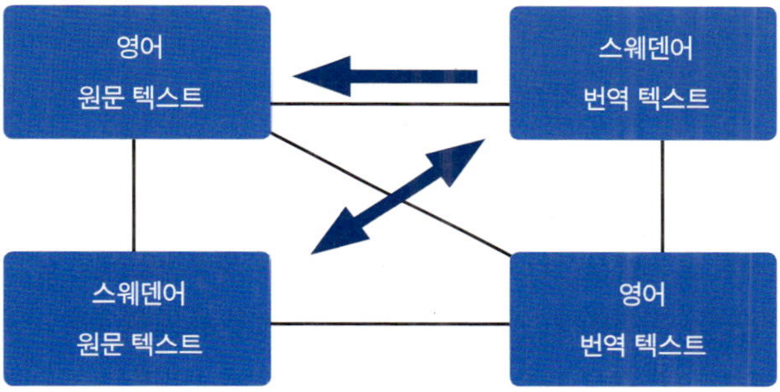

그림 1. TL-TL 빈도 비교 및 TL-SL 정성 분석

본고가 코퍼스 위주 연구이라 함은 일반적 차원은 물론 더욱 구체적인 사례를 통하여 연구 대상을 선정하는 과정에서 빈도를 고려했다는 의미이다. 본 연구의 방법론적 출발점은 번역 텍스트에서 정량적으로 특정한 사항을 알아보기 위하여 스웨덴어 원문 하위 코퍼스와 번역 하위 코퍼스 간 정량적 분포의 편차를 이용하는 것이었다(앞의 그림 1에서 대각선 화살표). 다음으로 특정한 TL 분포가 발생하는 원인에 대한 연구를 위하여 스웨덴어 번역 텍스트의 영어 원문으로 돌아가 살펴보았다(그림 1의 수평 화살표).

이는 출발점이 SL이 아니라 TL이므로 본 연구 방법은 TL 중심적이라는 의미이다. SL 중심적 연구는 원문 텍스트와 원문의 번역 텍스트에 대한 이전의 교차 언어적 연구에서 자주 사용되었던 방법이다. 그러나 최근의 많은 번역 연구에서는 번역 텍스트를 도착 문화의 인공물로 보는 견해가 강하다(투리(Toury), 1995 참조). 이러한 두 가지 방법론의 차이는 그림 2에 표시하였다.

1번 방법론은 TL에서 번역 대안의 전형으로서 전달되는 명확한 SL 패턴 양상을 보인다. 2번 방법론은 다른 양상을 보인다. TL에서 분석을 시작할 때 출발점은 번역 텍스트의 번역 전달과 같은 명확한 TL 구조이며, 이로 인해 발생하는 SL 패턴의 전형이다. 따라서 SL에서 분석을 시작하면 특정한 출발 텍스트 문제 유형에 대하여 여러 가능한 번역 해결책을 제시하는 그림을 제공하며, TL에서 시작하는 경우 다양한 출발 텍스트 문제의 유형에 대하여 특정한 유형의 번역 해결책을 제시하는 그림을 제공한다. 다시 말해 TL중심 방법론은 번역 텍스트에 특정한 특징을 제공하는 원문 텍스트의 요소를 기술할 때 적절하다.

1.
SL 출발어 *a*

2.
TL 출발어 *a1*

TL 전달 *a1, a2, a3*

SL 출발어 *a, b, c…*

본 연구 절차에 적용한 주요 단계는 다음과 같다.

1. 번역 TL 텍스트에서 전반적으로 특징적인 TL 패턴의 존재 여부를 확인하기 위하여 원문과 번역 TL 텍스트에 대한 일반적인 양적 비교를 실시하였다. 단어 *av*는 가장 유의한 총 빈도 편차를 나타내는 문법어이며, 추가 분석을 위하여 선택하였다.

2. 2개 TL 하위 코퍼스의 각 텍스트 파일에서 *av*의 발생 수치를 기록하였으며, 이후 각각의 개별 코퍼스 텍스트 파일에 대한 빈도를 기준으로 하위 코퍼스에서 해당 단어 발생의 중간 값에 대한 변화 정도를 기술하는 표준 편차 값의 형태로 각 하위 코퍼스에 대한 발생의 일반성을 기술하였다.
3. 개별 문법어로서 *av*에 대하여 유의한 양적 분포라는 동일한 척도를 사용하여 가장 유의하게 과잉 대표된 *av* 포함하는 TL연어 패턴의 개수를 세고, 원문 TL 하위 코퍼스에서 해당 패턴을 정량적으로 비교하였다.

이러한 정량적 TL 확인을 먼저 실시한 이후, 선정한 TL 연어 패턴과 구조에 대하여 SL-TL 대응 양상을 알아보기 위한 교차 언어적 정성 분석을 실시했는데, TL 연어 패턴의 실제 출처를 알아보기 위하여 1에서 3단계에서 드러난 특징적 분포 패턴을 추가적인 교차 언어 분석의 근거로 사용하였다(본고에서 수행하지는 않았으나 향후 가능한 연구 유형으로는 번역 텍스트의 TL 연어 패턴을 해당 원문 TL 텍스트의 해당 패턴과 비교하는 것이다. 닐손, 2002 참조).

3. 결과

스웨덴어 문법어인 *av*는 원문 스웨덴어 픽션 하위 코퍼스보다 번역 스웨덴어 비교 하위 코퍼스에서 과잉 대표된다. 표 1은 각 하위 코퍼스에서 절대 빈도 및 단어의 총 개수 비율로 이러한 분포 상 차이를 나타낸다.

표 1을 보면 번역 텍스트의 빈도가 원문 텍스트에 비하여 거의 2배에 달해 2개 하위 코퍼스에서 *av* 비율의 분포가 매우 불균등하게 나타난다. 반면 전체적으로는 번역 하위 코퍼스 비율과 원문 하위 코퍼스 비율의 차이는 약 12퍼센트에 불과하다. 여기에서 이러한 분포의 일반성, 즉 이러한 과잉 대표와 개별 텍스트의 과잉 대표의 상관 관계 정도에 대한 질문을 갖게 된다.

표 1. 스웨덴어 원문 및 번역 픽션 텍스트에서 *av*의 분포

	스웨덴어 원문 픽션	비율(%)	스웨덴어 번역 픽션	비율(%)
av ['of', 'by']	2,462	0.8	4,033	1.17

기본적인 통계 계산을 (각 코퍼스 텍스트 파일에서 *av*의 발생 건수를 개별 파일의 총 단어 수의 비율로 나타낸 것에 근거하여) 시행한 결과 다음과 같은 사실이 밝혀졌다. 2개 하위 코퍼스에서 각 파일의 최소 및 최대 비율을 살펴보면 스웨덴어 원문 텍스트에서는 각각 0.39 퍼센트 및 1.45퍼센트, 스웨덴어 번역 텍스트에서는 각각 0.75 퍼센트와 2.21 퍼센트로 나타났다. 표준 편차를 살펴보면 번역 텍스트에서 *av*의 표준 편차는 0.33으로 원문 텍스트의 0.24보다 약간 더 높게 나타났다. 이러한 분포는 도표 형태로 나타낼 수 있다. 도표 1은 스웨덴어 원문 및 번역 하위 코퍼스에서 개별 파일의 *av* 비율 수준을 나타내는데 모두 빈도가 상승하는 양상을 보인다.

도표 1. ESPC의 픽션 파트 중 스웨덴어 원문 및 번역 텍스트의 개별 코퍼스 텍스트에서 *av*의 분포

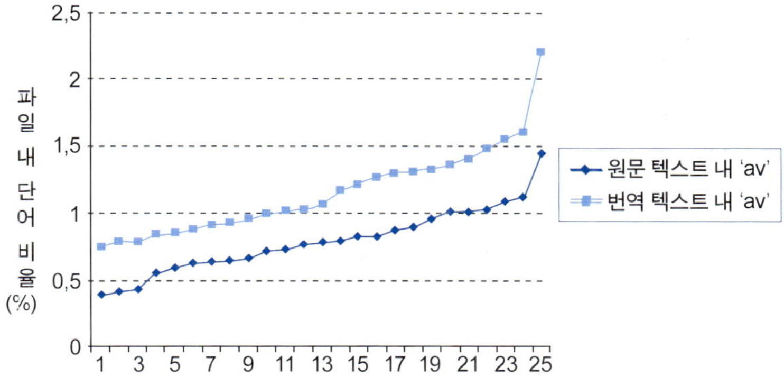

위의 도표를 보면 비록 *av*의 발생 건수는 번역 파일에서 일반적으로 높게 나타나지만 2개의 하위 코퍼스 내에서 일반적 분포는 실제 서로 매우 유사하게 나타난다. 번역 텍스트에서 *av*의 빈도가 높은 것은 해당 하위 코퍼스에서 일반적으로 비율이 높다는 사실을 반영하지만 원문 테스트와 번역 텍스트에서 거의 동일한 분포를 보인다는 사실은 도표에 표시된 2개의 그래프 간 유사성을 통하여 알 수 있다. 이를 근거로 *av*의 분포는 원문 텍스트와 마찬가지로 번역 텍스트에서도 일반적인 현상이라 할 수 있겠다.

번역 텍스트에서 *av*의 빈도가 더 높게 나타난다는 일반성을 확인한 이후, 다음 단계에서는 원문 및 번역 텍스트에서 해당 단어를 포함하는 연어와 구조를 기술하고, 서로 다른 특수형(subtype)을 정의한다. 이러한 유형을 정의하면 이어서 유연결 유형의 정의를 내릴 수 있다. 다음에 기술할 연어와 구조의 경우 개별 단어로서의 *av*보다 빈도가 훨씬 낮게 나타나므로 개별 파일의 분포는 본 연구의 흐름에 부합하지 않아 계산하지 않았다.[2)]

.표 2. ESPC 스웨덴어 원문 및 번역 픽션 텍스트 상 처소격 명사 + *av*의 유연결 패턴 분포

패턴		스웨덴어 원문 픽션	스웨덴어 번역 픽션
änden av	'the end of(~의 끝)'	4	19
baksidan av	'the back of(~의 뒤)'	6	9
insidan av	'the inside of(~의 안)'	2	9
sidan av	'the side of(~의 옆)'	14	27
mitten av	'the middle of(~의 가운데)'	2	14
utkanten av	'the edge of(~의 모서리)'	3	11
foten av	'the foot of(~의 하단);	1	7
hörnet av	'the corner of(~의 모퉁이)'	0	4
början av	'the beginning of(~의 시작)'	8	18
slutet av	'the end of(~의 끝)'	6	29
närheten av	'the vicinity of(~의 인근)'	9	16
합계		53	163

번역 텍스트에서 고 빈도 연어 유형 그룹의 예로는 명목 머리어의 구체적인 유형으로, 처소격 명사 뒤의 *av*는 관련 구조어가 된다. 표 2는 2개 하위 코퍼스 상 이러한 구조의 분포를 나타낸다.

위의 명사 + *av* 패턴이 본고에 포함된 여러 연어 유형 중 하나가 될 수 있는 불연속 3단어 쌍을 포함하기 위하여 분석 범위를 좌측으로 더욱 확대할 수 있다. 표 3은 *전치사 + X + av* 유형의 구조 범위 분포를 나타낸다.

표 2의 조합 빈도는 원문 텍스트에 비하여 번역 텍스트에서 약 3배 높게 나타난다. 표 3의 수치 역시 번역 텍스트에서 이러한 유형의 구조가 상당한 정도로 과잉 대표되는 양상을 보인다. 이러한 분포 차이에 관한 설명 제시에 필요한 1차적 질문은 번역 전달이 구조적으로 유사한 SL 패턴으로 어느 정도 거슬러 올라가는지, 그리고 전달로 변환된다는 가정 하에 여러 상이한 SL 구조 유형이 어느 정도 영향을 미쳤는

지를 알아보는 것이다(위의 표 2 참조).

표 3. ESPC 스웨덴어 원문 및 번역 픽션 텍스트 상 전치사 + X + *av* 유형의 연어 구조 분포

패턴		스웨덴어 원문 픽션	스웨덴어 번역 픽션
i +x + av	'in' … (~안에)	106	165
vid +x + av	'by'/ 'at' …(~으로/~에서)	16	37
på + x + av	'on' / 'at' …(~위에/~에서)	75	122
med + x + av	'with' …(~와)	44	82
mot + x + av	'towards' …(~방향으로)	9	14
från + x + av	'from' …(~에서)	13	21
till + x + av	'to' …(~으로)	21	36
under + x + a	'under' …(~아래)	5	22
efter +x + av	'after' …(~이후)	3	9
합계		292	508

연어 범주 *änden av*의 경우 원문과 번역문 간 매우 높은 구조적 대응도가 나타나는데, 이러한 구(句) 패턴 유형은 총 19건 중 15건으로 나타나므로 구조적 대응도가 나타난다고 볼 수 있고, 이러한 현상이 스웨덴어에서 일반적이면서 수용 가능하다고 예상할 수 있다(표 2 참조). 예컨대 end(끝)과 edge(모서리)는 물론 side(옆)과 bottom(바닥)에서 볼 수 있듯이 출발어 명사의 범위는 번역 텍스트의 명사와 통사적으로 가깝게 나타난다. (우측 맥락에서 어휘어는 room(방), garden(정원) 등 여러 종류의 공간을 나타내지만, 동시에 대상은 물론 line(선), jouney(여행) 등과 같이 유형성(有形性)이 낮거나 추상성이 높은 개념도 표현한다.) 다음의 출발 텍스트 예문을 살펴보자.

at the **end <u>of the</u> room** (방의 끝에서)
to the **end <u>of the</u> garden** (정원 끝으로)

at the **far end of the tunnel** (터널의 맨 끝에서)

at the **other end of the table** (테이블의 다른 쪽 끝에서)

at the **other end of the train journey** (기차 여행의 또 다른 끝에서)

on the **other end of the line** (선의 끝에서)

to the **other edge of the fence** (담의 다른 편 모서리로)

on the **far side of the room** (방의 제일 옆쪽에서)

from **the far side of the lot** (주차장의 제일 옆 편에서)

on the **other side of town** (마을의 다른 편에서)

at the **bottom of the gardens** (정원의 깊숙한 곳에서)

따라서 *änden av* 결합의 경우 TL 과잉 대표를 초래하는 SL 패턴의 전형이 아닌, 원문 구조를 유지하면서 번역되는 SL 패턴의 순수 빈도를 나타낸다. 개별 단어 층위에서는 번역 시 명사 *änden*으로 바뀌는 *end*(끝), *edge*(모서리), *side*(옆), *bottom*(끝) 등 명사의 전형이 존재한다. 그러나 구조적 또는 연어적 관점에서는 좀 더 직선적인 형태, 즉 명사 + *of* 패턴으로 전환되며, 이로 인해 번역 텍스트에서 연어의 과잉 대표가 발생하게 된다.

TL의 *vid* + *x* + *av* 구조 범주의 경우 출발어와의 대응 구조 단일성은 연어 패턴인 *änden* + *av*의 경우보다는 덜한 것으로 나타났다. 표 3에서 제시된 37건 중 10건을 비(非)대응 구조로 전달된 사례로 분류할 수 있다.

그러나 나머지 사례는 구조적 변환 사례로 볼 수 있다. 다음의 출발어 예문을 살펴보자.

at the bottom **of** the off-ramp (출구 차선 끝에서)

at the celebration **of** a marriage (결혼 기념식장에서)

at the edge **of** a river (강가에서)

to the edge **of** the cane field (수수밭 가장자리로)

on the very edge **of** the sea (바로 연안에서)

at the end **of** the year (연말에)

at the end **of** the road (길의 끝에서)

at the foot **of** a tree (나무 아래에서)

at the foot **of** the Tor (바위 산 아래에서)

at the foot **of** my bed (나의 침대 발치에서)

At the foot **of** the staircase (계단 아래에서)

at the group **of** farmers (일군의 농부와)

upon sale **of** the fourth stone (남옥의 판매 시)

at the side **of** the table (테이블 가에서)

at the very sight **of** a hypodermic needle (피하 주사기를 보자마자)

at the thought **of** battery hens (양계장 닭 생각에)

위의 예문에서 보듯 앞서 2 단어 연어 분석에서 나타났던 일부 명사(*edge*(모서리), end(끝), *side*(옆))가 위의 구조에서도 나타난다. 출발어 패턴에서 *at*은 앞쪽에서 가장 빈번하게 나타나는 문법어이나 다른 문법어(*to, on, upon*)도 앞쪽에 위치한다. 이러한 문법어는 스웨덴어에서 모두 *vid*로 번역되므로, 해당 구조를 다시 만들더라도 도착어 패턴의 과잉 대표를 이끌어내는, 일종의 전치 문법어의 전환이 발생한다.

또한 번역 텍스트 구조의 과잉 대표를 이끌어내는 다양한 비(非)대응 출발어 구조도 존재하는데, 다음 예문을 살펴보자.

rose and stood next to her father – *vid sidan av* ('by the side of(옆에)')

Alongside my real life – *vid sidan av* ('by the side of(따라)')

Apart from Marie-Louise – *vid sidan av* ('by the side of(차치하고)')

while crossing some Polish river – *vid övergången av* ('at the crossing *of*(건널 때)')

felt actual physical nausea at such sights – *vid åsynen av* ('at the sight of(~을 보고)')

Hunt wheezed with cruel mirth at her black elastic belt–*vid åsynen av*('at the sight of(~을 보고)')

이러한 출발어 패턴은 앞의 3개 예문과 같이 서로 다른 종류의 부사격일 수 있다. 또한 두 번째 구(句)그룹의 예시처럼 개입형 동사 파생 명사로 TL 구조로서 번역되는 다양한 구조가 존재한다.

위의 구조에 실시한 교차 언어적 분석을 요약하면 TL 패턴의 과잉대표는 무엇보다 출발어 구조가 번역에서 유사한 형태로 옮겨진 결과라 할 수 있다(SL: 전치사 + NP + *of*, TL: 전치사 + NP + *av*). 또한 다양한 여러 구조가 어느 정도 TL 구조로 전달된 결과이기도 하다.

4. 요약 및 결론

본 연구의 주요 결과는 다음과 같이 요약할 수 있다.

- 전반적으로 단어 *av*는 번역 하위 코퍼스에서 유의하게 과잉 대표된다.
- *Av*의 분포는 번역 텍스트와 원문 텍스트에서 공히 일반적인 현상이다.
- *Av*를 포함하는 연어 패턴 및 연어 구조는 과잉 대표된다.
- 대조 연구를 실시한 결과, 앞서 설명한 2개 TL 패턴이 과잉 대표된 원인은 유사 SL 패턴의 빈도 영향, 그리고 유사 SL 패턴의 출발 텍스트 빈도가 가장 큰 역할을 하는 여타 다양한 SL 패턴이 모두 작용했기 때문이다.

비록 검증이 필요하지만 연어 패턴과 구조가 결합한 어휘 항목이 일반적으로 발생한다는 현상에 비추어 연어 패턴과 구조 자체가 상당히 일반적으로 분포된다는 결론을 합리적으로 유추할 수 있다. 번역에서 개별 연어 패턴과 구조의 처리에 관한 기술을 하려면 추가적인 정량 연구가 필요한데, 일부 SL 패턴은 상당히 정형화되고 바로 사용 가능한 TL 연어 형태의 번역 등가가 있고, 전형적으로 사용할 수 있는 대안이 있는 SL 패턴도 존재하기 때문이다.

본고는 앞서 제시한 경험적 연구 결과 외에, 방법론적 이슈는 물론 비교 가능성에 대한 질문도 제기하였다. 비교 가능성 관점에서 볼 때 코퍼스가 유관 코퍼스로 제시된 경우 어떤 측면에서 비교 가능한지, 그리고 유관 코퍼스로 사용 가능한지가 문제이다. 예컨대 본고에서 사용한 픽션 텍스트의 경우 어휘적 연어(*vid sidan av*; 'by the side of(측면으로)'등)로 문화적으로 제약된 장르의 차이에 대하여 체계적 언어 대조보다 더 많은 것을 알 수 있다(이 경우 전 세계적으로 특정 픽션 장르에서 목적어의 위치를 기술하는 방법이 사용될 수 있을 것이다).[3] 반면 연어 구조는 장르와 관련된 어휘적 패턴을 다수 포함하더라도 번역에서 기본적이고 빈도가 높은 어휘 문법적 출발어 패턴을 다루는 방법을 더욱 잘 드러내므로 언어학 중심의 번역 연구 관점에서 흥미를 조금이나마 더할 수 있다.

방법론과 관련, 연구에서 특정한 언어 대상을 정의하기 위하여 예시한 정량 자료 사용 방법은 번역 텍스트에서 특정한 연어 패턴이 비록 하나의 번역 텍스트에서만 두드러지는 특징은 아닐지라도 전반적인 양적 차원에서 반영될 만큼 번역텍스트의 전형적이며 일반적이라는 특징이라는 가정 하에 이론(가설)과 방법론의 연관성을 의미한다. 이는 다시 번역의 수용 측면으로 이어진다. 이러한 패턴은 번역 TL 텍스트와 원문 TL 텍스트에서 공히 발생하나 번역 텍스트에서의 발생 빈도가 높으므로, 적어도 본고에서 다룬 코퍼스의 시기 및 장르 범위 내에서는 영어가 출발어인 스웨덴어 번역 픽션 텍스트의 전형적인 특징으로 가정할 수 있다. 이를 바탕으로 앞서 기술한 제반 패턴은 여타 번역 특정적 패턴, 연어 패턴 등과 더불어 어떤 텍스트를 번역문으로 인지하는데 함께 영향을 준다고 할 수 있을 것이다.

미주

1. 본 연구는 스웨덴 중앙은행 300주년 기념재단(The Bank of Sweden Tercentenary Foundation)의 지원 프로젝트의 일환으로 수행되었다.

2. 그러나 제반 항목의 개별 분포를 산출하면 특정 번역 코퍼스 텍스트의 특성 관련 정보를 얻을 수 있다(닐손, 2002 참조).

3. 텍스트의 "우회성(aboutness)"은 특정 보고 동사(reporting verb), 그리고 보고 동사를 포함하는 정형화된 문구의 용례 등을 통하여 어떤 문화에 적용되는 문학 텍스트의 언어적 관습과 대조해 볼 수 있을 것이다(옐러스탐, 1996 참조).

참고문헌

Altenberg, Bengt, Aijmer, Karin, & Svensson, Mikael (2001). *The English-Swedish Parallel Corpus (ESPC). Manual of enlarged version.* Online: http://www.englund.lu.selresearch/corpus/corpus/espc.html.

Baker, Mona (1993). Corpus Linguistics and Translation Studies: Implications and Applications. In M. Baker, G. Francis, & E. Tognini-Bonelli (Eds.), *Text and Technology: In Honour of John Sinclair* (pp.233-250). Amsterdam/Philadelphia: John Benjamins.

Gellerstam, Martin (1989). Anglosaxiskt inflytande på svenskan. In *Orden speglar samhället,* 105-117. Stockholm: Allmänna förlaget.

Gellerstam, Martin (1996). Anföringens estetik. In O. Josephson (Ed.), *Stilstudier. Språkvetare skriver litterär stilistik* (pp.12-29). Uppsala: Hallgren & Fallgren.

Kjellmer, Göran (1987). Aspects of English collocations. In W. Meijs (Ed.), *Corpus Linguistics and Beyond. Proceedings of the Seventh International Conference on English Language Research on Computerized Corpora* (pp.133-140). Amsterdam: Rodopi.

Laviosa, Sara (1997). How Comparable Can 'Comparable Corpora' Be? *Target, 9*(2), 289-319.

Laviosa, Sara (1998). Core Patterns of Lexical Use in a Comparable Corpus of English Narrative Prose. Meta, 43(4). Online: *http://www.erudit.org/revue/meta/1998/v43/n4/*003425ar.pdf.

Malmkjaer, Kirsten, & Anderson, James Maxwell (1991). *The Linguistics Encyclopedia.* London: Routledge.

Nilsson, Per-Ola (2002). Investigating characteristic lexical distributions and grammatical patterning in Swedish texts translated from English. In A. Wilson, T. McEnery, & P.Rayson (Eds.), *A Rainbow of Corpora: Corpus Linguistics and the Languages of the World* (pp.99-107).

Munich: Lincom-Europa.

Renouf, Antoinette, & Sinclair, John (1991). Collocational frameworks in English. In K. Aijmer & B. Altenberg (Eds.), *English corpus linguistics: studies in honour of Jan Svartvik:* (pp.128-143). London: Longman.

Sinclair, John (1991). *Corpus, Concordance, Collocation.* Oxford: Oxford University Press.

Tognini-Bonelli, Elena (2002). Functionally Complete Units of Meaning across English and Italian: Towards a Corpus-driven Approach. In S. Granger & B. Altenberg (Eds.), *Lexis in Contrast* (pp.73-95). Amsterdam/Philadelphia: John Benjamins.

Toury, Gideon (1995). *Descriptive translation studies - and beyond.* Amsterdam/Philadelphia: John Benjamins.

외연화

번역 텍스트의 보편소인가?

빌마 파포이(Vilma Pápai)
시체니이슈트반대학교(Széchenyi István University), 헝가리

본고는 일반적으로 번역의 보편적 특징이라고 하는 외연화에 대한 코퍼스 기반 연구이다. 본 연구는 영어-헝가리어 병렬 코퍼스와 헝가리어 번역 텍스트 및 비(非)번역 텍스트의 대조 코퍼스를 사용한 2단계 분석 결과를 제시한다. 본고의 목적은 외연화 관점에서 번역 과정의 규칙성과 텍스트 명시성 관점에서 번역 결과물의 규칙성을 규명하는 것이다. 본고는 외연화, 그리고 번역 보편소의 또 다른 후보인 단순화 사이에 밀접한 연관성이 있다고 본다.

1. 서론

모든 텍스트는 생산 당시의 특정 목적, 작성 당시의 특정 맥락, 그리고 텍스트가 제시되는 특정 독자층에 따라 형성되므로 번역 텍스트는 비(非)번역 텍스트와 반드시 달라야 할 필요가 있다. 가장 큰 차이는 텍스트의 생산 목적이다. 저자의 궁극적 목표는 생생하고 새로운 텍

스트를 만드는 것이다. “저자는 항상 해당 언어에서 이전에는 결코 존재하지 않았던 문장을 창출하고자 한다”(에스테르하지(Esterházy), 1996, p.182). 그러나 번역사는 누군가 창출한 텍스트를 전달한다. 다시 말해 텍스트 저자는 이야기든, 관계든, 또는 아이디어든 자신의 일을 정하고 전달하기 위하여 명확한 표현과 독특한 단어 구성을 추구한다. 반면 번역사는 타인의 일을 고정하고 전달하는 명확한 표현을 추구하는데, 먼저 자신과 독자의 관용구 이해 상 차이를 먼저 인지한다(그리고 정성스럽게 표현한다!). 베이커(Baker)는 “번역 텍스트는 대개 온전히 다른 언어로 작성, 표현된 텍스트의 제약을 받는다”(베이커, 1996, p.177)고 하였다.

번역 텍스트의 본질, 즉 특정한 언어적 또는 담화적 특징에 관한 연구는 최근 10년 간, 특히 코퍼스 방법론을 사용한 결과 새로운 탄력을 얻게 되었다.

2. 이론적 배경

2.1 외연화

외연화는 번역 텍스트의 보편적 특징 중 하나이다. 다음과 같은 블룸-쿨카(Blum-Kulka)의 가설 검증을 위하여 여러 연구가 진행되었다.

> (…) SL텍스트와 TL텍스트에 관여하는 언어 체계와 텍스트 체계 간 차이를 추적할 수 있는 강화와 무관하게 SL 텍스트에서 TL 텍스트로 전환될 때 관찰된 결속적 명시성으로 가정한다. (블룸-쿨카, 1986, p.19)

번역학계에는 위의 가설 확인을 위한 두 가지 주요 접근법이 존재했다. 첫째, 최근까지 번역에 관여하는 출발 텍스트와 도착 텍스트의 비교에 근거한 연구가 주류를 이루었다. 이에 따라 제반 연구는 투리(Toury)가 "일련의 (임의) 언어 쌍"(투리, 1995, p.77)이라 명명했던 대조 분석에 근거하여 진행되었는데, 이러한 언어 조합의 예로는 네덜란드어-영어(판데어아우브라(Vanderauwera), 1985), 영어-프랑스어 및 프랑스어-영어(블룸-쿨카, 1986; 세귀노(Séguinot), 1988), 히브리어-영어(바이스브로트(Weissbrod), 1992), 영어, 프랑스어, 러시아어, 독일어-헝가리어 및 역(逆)방향(클라우디(Klaudy), 1993a, 1993b, 1996), 영어-히브리어(슐레징어(Shlesinger), 1995), 그리고 노르웨이어-영어 및 영어-노르웨이어(외베로스(Øverås), 1996) 등을 들 수 있다.

이에 따라 텍스트 특성의 상당수가 이론적 또는 경험적 연구에 근거하여 규명되었다. 표 1은 비(非)번역 텍스트와 대비하여 번역 텍스트에서 나타나는 특수한 자질로 판단되는 주요 특징을 더욱 높은 층위의 명시성 형태로 요약한 것으로, 텍스트 길이의 증가, 불필요한 표현의 높은 출현 빈도, 결속성과 논리적 연결 고리의 강화, 가독성 향상, 유표적 구두점 사용, 그리고 화제와 주제 관계의 강화 등이 나타난다. 또한 표 1은 "전문 전략 대(對) 언어 중재의 부산물"의 이분법적 관점에서 외연화의 본질을 전략으로 보는 여러 견해를 제시한다.

단일언어 유관 코퍼스가 등장하면서 번역 텍스트를 전적으로 새로운 접근법으로 연구할 수 있게 되었다. 이러한 두 번째 접근법을 "단일언어적 전환"이라고 한다. 베이커(1995, p.234)는 유관 코퍼스의 장점을 다음과 같이 소개한다.

> 유관 코퍼스가 번역학에 제공하는 가장 큰 장점은 번역에 개입되는 출발어 또는 도착어와 무관하게 번역 텍스트 특정적인 패턴을 규명할 수 있다는 것이다.

번역 텍스트 연구에 여러 학자가 이러한 대안적 접근법을 수용하면서(라비오사-브레이스웨이트(Laviosa-Braithwaite), 1996; 케니(Kenny), 1999;

올로한과 베이커(Olohan & Baker), 2000) 텍스트와 텍스트를 비교하는 접근법은 중요성을 잃은 듯 하다(라비오사(Laviosa), 1998 참조).

올로한과 베이커는 언어 체계에서 규칙적으로 선택적 요소를 사용하는 연구 방법을 도입하였다. 이들은 번역 영어 코퍼스(TEC: Translational English Corpus)와 영국 국립 코퍼스(BNC: British National Corpus)를 연구하면서 번역 영어 텍스트에서 *that*의 용법에 주목하였다.

2.2 정의 및 가설

외연화를 논하려면 번역 과정과 번역 결과물의 관점에서 개념을 해석해야 할 필요가 있다. 본고의 목적에 의거, *외연화*는 다음과 같은 조작적 정의를 사용하였다.

외연화는 *과정 관점에서* 구조나 내용과 관련하여 출발 텍스트(ST)의 전환을 포함하는 번역 기법이다. 외연화는 모호성을 해결하고, ST의 결속성을 향상 및 강화하며, 언어적·언어외적 정보를 추가한다. 기저 동기는 도착어 독자의 기대를 충족시키려는 번역사의 의식적 또는 무의식적 노력이다. 결과물 관점에서 외연화는 비(非)번역 텍스트와 비교하여 명시성의 수준을 높이는데 기여하는 텍스트 특질이다. 비(非)번역 텍스트보다 높은 빈도로 사용되는 언어적 특질, 또는 언어적·언어외적 정보를 추가하는 형태로 나타날 수 있다.

이를 염두에 두고 본 연구자는 다음과 같은 가설을 제시한다. (1) 두 언어의 구조적 차이에도 불구하고 영어에서 헝가리어로의 번역 과정은 외연화 전략을 포함하고, (2) 번역 헝가리어 텍스트는 비(非)번역 헝가리어 텍스트보다 높은 수준의 명시성을 나타내며, (3) 과학 텍스트의 명시성 정도가 문학 텍스트보다 높게 나타난다.

표 1. 문헌에 나타난 외연화의 본질 및 형태 요약

	본질				형태					
	전문 전략	언어 중재의 부산물	길이	불필요한 표현	결속관계	논리 관계	가독성	구두점	주제-화제	선택적 that
블룸-쿨카, 1986		+	+	+	+					
세귀노, 1988	+*	+	+**		+		+	+	+	
클라우디, 1993		+	+		+		+			
베이커, 1993, 1995, 1996		+	+		+	+				
슐레징어, 1995		+			+	+				
투리, 1995							+			
외베로스, 1998			+		+					
이시카와(Ishikawa), 1998	+				+					
올로한과 베이커, 2000		+			+					+

* 편집자의 의식적 전략

** 일부 언어는 동일한 메시지를 다른 언어에 비하여 더 많은 단어를 사용하여 표현(영어 대비 프랑스어의 경우)

3. 방법론

3.1 코퍼스 선정, 구조 및 규모

본 연구를 위하여 수집한 코퍼스(이후 아라보나(ARRABONA) 코퍼스)는 1969년에서 1999년까지 작성된 문학(L: literary), 비(非)문학(N-L; non-literary) 텍스트(기술 텍스트)로부터 수집한 3개 하위 코퍼스로 구성된다.

1) 영어 원문 텍스트의 하위 코퍼스(OEC)는 영국, 미국, 캐나다 저자가 작성한 8개 텍스트로 구성된다.
2) 위의 텍스트를 헝가리어로 번역한 하위 코퍼스(THC)는 전문 번역가가 작성하고 기존의 출판사에서 출간한 텍스트를 포함한다.
3) 헝가리어 원문 텍스트의 하위 코퍼스(OHC)는 동 시기 작성된 8개 유관 코퍼스로 구성된다(텍스트 목록은 부록 1을 참조)

그림 1은 앞서 제시한 하위 코퍼스가 병렬 코퍼스(EHC)와 단일언어 유관 코퍼스(HHC) 구성을 위하여 고안되었음을 보여준다.

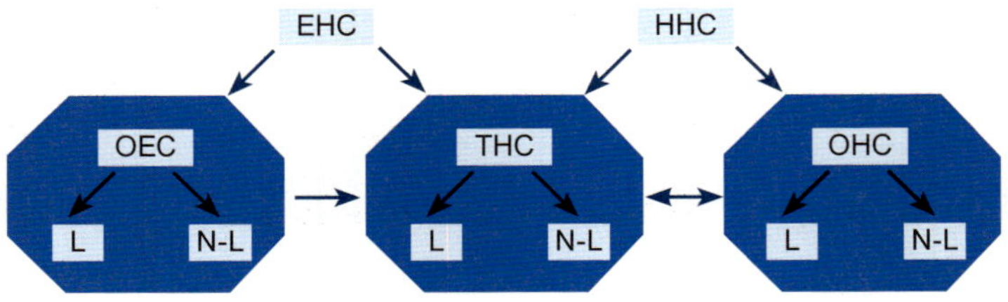

그림 1. ARRABONA 코퍼스의 구조. 병렬 코퍼스(EHC)와 유관 코퍼스(HHC)

본 연구에 사용한 텍스트는 1970년대 후반에서 1980년대 초반을 기점으로 30년 범위에서 선정하였다. 전통적인 헝가리 출판 기준이 작용하던 시기를 반영하고자 텍스트 선정의 기점을 정하였다. 헝가리어 비(非)번역 텍스트의 영어 번역 텍스트 역시 헝가리어 원문 작품 선정의 또 다른 기준이었는데, 이를 통하여 향후 분석을 확대할 수 있다.

연구 대상 텍스트 선정 과정에서 전체적인 연구 의도와 주요 이론적 고려 사항은 다양성을 가능한 최대로 확보하는 것이었다(싱클레어(Sinclair), 1991, pp.13-36). 다양성 확보를 위하여 지리적 측면(영국, 미국, 캐나다 저자), 성별(남성 및 여성 저자/번역사), 그리고 해당 지역사회 내에서의 지위를 고려하였다. 특히 기술 텍스트는 번역 위주의 코퍼스가 부족한 연유로 선정 과정에서 제약이 있었다. 기술 텍스트는 문학 텍스트에 비하여 결속적 연결 고리가 더 많을 것이라는 판단 하에 코퍼스에 포함시켰다. 결속 장치는 연구가 가장 빈번하게 진행된 텍스트의 특징이고(표 1 참조), 외연화의 본질에 대한 통찰력을 제공할 것이다.

3개 하위 코퍼스는 저자 및 번역사의 문체, 그리고 장르의 전형성 관점에서 텍스트 별로 전체 텍스트의 대표성을 갖는 최초 100개 문장으로 구성된다.

이에 본 코퍼스는 총 2,400개 문장과 45,000여 개의 실행 단어를 포함한다. EHC의 하위 코퍼스 배열, 그리고 HHC 상 분석 수행을 위하여 워드스미스 툴즈(스코트(Scott), 1998)를 사용하였다.

3.2 방법론

본 코퍼스는 두 가지 상이한 분석 방법을 위하여 설계되었다. 본 연구자는 병렬 코퍼스(EHC) 연구를 통하여 외연화 전략, 즉 번역사가 영어 텍스트를 헝가리어로 전달할 때 사용한 전환의 유형을 규명하고자 하였다. 규명 과정에서 사용한 선정 기준은 블룸-쿨카의 기준보다 폭이 넓다. 목록에는 결속 상 전환뿐 아니라 언어적·언어외적 정보가 추가되는 사례, 그리고 모호한 ST 항목이 모호성이 해소된 TT 항목으로 전달되는 경우도 포함되기 때문이다. 처리 원칙은 ST에 수정이 가해지는 사례, 즉 이해가 더 용이하고, 구조가 더 탄탄하며, 구성이 잘 되고, 모호성이 해소된 텍스트로 옮겨지는 단계를 모색하는 것이다.

이러한 수기 분석을 통하여 영어에서 헝가리어로 번역되는 *번역 과정*에 대한 정보를 더 얻을 수 있을 것이다. 영어와 헝가리어를 비교해보면 두 언어, 그리고 특정 번역 방향에 국한된 결론에 도달할 것이다. 이러한 주장을 확장하려면 단일언어 유관 코퍼스를 도구로 활용해야 번역의 본질, 그리고 *번역 결과물*의 본질에 대한 통찰력을 얻을 수 있을 것이다.

앞서 언급한 두 번째 분석 방법은 이러한 목적에 부합한다. 외연화 전략을 찾아 텍스트 대 텍스트 기준으로 분석하는 첫 번째 방법과는 달리, 두 번째 분석 방법은 명시성을 텍스트의 '대부분'에서 나타나는 텍스트 특징으로 보기 때문에 분석 절차가 완전히 다르다. 또한 번역 텍스트와 비(非)번역 헝가리어 텍스트(HHC)의 유관 코퍼스에 대한 연구는 주로 빈도 데이터를 활용한 코퍼스 방법론으로 수행하였다. 여기에서 연구의 초점은 헝가리어 번역 텍스트가 비(非)번역 헝가리어 텍스트보다 높은 수준의 명시성을 보이는지 알아보는데 있다.

그러나 실질적으로 위의 두 접근법은 연관성이 있다. 1단계에서 규명한 전략 중 5개 전략이 2단계에서도 추가 연구를 위하여 사용되었으며, 유관 코퍼스 전체를 대상으로 검증을 실시하였고, 코퍼스 설계를 통하여 대상을 선정하였다. 모든 전략이 발화의 일부로 표시되지는 않았기에 빈도 분석에 적합한 일부 전략만 2단계 분석으로 선정하여 표 2에 제시하였다. 따라서 어휘-문법 층위는 완전히 배제된다. 추가 분석을 위하여 선정한 5개 전략은 (1) 구두점 표시의 추가 및 수정(콜론, 세미콜론, 괄호), (2) 파생어 추가(*közötti* 'among(~사이)' + [형용사형 접미사], *belüli* 'in(~안에)' + [형용사형 접미사], való 'being(~이 있는)'), (3) 접속사 추가 (*hogy* 'that', *aki* 'who', *ami* 'which, that', *amely* 'which, that', *pedig* 'but', *azonban* 'however, although, yet'), (4) 접속사 및 후응적 지시관계의 추가 (*az ...,hogy, arr*..., hogy, ann*..., hogy* 'that' + 지시 대명사[3개의 상이한 격어미와 사용]), (5) 담화 보조어의 추가(*csak* 'only, just(단지)', *még* 'still, yet(아직)', *is* 'as well, too(마찬가지로)', *például* 'for example(가령)', *így* 'so(그래서)', *tehát* 'consequently(결과적으로)')이다. 위의 전략은 번역 텍스트와 HHC의 비(非)번역 텍스트를 비교할 때 명시성의 특징으로 다룬다(표 4). 요약하면 방법론은 세부적이고 면밀한 분석으로부터 코퍼스 방법론의 더욱 일반적인 기법을 사용하는 순서로 진행된다.

4. 결과 및 논의

4.1 외연화 전략

영어 ST와 이에 대한 헝가리어 번역 텍스트를 분석하여 외연화 전략의 16개 유형을 규명하고 범주화하였다. 분석 결과를 보면 논리-시각적 층위에서 텍스트 및 언어외적 층위에 이르는 모든 언어 층위에서 전환이 발생한다는 사실을 알 수 있다(표 2).

본 연구 단계에서 규명한 전략은 외연화 전략의 대부분을 다루고자 하였으나 그런다 한들 결코 본 번역 전략의 모든 범위를 대표하지는 않는다. 그러나 2차 분석의 토대로는 충분하며, 다양한 언어 층위에서 발생하는 다양한 전환 양상을 보여준다. 제한적으로 선정한 전략 사례는 아래와 같으며, 각각의 전략 유형 예시는 본고의 연구 범위를 넘어가므로 다루지 않는다.

표 2. 병렬 코퍼스(EHC)에서 확인된 외연화 전략 요약

층위	전환	참고(이유/특징)
1. 논리-시각적 관계	1. 구두점: 구두점 표시의 추가 및 수정 2. 1 S* → 2Ss, 2Ss → 1S 3. 설명 접속사: 예) *azaz (i.e./즉)*	의식적 전략 또는 개인어/언어 사회의 양식
2. 어휘-문법적 관계	4. 어휘 반복 5. 문법적 병렬 구조 6. 생략 표현 채우기 7. 대용어 재구성 8. 영어 대명사 → 헝가리어 명사	병렬 구조
3. 통사적 관계 I	9. 파생어 I: *lévő, való*** 10. 파생어 II: *közötti, belüli*	SL/TL 간 구조적 등가의 부재로 인한 추가
4. 통사적 관계 II	11. 접속사 추가 12. 후응적 지시관계 및 접속사 추가	SL/TL 간 언어 경제성의 차이에서 비롯된 추가(예: 1. 경제의 낮은 등급 표지의 사용), 의식적 전략: ST에서 함의를 외연화
5. 텍스트 및 언어외적 층위	13. 어휘적 설명 14. 담화 구성 항목 15. 상황적 추가 16. 정보를 추가한 문화 특정 항목	의식적 전략, 언어/장르 관습

*S - 문장(sentence)

** - 설명은 4.1.3 참조

4.1.1 논리-시각적 층위의 전환: 구두점 표시

텍스트 구조의 논리-시각적 층위에서 발생하는 구두점 표시의 전환은 a) 구두점 표시의 추가, 그리고 b) 더욱 강력한 구두점 표시로 대체를 포함한다. 구두점 표시가 추가되는 예 (1)의 경우를 보자.

(1) <DAenT, S 83> Paley here appreciates the difference between natural physical objects like stones, and designed and manufactured objects like watches. (여기에서 페일리는 돌과 같은 자연 물질과 시계와 같이 설계, 제조

된 물체의 차이를 인식한다)

<DAhuT, S 83> Paley itt azokat a különbségeket értékeli, amelyek a természetes fizikai objektumok (**mintakő**) és a megtervezett és elkészített dolgok (**mintaz óra**) között fennállnak.

역(逆) 번역: Paley here appreciates the difference that occurs between natural physical objects (**like stones**) and designed and manufactured objects (**like watches**). (여기에서 페일리는 (**돌과 같은**) 자연 물질과 (**시계와 같이**) 설계, 제조된 물체의 차이를 인식한다)

표 3. EHC에서 구두점 표시의 빈도

장르	텍스트	콜론	세미콜론	괄호	합계
		영 – 헝	영 – 헝	영 – 헝	영 – 헝
L	CA	11 14	14 4	1 1	26 19
L	UP	2 7	11 14	1 1	14 22
L	PA	0 4	1 9	3 2	4 15
L	ME	1 9	2 7	0 0	3 16
합계		14 34	28 34	5 4	47 72
N-L	DA	10 25	10 7	4 7	24 39
N-L	EY	3 5	3 3	35 33	41 41
N-L	HA	2 11	0 5	10 10	12 26
N-L	HI	6 9	4 4	13 13	23 26
합계		21 50	17 19	62 63	100 132

번역사는 동격 *like*(~등)로 나타난 추가 의견 외에 괄호 삽입으로 문장을 더욱 간단하게 만든다. EHC에서 구두점 표시의 빈도를 요약한 내용(표 3)을 보면 문장을 간단하게 표현하는 특징이 전반적으로 증가하며, 아울러 보존의 범위, 즉 ST 구두점 표시의 패턴을 변경할 때 번역사의 스타일도 달라지는 현상이 나타난다. 대시는 대화 표지에서 나타나는 본질적 차이를 나타내므로 본고의 분석에서는 제외하였는데, 영어는 대화 표지에 큰 따옴표 사용을 선호하는 반면 헝가리어는 대시를

선호하기 때문이다.

구두점 표시가 더욱 강하게 전환되는 현상은 전환을 "더욱 분명하게 제시함으로써 더욱 쉽고 간단하게 만들고자 하는 잠재적 전략의 일환"(베이커, 1996, p.182)으로 볼 수 있다. 또한 당초 번역사의 궁극적인 목표가 텍스트를 명확하고 결속력을 높이는 것이 이유일 수도 있다. 그러므로 더욱 간단하고 읽기 쉬운 텍스트는 이러한 전략의 결과이다.

4.1.2 어휘-문법 층위의 전환

치환은 결속 관계 중 하나이다. 예 (2)에 제시된 전환은 결속 장치가 대체에서 어휘 반복으로 변화하는 양상을 나타낸다. 비록 치환은 "이전에 지나간 것과 결속하는 근거"(할리데이와 하산(Halliday and Hasan), 1976, p.90)이지만, 아마도 문체 상 이유로 번역사는 대용적 지시(anaphoric reference)에 의존하지 않고, 더욱 강력한 결속 관계로 대체한다.

(2) <HAenT, S 56> As far as Kepler concerned, elliptical orbits were merely an ad hoc hypothesis, and a rather **repugnant one** at that, because ellipses were clearly less perfect than circles. (분명 타원은 원보다 완벽하지 않으므로 케플러로서는 타원 궤도는 임시 가설에 불과하며, 오히려 불쾌한 것으로 보았다)

<HAhuT, S 56> Kepler az ellipszispályákat alkalmi hipotézisnek tekintette, méghozzá fölötte **visszataszító hipotézisnek**, mivel az ellipszis nyilvánvalóan tökéletlenebb a körnél.

역(逆) 번역: Kepler concerned elliptical orbits merely an ad hoc hypothesis, and a most **repugnant hypothesis** at that, because an ellipsis is clearly less perfect than a circle. (타원은 분명 원보다 완벽하지 않기에 케플러는 타원 궤도는 임시 가설에 불과하며 가장 불쾌한 가설로 보

았다)

그러나 예 (3)과 같이 치환의 재구성, 즉 명사 핵어로 대체하는 현상은 영어에서 헝가리어로 번역하는 경우 강제적 전환은 아닌 것으로 보인다.

(3) <HAenT, S 47> Then two astronomers-the German, Johannes Kepler, and the Italian, Galileo Galilei- started publicly to support the Copernican theory, despite the fact that the orbits it predicted did not quite match **the ones observed**. (그러자 2인의 천문학자, 즉 독일의 요하네스 케플러, 그리고 이탈리아의 갈릴레오 갈릴레이는 직접 관찰한 궤도와 코페르니쿠스 이론이 예측한 궤도가 정확히 일치하지는 않았으나 코페르니쿠스 이론을 공개적으로 지지하기 시작했다)

<HAhuT, S 47> Kétcsillagász: a német Johannes Kepler és az olasz Galileo Galilei nyilvánosan támogatni kezdte ezt a világképet, annak ellenére, hogy a Kopernikusz által megjósolt pályák nem minden esetben feleltek meg a **megfigyelteknek**.

역(逆) 번역: Two astronomers: the German, Johannes Kepler, and the Italian, Galileo Galilei started publicly to support this theory, even though the orbits predicted by Copernicus did not in each case match **the observed ones**. (2인의 천문학자, 즉 독일의 요하네스 케플러와 이탈리아의 갈릴레오 갈릴레이는 코페르니쿠스가 예측한 궤도가 관찰한 궤도와 일치하지 않았음에도 이 이론을 공개적으로 지지하기 시작했다)

어휘-문법 층위의 전략 분석은 할리데이와 하산의 결속 장치 유형론 (1976)과 EHC에서 나타난 여러 사례를 분석하기 위하여 설정한 문법적 병렬 구조 유형에 근거하였다.

연구 결과를 살펴보면 전환은 영어 ST에서 결속 장치의 각 유형에서 발생한다는 사실을 알 수 있다. 이러한 전환은 헝가리어 TT 텍스트에서 동일한 층위의 여러 결속 관계로 대체된다. 전환은 생략 구조 채우기, 치환 재구성, 대부분 어휘 반복으로 나타나는 대명사의 어휘화 등을 포함하는데, 이는 불필요한 중복으로 귀결된다(블룸-쿨카). 그렇다면 번역사는 어떤 이유로 결속 관계를 다른 유형으로 자주 바꾸는가?

어휘 반복의 사례를 살펴보면 논쟁적인 장치를 보게 된다. 번역사는 어휘 반복을 회피하는 경향을 보이는데, 사실 이러한 회피 경향은 번역 보편소의 또 다른 후보이기도 하다(베이커 편저(Baker ed.), 1998, p.288). 아울러 번역사는 자료에서와 같이 ST에서 결속성을 정립하거나 강화하기 위하여 어휘 반복을 과도하게 사용하기도 한다. 번역사는 명확하고 분명한 도착 텍스트를 제시하고자 하는데, 번역에서 중요한 또 다른 규범인 반복 회피보다 분명한 텍스트 제시가 우선시될 수도 있다. 그러나 이러한 현상은 "결속은 언어 체계의 일부이며(…) 언어 자체에서 형성된다"(할리데이와 하산, 1976, p.5)라는 사실로 설명이 가능하다.

4.1.3 통사 층위의 전환: 파생어

후치 수식을 선호하는 영어와 전치 수식을 선호하는 헝가리어는 수식어 보어의 구조적 차이로 인하여 번역 헝가리어에서 명사구의 보어 좌분지(left-branching) 구조를 가능하게 만드는 단어를 사용하는 경우가 많다. 분사(공(空)분사 *való* 또는 *lévő* - '*being*(~하고 있는)'을 매우 자주 사용), 준(準)공(空)형용사(*végzett* – '*conducted*(*실행한*)', 또는 후치 형용사 (*közötti* '*among*(*~사이에*) + [형용사화 접미사], *belüli* '*in*(*~안에*) + [형용사화 접미사] 등이 이러한 역할을 수행한다. 예 (4)는 준(準)공(空)형용사를 포함하는 경우이다.

(4) <EYenT, S 8> In a fairly recent survey of academic psychologists in

America, it was found that over three-quarters of them claimed to be cognitive psychologists! (상당히 최근에 미국 내 심리학자의 설문 조사에서 응답자 중 4분의 3 이상이 자신을 인지 심리학자라고 주장하였다!)

<EYhuT, S 8> Egy amerikai egyetemi pszichológusok között **végzett** újabb felmérésben azt találták, hogy több mint háromnegyed részük kognitív pszichológusnak tekintette magát.

역(逆)번역: In an among American psychologists **conducted** fairly recent survey it was found that more than three-quarters of them considered themselves cognitive psychologists. (상당히 최근에 실시한 미국 심리학자 대상 설문 조사에서 응답자의 4분의 3 이상이 자신을 인지 심리학자로 본다는 사실이 밝혀졌다)

장소 부사, 시간 부사, 기타 부사어구 의미와 함께 사용되는 헝가리어 후치사(복수형 *fák között – 'trees among(~사이의 여러 나무)'*는 접미사를 취하여 *között – közötti* (*közötti* – [között] + [i] – [후치사] + [형용사화 접미사]와 같은 후치 형용사를 구성할 수 있다. "후치 형용사는 가장 최근의 헝가리어 발화의 일부이며 종합적 언어 구조를, 후치사는 분석적 언어 구조를 나타낸다"(마토이(Mátai), 2002, p.84).

(5) <HlenT, S 2> The term Regional Economic Association (REA) defines collectively the various forms of economic integration among independent states. (지역 경제 협회(REA)라는 용어는 총체적으로 독립 국가 간 경제 통합의 다양한 형태로 정의한다)

<HlhuT, S 2> A regionális gazdasági társulás (REA) a független államok **közötti** gazdasági integráció különböző formáinak együttes definíciója.

역(逆) 번역: Regional Economic Association (REA) is a collective definition of various forms of 'independent states **among** + [**adjectival**

suffix(형용사화 접미사)] economic integration'. (지역 경제 협회(REA)는 '경제 통합 간 독립 국가'의 다양한 형태의 총체적 정의이다)

4.1.4 통사 층위의 전환: 접속사

(6) <HIenT, S 8> The dynamics of integration arise from increasing openness **and** political **and** economic interdependence among the participating countries. (통합의 역동성은 참여국 간 개방성과 정치적이고 경제적인 상호 의존성의 증가로부터 비롯된다)
<HIhuT, S 8> Az integráció dinamikája a részt vevő országok növekvő nyitottságának, **illetve** egymástól való kölcsönös gazdasági **és** politikai függésének eredménye.
역(逆)번역: The dynamics of integration is a result of increasing openness **as well as** political **and** economic interdependence among the participating countries. (통합의 역동성은 참여국 간 개방성 확대는 물론 정치 및 경제적 상호 의존성 증대의 결과이다)

예 (6)은 등위 접속사의 전환을 포함한다. 접속사 *illetve*('as well as(물론)')는 등위 요소의 분포를 바꾼다. 번역사는 *openness and political and economic interdependence(개방성과 정치적이고 경제적인 상호 의존성)* 대신 문장의 관계를 "해결"하여 *openness 'as well as' political and economic interdependence(개방성은 '물론' 정치 및 경제적 상호 의존성)*를 제시한다. 여기에서 등위 접속사의 전환이 발생한 이유는 두 가지로 볼 수 있을 것이다. 첫째, 접속사 *and(그리고)*는 여러 해석이 가능하다.

통사적으로 결합은 결속성의 강도에 따라 이루어진다… And는 가장 모호한 연결사이므로 '일반용 결합'이라고 볼 수 있는데, 단순히 두 개의 아이디어가 긍정적으로 연관된다는 사실만 알려주므로 독자가 이를 해석해야 한다.

(리치와 쇼트(Leech & Short), 1981; 외베로스, 1998, p.576에서 재인용)

둘째, 짐작하건대 헝가리어의 x+(y+ z) 구조는 영어의 x+y+z 구조보다 이해가 쉬울 것이다.

4.1.5 통사적 층위의 전환: 접속사 + 후응적 지시관계

헝가리어 관계절 및 *hogy*('that') 절의 주요 특징은 주절에서 도입 대명사로 표현되는 후응적 지시관계라는 것이다. 따라서 반드시 문장의 일부는 아니더라도 "이로 인하여 문장의 완결성이 한층 강화된다"(헬(Hell), 1980, p.157). 예 (7)은 관계절, 예 (8)은 *hogy* 절을 포함한다.

(7) <EYenT, S 80> If that is the case, then science may have practically no special features which elevate it above ancient myths or voodoo. (그것이 사실이라면 실제적으로 과학은 고대 신화나 부두교보다 위에 서는 특별한 특징이 없다)

<EYhuT, S 80> Ha ez így van, akkor a tudománynak gyakorlatilag nincs semmi **olyan** jellemzője, **mely** az ősi mítoszok vagy mágiák fölé emelhetné.

역(逆)번역: If that is so, then science has practically no such special features **which** could elevate it above ancient myths or black magic. (그렇다면 과학은 고대 신화나 사술(邪術)보다 위에 서게 할 수 있는 그러한 특별한 특징이 실제적으로 없다)

(8) <DAenT, S 19> The reader's reaction to this may be to ask, "Yes, but are they really biological objects? (이에 대한 독자의 반응은, "네, 그러나 그것들이 진정 생물체인가요?"라 묻는 것이다)

<DAhuT,S19>Az Olvasó reakciója valószínűleg az lesz, **hogy** megkérdezi: "Rendben, de vajon tényleg biológiai objektumok ezek?

역(逆)번역: The reader's reaction to this will probably be that that he/she asks, 'All right, but are these really biological objects? (이에 대한 독자의 반응은 아마도 그(녀)가 '좋습니다, 하지만 이것들이 진정 생물체인가요?'라 묻는 것이다)

4.1.6 텍스트 층위의 전환: 문화 특정 항목

두 개의 언어/문화/맥락 간 공유 지식이 다르면 번역사는 다음 예문과 같이 출판사의 국적을 의미하는 *amerikai*('American(미국의)'), 그리고 두 번째 예의 *kiadó*('publisher(출판사)'와 같이 더 짧거나 더 긴 설명 표지를 삽입한다.

(9) <PAenF, S 7> A dozen years ago, a senior man from Knopf recognized his former prison guard inside the well-pressed suit of a Heibon-sha executive, stood staring at him for a moment or two, then threw his champagne into the startled Japanese face. (10여 년 전 노프의 고위 간부는 말끔한 정장 차림의 헤이본샤 간부가 예전 자신의 간수라는 사실을 알아채고, 잠시 그를 노려본 후 깜짝 놀란 일본인 얼굴에 샴페인을 뿌렸다)

<PAhuF, S 7> Tíz-tizenkét éve történt, hogy az **amerikai** Knopf egyik vezető munkatársa felismerte a Heibon-sha **Kiadó** valamelyik igazgatójában azt a hajdani őrt – pedig jól-szabott öltönyt viselt –, aki annyit gyötörte valamikor a hadifogolytáborban; egy darabig csak állt és némán nézte, aztán pezsgőjét a megdöbbent japán arcába löttyintette.

역(逆)번역:It happened 10 or 12 years ago that a senior man from the American Knopf recognized in a Heibon-sha **Publishing House** executive his former prison guard – although he was wearing a well-pressed suit – who used to torture him so much in a POW camp, stood silently staring at him for a moment or two, then threw his champagne into the startled Japanese man's face. (10년 또는 12년 전에 일어난 일로 미국의 저명한 노프사에서 온 고위 간부가 헤이본샤 출판사의 임원이 예전 자신의 간수라는 사실을 알아챘다. 그는 비록 말끔한 옷차림이었지만 전범 수용소에서 자신에게 심한 고문을 가했던 사람이었기에 조용히 서서 그를 잠시 노려본 후 간수에게 샴페인을 뿌려 일본인 얼굴을 깜짝 놀라게 했다)

병렬 코퍼스에서 규명한 여러 광범위한 외연화 전략의 사례는 전환이 여러 요소로 발생한다는 관점에서 번역 과정에 대한 통찰력을 제공하는데, 가령 번역사의 의식적이거나 무의식적인 전략, 번역사나 해당 언어 사회의 문체, 장르 관습이나 번역 규범 등이 전환을 발생하게 하는 요소이다.

4.2 명시성의 전환

두 번째 분석은 HHC의 번역 텍스트와 비(非)번역 텍스트 비교로 진행된다. 표 4는 유관 코퍼스에서 텍스트 명시성 특성의 빈도 분포를 나타낸다. 이 가운데 HHC의 원문(O)과 번역문(T)의 비교의 연관성이 가장 높다. 자료를 보면 20건 중 16건(80퍼센트)에서 번역 텍스트에서 연구한 특징 빈도가 원문 텍스트의 빈도보다 높게 나타났다. 가장 큰 차이는 파생어인 *közötti* '*among*(~사이에) + [형용사화 접미사], 그리고 *belüli* '*in*(~안에) + [형용사화 접미사] 구조로서, 번역 텍스트에서는 총 21건이 나타난 반면 원문 텍스트에서는 해당 사례가 없다.

본고의 가정과 충돌하는 항목은 *való* 'being(~이 있는)', *amely*

'which, that(관계사)', *tehát* 'consequently(결과적으로)', *is* 'as well, too(역시)' 등 4 건에 불과하였다. 가장 놀랄만한 결과는 공(空)분사 *való*, 그리고 결과의 접속사 *tehát*의 용례와 관련된 것이었다. 원문 텍스트에서 *való*의 사례는 20건이었으나 번역 텍스트에서는 8건이었고, *tehát*은 각각 18건과 7건으로 나타났다. *Van* 'to be(~이 있다)'의 분사인 *való*는 형용사의 좌분지를 가능하게 만드는 중요한 통사 기능을 수행한다. 헝가리어와 영어는 한정적 보어에서 구조적 차이를 드러내므로(부록 2 참조) *való*의 빈도는 인구어 텍스트로부터 번역된 텍스트에 비하여 헝가리어 저자가 작성한 텍스트에서 더 높을 것으로 예상된다. 다시 말해, 도착어나 번역 과정 자체, 또는 두 요소가 제약을 가하는 상황에서 저자는 번역사보다 이 항목을 더 자주 사용하리라고는 보지 않는데, 저자가 위의 항목을 사용한 경우는 비(非)문학 텍스트 단 한 건에 불과하였다. 이는 기술 텍스트 저자들 사이에서 해당 항목의 용례를 규정하는 규범에 따른 결과로 볼 수 있다.

사실 비(非) 번역 텍스트에서 *való*의 빈도가 높게 나타나는 현상은 이 문제에 대하여 오랫동안 견지해온 전문적 견해와 크게 배치된다. 이와 같이 흔하지 않은 패턴은 접속사 *amely*(관계대명사)와 *is*(담화 분사 및 첨가 부가어)의 경우에서도 나타나지만, 더욱 큰 코퍼스를 통한 추가 연구가 필요하다.

그러므로 기술 텍스트에 번역 특정적 요소를 포함시키는 주체는 번역사가 아니거나 번역사가 유일한 주체는 아니라고 본다. 이러한 제반 패턴은 텍스트에 가능한 많은 정보를 탑재하고자 하는 기술 텍스트 저자들의 목표, 가능한 명확하게 텍스트를 작성하고자 하는 저자들의 의식적 또는 무의식적 노력, 또는 가능성이 가장 큰 추정으로서 해당 언어권에 이미 존재하는 번역 텍스트의 영향 등으로 설명이 가능할 것이다.

두 장르의 명시성의 경우 문학 텍스트보다 비(非)문학 텍스트에서 빈도가 더 높은 사실을 확인할 수 있다. 그러나 가설을 지지하는 사례는

15퍼센트(20건 중 3건)에 불과하였으므로 파생어 및 접속사 군(群)은 가설 3을 완전히 지지하며, 담화 분사 군(群)에서 비롯된 항목은 가설 3을 기각한다. 장르의 명시성은 더욱 자세한 연구가 진행되어야 하며 분명 코퍼스는 연구 목표에 도움이 될 수 있다.

요약하면, HHC의 빈도 자료는 번역 헝가리어 텍스트가 비(非)번역 텍스트보다 높은 수준의 명시성을 보여준다는 가정에 증거를 제공한다(가설 2). 또한 이는 외연화가 번역 텍스트의 보편적 특질이 될 수 있는, 즉 본 자료는 블룸-쿨카의 가설을 지지한다고 볼 수 있다.

4.3 유관 코퍼스의 타입/토큰 비율(TTR)

타입/토큰 비율(TTR: Type/Token Ratio)은 텍스트 표층에서 나타나는 어휘 복잡성의 지표이다. *토큰(token)*은 실행 단어의 총 수, *타입(type)*은 텍스트에서 유의한 단어 형태의 수를 뜻한다. TTR이 클수록 어휘 다양성이 크다(베이커, 1995; 먼데이(Munday), 1998). TTR은 텍스트 길이에 매우 민감하다고 알려져 있다. 본 연구자는 ARRABONA 코퍼스의 텍스트들이 문장 수는 동일하지만 단어 수는 사뭇 다른 양상을 보이므로 표준화된 TTR을 사용하였다.

표 5와 같이 통계 분석을 통하여 도출한 결과를 보면 두 가지 경향이 목도된다. 첫째, 유관 코퍼스의 번역 텍스트는 비(非)번역 텍스트보다 TTR이 낮다(58.15 대 63.29). 이는 번역 텍스트에 사용된 어휘 다양성이 비(非)번역 텍스트보다 낮다는 결론으로 이어진다.

둘째, 유관 코퍼스의 비(非)문학 텍스트는 문학 텍스트보다 TTR이 낮다(57.69 대 63.74). 즉 비(非)문학 텍스트에서 사용된 어휘 다양성이 문학 텍스트보다 낮다고 하겠다.

표 4. 유관 코퍼스(HHC)에서 텍스트 명시성 특질의 빈도

층위	일련번호	그룹코드	특질	문학			비문학			원문	번역문
				OHC	THC	소계	OHC	THC	소계	O	T
1.	1.	P*1	콜론	21	34	55	56	50	106	77	84
	2.	P2	세미콜론	1	34	35	10	19	29	11	53
	3.	P4	괄호	21	4	25	30	63	93	51	67
3.	4.	DR*1	közötti,belüli	0	4	4	0	17	17	0	21
	5.	DR2	való	1	0	1	19	8	27	20	8
4.	6.	C*1	hogi	80	121	201	86	176	262	166	297
	7.	C2	aki*	12	29	41	8	12	20	20	41
	8.	C3	ami*	30	38	68	28	39	67	58	77
	9.	C4	amely*	7	13	20	63	48	111	70	61
	10.	C5	pedig	6	8	14	13	18	31	19	26
	11.	C6	azonban	5	7	12	14	20	34	19	27
	12.	CR*1	az*…,hogy	5	26	31	28	54	82	33	80
	13.	CR2	arr*…,hogy	2	4	6	11	21	32	13	25
	14.	CR3	ann*…,hogy	2	2	4	2	9	11	4	11
5.	15.	DP*1	cask	18	37	55	18	30	48	36	103
	16.	DP2	még	24	30	54	10	23	33	34	53
	17.	DP3	is	59	59	118	51	33	84	110	92
	18.	DP4	például	1	1	2	10	19	29	11	20
	19.	DP5	így	11	23	34	18	16	34	29	39
	20.	DP6	tehát	5	0	5	13	7	20	18	7
						평균			평균		
		T/T	타입/토큰	65.73	61.75	63.74	60.84	54.54	57.69	63.29	58.15

*P-구두점, C-접속사, CR-후응적 지시관계, DR-파생어, DP-담화 분사 음영으로 표시한 관계는 가설을 기각함.

표 5. 유관 코퍼스의 타입/토큰 비율

하위 코퍼스	원문 헝가리어	번역 헝가리어	평균
1. 문학	65.73	61.75	63.74
2. 비(非)문학	60.84	54.54	57.69
평균	63.29	58.15	
편차	4.89	7.21	

여기에서 연구 대상 장르에 대한 언급을 하고자 한다. 비(非)번역 텍스트에서 두 장르의 TTR은 약 5퍼센트의 차이를 보이는 반면 번역 텍스트에서는 편차가 약 7퍼센트이다. 본 연구의 초반부에서 제시한 가정과 같이 이러한 매개변수의 수렴은 기술 텍스트 번역사가 ST에서 제시된 정보를 최대한 유사하고 명확하게 전달하기 위한 노력의 일환으로 창작 문학의 번역사보다 더 자주 외연화 전략을 사용할 수 밖에 없다는 사실을 암시할 수도 있다. 따라서 외연화 전략은 어휘 반복으로 이어져 어휘 다양성이 약해지는 결과로 이어진다. 다시 말해 이러한 특징은 장르 기대를 관장하는 규범을 충분히 반영한다.

5. 결론

본 연구의 목적은 외연화 가설을 검증하고 번역 텍스트가 비(非)번역 텍스트에 비하여 외연화 수준이 더 높은지 알아보는 것이었다.

연구에서 사용한 2개 언어 간 구조적 차이를 고려한다면(영어의 I love you(나는 너를 사랑한다)가 헝가리어로는 *Szeretlek*으로 번역되는 예와 같이 교착어인 헝가리어는 분석어인 영어에 비하여 동일한 의미를 표현할 때 사용하는 단어 수가 적음) 번역 방향이 영어에서 헝가리어로 진행할 때 번역 텍스트는 외연화보다 함축화(사물을 더욱 일반적으로 표현하고, ST의 언어적 또는 언어외적 정보를 생략)가 더 사용되리라 예측하곤 한다. 그러나 병렬 코퍼스에서 설정한 16개 외연화 전략을 살펴보면 영어에서 헝가리어로 번역할 때 외연화 경향이 강하게 나타나는 것으로 보인다.

2차 분석 결과를 보면 유관 코퍼스에 걸쳐 높은 수준의 명시성이 나타난다. 산출한 빈도 대부분은 번역 텍스트의 명시성이 비(非)번역 텍스트보다 높다는 가설을 지지한다.

또한 모든 자료를 고려하면 세 번째 가설은 기각되어야 한다는 결론을 내릴 수 있다. 분석 결과 장르 별 차이에 대한 증거는 찾을 수 없었다. 이러한 결과를 바탕으로 본 연구에서 조사한 언어 항목은 문학 텍스트와 비(非)문학 텍스트 사이에 명확한 차이가 있다고 주장할 수 없다.

TTR과 관련하여 본 연구자는 번역 텍스트에서 더 낮은 비율을 보이는 이유를 외연화 전략의 결과로 보고자 한다. 논리-시각적 층위와 텍스트-언어외적 층위에서의 전환을 제외하면(표 2 참조) *모든 전환은 필연적으로 어휘 반복으로 이어져, 결과적으로* 어휘의 *단순화로 귀결된다.* 접속사 추가, 후응적 지시관계 + 접속사의 추가, 그리고 파생어의 사용은 *간접적으로 중복 항목의 수*, 즉 토큰의 *수를 늘리며*, 그 결과 *타입의 수를 낮춘다.* 생략 표현 채우기, 치환의 재구성, 그리고 대명사로 명사 대체 등 역시 *어휘 다양성의 약화*에 영향을 준다. 이를 근거로 외연화 개념은 번역의 단순화 개념과 밀접한 관련이 있다고 볼 수 있다.

병렬 코퍼스와 유관 코퍼스의 분석 결과를 더하면 자료를 통하여 알 수 있듯이 1969년에서 1999년까지의 기간에 번역 규범이 작용하였으며, 번역사는 이에 따라 도착 텍스트의 기준을 조정함으로써 도착어권 독자의 기대를 충족시키는 경향을 보였다는 결론을 내릴 수 있다. 전체적으로 외연화 전략의 궁극적 기능이 바로 이것이다.

첨부 첨부 I.

영어 → 헝가리어 텍스트의 병렬 코퍼스

문학 텍스트

코드	저자	제목	번역사	제목
UP	Updike, John 1977	*Marry me*	Göncz Árpád 1981	*Gyere hozzám feleségül*
CA	Capote, Tru-man 1980	*Music for Chame-leons. Mojave*	Osztovics Levente 1982	*Mozart és a kaméleo-nok. Mojave*
PA	Porter, Anna	*The Bookfair Murders*	Bart István 1998	*Gyilkosság a könyvvá-sáron*
ME	McEwan, Ian 1999	*Amsterdam*	Tandori De-zső 1999	*Amszterdam*

비(非)문학 텍스트

코드	저자	제목	번역사	제목
DA	Dawkins, Richard 1986	*The blind watch-maker*	Szentesi István (1. fejezet) 1994	*A vak órásmester. Gon-dolatok a darwinievolú-cióelméletr˝o*
HA	Hawking, Stephen 1988	*A brief history of time: from the big bang to black hole*	Molnár István 1989	*Az idő rövid története*
HI	Hitiris, Theo	*European Com-munity Econo-mics*	Roboz And-rás 1995	*Az Európai Unió gazda-ságtan*
EY	Eysenck, Michael W., Keane, Mark T. 1990	*Cognitive Psychology. A Student's Hand-book*	Bocz András 1997	*Kognitív pszichológia. Hallgatói kézikönyv*

헝가리어 유관 코퍼스

문학 텍스트

코드	저자-번역사	제목	코드	저자	제목
UP	Updike, J. 1977; Göncz Á. 1981	*Gyerehozzám feleségül*	KO	Konrád György 1969	*A látogató. Budapest: Magvető Kiadó*
CA	Capote, T. 1980; Osztovics L. 1982	*Mozart és a kaméleonok. Mojave*	MM	Mészöly Miklós 1984	*Megbocsátás. Budapest: Szépirodalmi Kiadó*
PA	Porter, A. 1997; Bart I. 1998	*Gyilkosság a könyvvásáron*	EP	Esterházy Péter 1990	*Hrabal könyve. Budapest: Magvető Kiadó*
ME	McEwan, I. 1999; Tandori D. 1999	*Amszterdam*	PO	Polcz Alaine 1991	*Asszony a fronton. Budapest: Szépirodalmi Kiadó*

비(非)문학 텍스트

코드	저자-번역사	제목	코드	저자	제목
DA	Dawkins, R. 1986; Szentesi I. 1994	*A vak órásmester. Gondolatok a darwini evolúcióról*	SI	Simonyi Károly 1978/1998	*A fizika kultúrtörténete. Budapest: Akadémiai Kiadó*
HA	Hawking, S. 1988; Molnár I. 1989	*Az idő rövid története*	BE	Bekker Zsuzsa 1978	*Növekedési utak – dinamikus ágak. Budapest: Közgazdasági és J. K.*
HI	Hitiris, Th. 1995; Roboz A. 1995	*Az Európai Unió gazdaságtana*	KJ	Kornai János 1983	*Ellentmondások és dilemmák. Budapest: Magvető Kiadó*
EY	Eysenck, M. W., Keane, M. T. 1990; Bocz András 1997	*Kognitív pszichológia. Hallgatói kézikönyv*	KF	Kozma Ferenc1992	*A menedzser közgazdasági szemlélete. Budapest: Közgazdasági és J. K.*

첨부 2

헝가리어 및 영어 명사의 전치 수식 및 후치 수식

tágas	szoba		spacious room	
háromlábú	szék		three-legged chair	
esernyős	férfi		man	with an umbrella
nagyértékű	könyv		book	of great value
barnaöltönyös	férfi		man	in a/the brown suit
baloldalt lévő	ajtó		door	on the left
ablak mellett álló	lány		girl	(standing) by the window
művelésre alkalmas	föld		land	suitable for cultivation
egyezmény elérésére tett	erőfeszítések		efforts	(made) to reach an agreement
az az	ember,	aki éppen most érkezett	the man	who has just arrived

(헬토이-핀체이스(Heltai-Pinczés), 1993, p.55)

참고문헌

Baker, Mona (1993). Corpus Linguistics and Translation Studies: Implications and Applications. In M. Baker, G. Francis, & E. Tognini-Bonell (Eds.), *Text and Technology: in Honour of John Sinclair* (pp.233-250). Amsterdam/Philadelphia: John Benjamins.

Baker, Mona (1995). Corpora in Translation Studies: An Overview and Suggestions for Future Research. *Target. 7*(2), 223-243.

Baker, Mona (1996). Corpus-based translation studies: The challenges that lie ahead. In H. Somers (Ed.), *Terminology, LSP and Translation: Studies in language engineering in honour of Juan* C. *Sager* (pp.175-186). Amsterdam/Philadelphia : John Benjamins.

Baker, Mona (1998). *Routledge Encyclopedia of Translation Studies.* London/New York: Routledge.

Blum-Kulka, Shoshana (1986). Shifts of Cohesion and Coherence in Translation. In *Interlingual and Intercultural Communication. Discourse and Cognition in Translation and Second Language Acquisition Studies,* J. House and S. Blum-Kulka (Eds.), 17-35. Tübingen: Gunter Narr Verlag.

Esterházy, Péter (1996). *Egy kék haris* [A blue-stock-ing]. Budapest: MagvetŐ Könyvkiadó. Halliday, Michael A. K., & Hasan , Ruqaiya (1976). *Cohesion in English.* London/New York: Longman.

Hell, György (1980). Object and subject *that* clauses in English an d corresponding *hogy* clauses in Hungarian. In L. DeszŐ & W. Nemser (Eds.), *Studies in English and Hungarian Contrastive Linguistics* (pp.145-175). Budapest: Akadémiai Kiadó.

Heltai, Pál, & Pinczés, Éva (1993). *Fordítás és szövegértés a nyelvvizsgán* [Translation and reading comprehension in language examinations]. Budapest: Druck Kft.

Ishikawa. Luli (1998). Cognitive Explicitation in Simultaneous Interpreting. Cambridge: RCEAL University.

Kenny, Dorothy (1999). *Norms and Creativity: Lexis in Translated Text.* PhD Thesis. Manchester: UMIST. Centre for Translation Studies.

Klaudy, Kinga (1993a). Optional additions in translation. In *Translation the vital Link, Proceedings of the XIII, FIT World Congress,* 2, 373-381. London: ITI.

Klaudy, Kinga (1993b). On explicitation hypothesis. In K. Klaudy & J. Kohn (Eds.), *Transferre necesse est ... Current issues of Translation Theory. In honour of Radó on his 80th birthday* (pp.69-77). Szombathely: Dániel Berzsenyi College.

Klaudy, Kinga (1996). Back Translation as a Tool for Detecting Explicitation Strategies in Translation. In K. Klaudy, J. Lambert. & A. Sohár (Eds.), *Translation Studies in Hungary* (pp.99-114). Budapest: Scholastica.

Laviosa-Braithwaite, Sara (1996). *The English Comparable Corpus (EEC):* A *Resource and Methodology for the Empirical Study of Translation.* PhD Thesis. Manchester: UMIST. Centre for Translation Studies.

Laviosa, Sara (1998). The corpus-based approach. Meta, 43(4). 473-659. Leech, Geoffrey N., & Short, Michael H. (1981). *Style in Fiction.* A *Linguistic Approach to English Fictional prose.* London.

Mátai, Mária (2002). A névutók és a névutómelléknevck története [History of postpositions and postpositional adjectives]. *Magyar NyelvŐr, 126*(1), 72-87.

Munday, Jeremy (1998). A computer-assisted approach to the analysis of translation Shifts. *Meta, 43*(4), 542-556.

Olohan, Maeve. & Baker, Mona (2000). Reporting *that* in Translated English. Evidence for Subconscious Processes of Explicitation? *Across Languages and Cultures, 1*(2), 141-158.

Øverås. Linn (1998). In Search of the Third Code. An Investigation of Norms in Literary Translation. *Meta, 43*(4), 571-588. Scott, Mike (1998). *WordSmith Tools.* Oxford: Oxford University Press.

Séguinot, Candice (1988). Pragmatics and the Explicitation Hypothesis. TTR *Traduction,Terminologie, Rédaction. 1*(2), 106-114.

Shlesinger, Miriam (1995). Shifts in Cohesion in Simultaneous Interpreting. *The Translator, 1(2),* 193-214.

Sinclair, John (1991). *Corpus, Concordance. Collocation.* Oxford: Oxford University Press.

Toury, Gideon (1995). *Descriptive Translatio Studies and beyond.* Amsterdam: John Benjamins.

Vanderauwera, Ria (1985). *Dutch Novels Translated into English: The Transformation of a 'Minority' Literature.* Amsterdam: Rodopi.

Weissbrod, Rachel (1992). Explicitation in translations of prose-fiction from English to Hebrew as a function of norms. *Multilingua, 11*(2), 153-171.

절(節) 관계의 외연화

핀란드 아동 문학의 번역 텍스트와 비(非)번역 텍스트의 절 연결사에 관한 코퍼스 기반 분석

티나 푸르티넨(Tiina Puurtinen)
요엔수대학교(University of Joensuu), 핀란드

본고는 핀란드어 아동 문학의 번역 텍스트와 비(非)번역 텍스트에 나타나는 절 연결사에 대한 코퍼스 기반 연구이다. 번역에서 절 관계를 명시적으로 드러내기 위한 절 연결사의 사용 빈도는 번역 보편소의 외연화 가설을 보여주는 지표일 수 있다. 인과, 시간, 후치 수식 관계 등을 나타내는 연결사(접속사, 특정적 부사, 관계대명사) 수의 상대 빈도를 비교하기 위한 연구 자료로는 당초 핀란드어로 작성된 텍스트와 영어에서 핀란드어로 번역한 텍스트로부터 약 1백만 단어로 구성된 아동 도서 코퍼스를 사용하였다. 분석 결과 번역 텍스트나 핀란드어 원문 텍스트 가운데 어떠한 텍스트도 연결사를 더욱 빈번하게 사용한다는 분명하고도 전반적인 경향은 드러나지 않았으므로 외연화 가설을 완전히 지지하기는 어렵다. 그럼에도 일부 빈도 편차와 더불어 번역 텍스트와 원문 텍스트 사이에 일부 연결사의 기능과 맥락 상 흥미로운 차이점이 고찰되었다.

1. 서론

번역에서 출발 텍스트(ST)의 함축 정보를 명시적으로 제시하거나 동일한 도착어(TL) 내에서 번역 텍스트의 명시성이 비(非)번역 텍스트보다 강하게 나타나는 현상을 일컫는 외연화는 번역 보편소 가설 중 하나이다. 외연화의 유형을 최초로 언급한 판데어아우브라(Vanderauwera, 1985)와 블룸-쿨카(Blum-Kulka, 1986)의 연구는 반복과 결속 표지 등을 사용함으로써 도착 텍스트(TT)가 ST내용을 외연화하는 경향을 보여주었다. 이후 번역 텍스트와 비(非)번역 텍스트의 관계에 대한 관심이 증가하기 시작했는데, 라비오사-브레이스웨이트(Laviosa-Braithwaite, 1996)와 베이커(Baker, 1995, 1996)는 번역 텍스트와 영어 원문 텍스트에서 선택의 *that*-연결사의 상이한 빈도에 관한 가설을 제시하였으며, 올로한과 베이커(Olohan & Baker, 2000)는 간접 화법에서 *that*이 영어 원문보다 번역 텍스트에서 실제 사용 빈도가 높다는 코퍼스 기반 연구를 발표하였다.

본고는 당초 핀란드어로 작성된 아동 문학과 번역 아동 문학에서 절 관계의 특정한 명시적 신호에 초점을 두는데, 여기에서 외연화는 동일한 유형의 비(非)번역 TL 텍스트("T-보편소", 이와 관련한 내용은 본서의 체스터만(Chesterman) 편을 참조)와 비교하여 번역 텍스트의 잠재적인 특유 자질로 논한다. 이후 다룰 문제는 접속사, 특정적 부사, 관계대명사 등의 고 빈도 절 연결사를 활용하여 절 관계, 혹은 명제 간 관계가 외연화 가설의 제안처럼 실제 번역에서 더 명시적으로 표현되는지 알아보는 것이다. 이와 관련한 외베로스(Øverås, 1998)의 흥미로운 연구는 영어와 노르웨이어 간 번역에서 상이한 결속 표지를 다수 조사한 결과, 연결사를 추가하거나 연결사를 더욱 명시적인 연결사로 대체하는 것이 번역에서 결속적인 외연화의 형태임을 밝혀냈다. 따라서 외베로스는 연구에서 외연화를 비교 가능한 원문 TL을 참조하지 않은 상태에서 ST와 TT 간 잠재적 전이로 조망하였기에 유감스럽게도 본 연구와 직접 비교할 수는 없다. 그럼에도 외베로스의 연구는 본고의 초점과 마찬가지로 유사한 결속 관계를 포함하였고, 연구 대상 텍스트가 픽션 산문을 대표한다는 점에서 흥미롭다.

마우라넨(Mauranen, 2000)은 코퍼스 기반 연구를 통하여 번역 핀란드어 텍스트와 비(非)번역 핀란드어 텍스트를 비교하였으나 학술 산문과 대중 논픽션을 사용하였으므로 텍스트 유형이 다르다. 다수의 연결사를 포함하는 텍스트 재귀적(메타 텍스트적) 표현을 다룬 마우라넨의 분석은 대부분의 연결사가 번역 텍스트에서 출현 빈도가 약간 높기는 하지만 번역 텍스트와 원문 텍스트에서 거의 동등한 빈도로 나타난다는 사실을 밝혀냈다. 단, 예외적으로 *toisaalta*('on the other hand(반면)')은 번역 텍스트보다 핀란드어 원문 텍스트에서 2배 이상 빈도가 높게 나타났는데, 이 표현은 핀란드어 원문 텍스트에서 다른 연결사(*mutta* 'but(그러나)', *myös* 'also(또한)', *vaikka* 'although(비록)')와 결합하는 경향이 있다(이와 관련한 결과와 본 연구자의 *kun*에 대한 결과는 다음 4.1에서 다룬다).

2. 절 관계의 외연화

번역을 포함한 언어 사용은 의미 표현을 위한 대안 선택의 문제이며, 선택되지 않은 다른 대안에 대하여 특정한 선택을 했다는 것은 흥미롭고 의미가 있으므로 핀란드어 텍스트에서 명시적인 절 관계사의 사용보다 다른 옵션을 간략히 살펴보는 것이 타당할 것이다.[1] 그래서 명시적 절 연결사가 없다면, 절 관계를 나타내는 다른 유형의 신호 역시 존재하지 않으므로 절 관계는 맥락을 통하여 유추해야만 한다. 그러나 영어에서 생략 가능한 *that*과 달리, 핀란드어의 종속 접속사는 절 구조를 급격히 바꾸지 않으면 단순히 생략할 수 없다(아래 예 (1)과 (2) 참조).

그러므로 핀란드어에서 영(零)의 대안을 선택하는 경우는 의식적인 전략일 가능성이 큰 반면 영어에서 *영(零)의 대안* 혹은 *that*을 사용하는 경우는 무의식적 전략일 수 있다(올로한과 베이커, 2000, p.143 참조).

명시적 결속 표지 대신 *ja* 'and(그리고)'와 같은 약한 신호가 사용될 수 있다. *Ja*는 절 관계가 단순히 부가적인 경우를 제외하면 절 사이의 관계 유형을 나타내지 않으므로 정보성이 충분하지 않은 측면이 있다. *Ja*는 여러 절을 마침표로 분리함으로써 흐름의 산발적 단절을 예방하는 일종의 약한 접합체로 사용될 수 있다. 마지막으로 어느 정도 내포적이고 더욱 복잡한 구현 형태가 존재하는데, 이를 비정형 구조(NC: nonfinite structure)라 한다. 이러한 맥락에서 가장 흥미로운 비정형 구조는 시간, 지시, 목적 관계를 나타내는 축약절, 그리고 관계절에 상응하는 전치 분사형 수식어(premodified participial attribute)이다. 이러한 구조는 텍스트를 "무겁게" 만들어 해독을 어렵게 만드는 경우도 있으나 핀란드어 텍스트에서 매우 전형적이며 자주 사용된다. 이는 유표적이며 부적당한 부호화 형식인 문법 은유로 볼 수 있다(할리데이(Halliday), 1994; 라벨리(Ravelli), 1998). 예컨대 영어에서는 동작을 지칭하는 무표적 방법으로 동사를 사용하는데, 동사 대신 명사를 사용하는 경우는 유표적이며 은유적 표현으로 간주된다. 마찬가지로 대개 형용사로 구현되는 여러 자질을 명사로, 통상 연결사로 구현되는 절 관계는 비정형 동사 형태로 표현될 수 있다. 문법 은유 또는 동일한 구현으로 간주되는 부분은 언어 특정적 이슈이나 영어에 대한 기본적인 생각은 핀란드어에도 적용 가능하리라 판단된다(핀란드어 텍스트에 문법 은유 개념을 적용하는 내용은 카르보넨(Karvonen), 1991 및 푸르티넨(Puurtinen), 1993, 1995, pp.96-103을 참조).

예 (1)은 인과 관계와 지시 관계를 표현하는 두 가지 방법을 보여준다. 원본인 첫 번째 버전(다니엘스(Daniels), 1998 저, 야나 카파리(Jaana Kapari) 역)은 2개의 축약절(굵은체로 표시)을 포함한 반면 두 번째 버전

(본 연구자가 작성)은 접속사로 인과 관계를 나타낸다.

(1) *Hän katsoi aurinkoisesti äitiään tietäen saaneensa jo anteeksi.* (다니엘스, 1998, p.7)
직역: 'She looked sunnily at her mother knowing herself to have been forgiven already(이미 용서를 받았다는 사실을 깨달은 그녀는 어머니를 환하게 바라보았다).'
Hän katsoi aurinkoisesti äitiään, sillä hän tiesi, että oli jo saanut anteeksi. (본 연구자 역)
'... because she knew that she had already been forgiven(그녀는 이미 용서 받았다는 사실을 알았으므로).'

예 (2)에서 첫 번째 대안은 전치 분사형 수식어 구조를 포함하며, 두 번째 대안은 관계대명사 *joka* 'who', 'which'로 시작하는 유사 관계절을 사용한다.

(2) *Ja tiedäthän sinä, Mandy, että lampaan kimppuun hyökännyt koira on lupa ampua.* (다니엘스, 1996, p.59)
'And you do know, Mandy, that a-sheep-attacked-dog is allowed to be shot(그리고 만디, 너는 양을 공격한 개는 총으로 쏴도 된다는 것을 알고 있어).'
...että on lupa ampua koira, joka on hyökännyt lampaan kimppuun. (본 연구자 역)
'... that it is allowed to shoot a dog which has attacked a sheep(…개를 총으로 쏴도 되는데 그 개가 양을 공격했다).'

그러나 관계절을 항상 축약 구조로 대체할 수 있지는 않으므로 저자나 번역사는 선택할 대안이 많지 않을 수도 있다.

비정형 구조는 아동 도서의 중요한 자질인 텍스트 가독성(可讀性)과 가화성(可話性, 큰 소리로 읽기 쉬운 정도)을 낮출 수 있다. 빈칸 채우기 및 큰 소리로 읽기 테스트 결과에 따르면 비정형 구조 빈도가 높은 텍스트는 정형 구조를 연결사와 함께 사용한 텍스트에 비하여 어린이의 이해도 및 자연스럽게 크게 읽기 능력이 현격히 낮아진다(자세한 내용은 푸르티넨(1995) 참조). 놀랍게도 선행 연구(푸르티넨, 1995, 2003)의 가독성에 미치는 부정적인 영향에도 불구하고 번역 아동 문학에서 비정형 구조는 비교적 자주 사용된다. 1940년에서 1998년까지 출판된 영어-핀란드어 아동 도서는 같은 기간 핀란드어로 작성된 아동 도서에 비하여 비정형 구조의 빈도가 유의하게 높게 나타난다. 더욱이 1970년대 이후 비정형 구조는 번역 텍스트에서 더욱 일반적으로 사용되는 경향을 보인다. 비정형 구조는 연결사 부족과 관련되므로(예 (1)과 (2) 참조) 번역 핀란드어 아동 도서는 비 번역 도서에 비하여 절 연결사 빈도가 낮을 것이라 가정할 수 있다. 물론 이러한 가정은 외연화 가설과 배치된다. 번역 텍스트에서 비정형 구조의 빈도가 높다는 기존 연구 결과 자체가 외연화 가설에 모순되는 증거로 해석될 수 있다. 그러나 성인 픽션에서 비정형 구조를 연구한 에스콜라(2002)의 코퍼스 연구는 다소 다른 결과를 제시한다. 시간, 목적 구조 등 일부 비정형 구조는 영어와 러시아어 픽션의 핀란드어 번역에서 과잉 대표되는 반면 분사 구조는 과소 대표된다. 이렇게 빈도가 다르게 나타나는 이유는 번역 과정에서 자극제 역할을 하는 공식적인 등가 구조가 ST에 존재하는지 여부로 설명할 수 있을 것이다. 그러나 성인 번역 문학과 아동 번역 문학 간 비정형 구조의 빈도 차이는 여전히 설명되지 않는다. 아동 픽션에서 비정형 구조의 높은 사용 빈도와 낮은 연결사 사용 빈도의 상관관계는 다음 절에서 다루도록 하겠다.[2)]

3. 연구 자료 및 방법

연구 자료는 핀란드 사본린나 번역대학에서 작성한 번역 핀란드어 코퍼스의 일부인 번역 및 비(非)번역 핀란드어 아동문학 코퍼스이다(작성 기준은 마우라넨(2000, pp.122-123)을 참조). 본 연구에서 사용한 두 하위 코퍼스는 크기가 대략 일치한다(번역 아동문학 텍스트의 단어 수는 593,000여개, 핀란드어 원문 아동문학 텍스트는 약 500,000개이다). 모든 번역 텍스트의 출발어는 핀란드에서 아동 및 성인 픽션 모두에서 주도적 지위를 갖는 SL인 영어이다. 텍스트는 모두 1995년에서 1998년 사이에 출판되었다. 연결사 추출을 위하여 사용한 컴퓨터 소프트웨어는 워드스미스 툴즈 프로그램(스코트(Scott), 1998)이다.

모든 텍스트 유형에서 일반적으로 사용되는 연결사를 연구 대상으로 선정하였다. 접속사 *ja* 'and(그리고)'는 첫째, 단어의 비(非)명시성, 둘째, 기능이 절 사이에 국한되지 않고 단어 및 구를 연결하는 경우가 더 많은 관계로 분석 대상에서 제외하였는데 예기치 않게 발생하는 *ja*를 제거하는 정리 과정이 포함되었다면 매우 많은 시간이 소요되었을 것이다. (융합 부정 형태인 *eikä* 'and not(그리고 ~아닌)'을 포함하여 *ja*의 총 개수는 각 코퍼스 별로 약 16,800개에 달한다.)

연구 대상 연결사는 다음과 같다.

- 관계대명사 *joka* 'which', 'who' (단·복수형 포함 9건)'
- 종속 접속사

  시간: *kun* 'when(~할 때)', *ennen kuin* 'before(~이전)'

  목적: *jotta, jottei(vät), että, ettei(vät)* 'in order to(~하기 위해)', 'in order not to(~하지 않기 위해)'

  인과: *koska, kun* 'because(왜냐하면)'

  설명: *että, ettei(vät)* 'that(~이므로)', 'that not(~이 아니므로)'

조건: *jos, jollei(vät)* 'if(만일)', 'if not(만일 아니라면)'

양보: *vaikka, vaikkei(vät)* 'although(비록)', 'although not(비록 아니라도)'

- 등위 접속사

역접: *mutta, muttei(vät)* 'but(그러나)', 'but not(그러나 아닌)', *vaan* 'but(그러나)'

설명: *sillä* 'for(왜냐하면)'

- 부사

인과: *siksi* 'therefore(그러므로)'

역접: *kuitenkin* 'however(그러나)'

기본형 외에 접속사를 구성하는 융합 형태와 부정어 *ei*, 그리고 복수형 접미사 -*vat/vät*도 검색 대상이었다. 이후 논의할 내용에서 반드시 빈도 편차 등과 관련된 것은 아니더라도 용례의 기능과 맥락은 다소 흥미롭다고 판단된다.

4. 결과

표 1은 10만 단어 당 연결사의 빈도를 나타낸다. (관계대명사 *joka*의 상이한 형태 18가지 가운데 핀란드어 원문과 핀란드어 번역에서 분명히 다른 빈도를 보인 형태에 한하여 제시하였다.)

두 하위 코퍼스 가운데 하나의 코퍼스가 다른 코퍼스에 비하여 전반적으로 연결사를 선호하는 경향을 더욱 명확하게 드러내지는 않았다. 단, 핀란드어 원문에서 빈도가 더 높은 접속사(*jo(i)ssa, vaikka, vaan, kuitenkin*), 번역 텍스트에서 빈도가 더 높은 접속사(*jo(t)ka, kun, jos, ennen kuin, jotta*), 그리고 양 하위 코퍼스에서 대략 같은 빈도를 나타내는 접속사가 있었다.

이후 번역 텍스트와 원문 텍스트에서 부분적으로 기능이 다른 특정 연결사를 사용하는 등의 방법으로 빈도의 차이를 설명하기 위한 시도가 이루어졌다. 연결사와 관련한 맥락을 조사한 결과 일부 흥미로운 결과가 도출되었으나, 면밀한 검토에도 불구하고 대다수의 경우 곤혹스럽게도 확인된 차이를 설명할 수 있는 이유를 찾지 못하였다. 예컨대 번역에서 *ennen kuin*, 그리고 *joka*의 주격 단·복수형 빈도가 높게 나타나는 이유는 맥락 또는 기능적 측면의 영향으로 볼 수 없다. 드물지만 맥락이 유용하게 작용한 사례는 이후 자세히 논하기로 한다.

표 1. 핀란드어 원문 및 번역문에서 10만 단어당 연결사의 발생 건수

	원문	번역문
jo(t)ka'which', 'who'	319.8	357.2
jo(i)ssa'in which', 'where'	75.0	45.5
että, ettei(vät) 'that', 'that not', 'in order to', 'in order not to'	1129.5	1155.7
kun 'when', 'because'	661.6	809.3
jos, jollei(vät) 'if', 'if not'	252.0	268.7
vaikka,vaikkei(vät) 'although', 'although not'	126.3	111.3
koska'because'	69.6	76.2
ennen kuin 'before'	46.1	95.3
jotta, jottei(vät) 'in order to', 'in order not to'	11.2	56.7
mutta, muttei(vät) 'but', 'but not'	786.1	796.2
sillä 'for'	84.0	81.5
vaan 'but'	41.1	33.4
kuitenkin 'however'	58.1	46.7
siksi'therefore'	22.3	21.2

4.1 번역에서 빈도가 높은 연결사

인과 용법으로도 사용되는 시간 접속사 *kun* 'when(~할 때)'은 번역 텍스트에서 사용 빈도가 상당히 높게 나타났다(10만 단어당 809.3건 대 661.6건). 표 2와 같은 단어 조합에서 발생하는 것으로 보인다(표 2에서 개별 항목의 수치는 상대 빈도가 아닌, 절대 빈도를 나타낸다).

표에서 제시한 시간 표현은 핀란드어 원문에서 회피하는 명확한 이유는 없으나 분명 번역 텍스트에서 더 일반적으로 나타나며, 모두 핀란드어 표현에서 완벽하게 수용되는 표현이다. 그럼에도 적어도 이러한 표현의 대부분은 영어 구(句)의 공식적 등가에 어느 정도 일치하는 방향으로 나타날 개연성이 있는데(*juuri kun* ← just when(막 ~할 때), *nyt kun* ← now that(이제 ~한), *sillä/samalla hetkellä kun* ← at the same time as(~와 동시에)), 이는 번역사가 가능한 경우 ST 표현을 핀란드어로 직역하는 경향을 나타낸다.

설명 및 목적 접속사인 *että* 'that(~인)', 'in order to(~하기 위해)'는 번역 코퍼스에서 출현 빈도가 높다. 그러나 *että*의 긍정/중립 및 부정형(*että*는 *että hän ei ollut* 'that he was not(그가 아니었기에)'과 같이 부정어 ei 외에 부정절에서도 나타나며, *ettei*(vät)는 *ettei hän ollut*의 예와 같이 접속사와 부정어를 결합)은 흥미로운 차이를 보인다. *Että*는 번역 텍스트에서 빈도가 높고(1049.0 대 991.0), *ettei(vät)*는 원문에서 빈도가 높다(138.5 대 106.8). 번역 텍스트에서 *ettei(vät)*의 빈도가 낮은 이유는 영어에서 이와 유사한 융합 부정형의 부재로 설명할 수 있을 것이다. SL 접속사와 부정어를 별개 단어로 보는 견해는 TL에서 유사한 구조를 이끌어내는 경향으로 이어질 수 있다. 다른 융합 접속사인 *jottei, jollei, vaikkei, muttei*는 양 하위 코퍼스에서 극히 드물게 나타나며, 분포에서도 상당한 차이가 나타나지 않았다.

목적 접속사인 *jotta* 'in order to(~하기 위해)'는 번역 텍스트에 비하

표 2. 핀란드어 원문 및 핀란드어 번역문에서 kun을 포함한 시간 표현의 발생 건수 (약 50만 단어로 구성된 코퍼스 상 절대 빈도)

	원문	번역문
silloin(kin/kaan)kun 'when'	90	127
heti kun 'as soon as'	64	100
sitten kun 'when'	59	56
aina kun 'whenever'	53	49
nyt kun 'now that'	33	72
juuri kun 'just when'	30	69
vasta kun 'not until'	29	26
sen jälkeen kun 'after'	27	71
samallakun 'while'	18	32
sillä/samallahetkellä kun 'at the same time as'	8	21
sillä välin kun 'while'	6	32
sillä aikaakun 'while'	5	35
siitä asti kun 'ever since'	2	15
siitä saakkakun 'ever since'	2	6
siihen mennessä kun 'by the time'	2	15
합계	428	726
10만 단어 당 합계	85.8	122.4

여 핀란드어 원문에서 극히 드물게 나타난다(11.2 대 56.7). *Että* 역시 원문에서 빈도가 약간 낮으므로 *että*가 *jotta*와 동의어 조로 사용될 수 있다는 사실로는 차이를 설명할 수 없다. 그러나 *jotta*는 번역 텍스트에서 자주 *liian*+ 형용사 'too +adjective for(~에게 너무 ~한)' 구문 및 *tarpeeksi* + 형용사/명사 'adjective + enough to(~에 충분히 ~한)'/ enough + noun to(~에 ~이 충분한)' 구문과 어울리는 것으로 나타난 반면(전체 번역 하위 코퍼스에서 22건, 10만 단어 당 3.7건) 원문에서는 전혀 그렇지 않다. 다만 바로 언급한 두 구조 모두 매우 자연스럽다. 코퍼스에서 인용한 예 (3)과 (4)는 이러한 유연결의 전형적인 사례를 보여준다.

(3) *Vuorokaudessa ei ollut tarpeeksi tunteja, jotta Cara olisi ehtinyt tehdä kaiken, mitä piti.*
직역: 'There weren't enough hours in a day for Cara to have time to do everything that had to be done. (하루 중 카라는 해야 하는 모든 것을 해야 할 만큼 충분한 시간이 없었다)'

(4) *On liian pimeää, jotta hän voisi kävellä turvallisesti.*
'It's too dark for him to walk safely. (그가 안전하게 걷기에는 너무 어두웠다)'

본고에서 사용한 아동문학 하위 코퍼스를 근거로 이렇게 *jotta*와 결합하는 양상은 아동 문학 장르에서 번역 특정적인 유연결로 간주할 수도 있겠으나 본 연구 결과는 다른 장르로 일반화되지 않는다. 다시 한 번 번역이 ST 구조를 반영하는 개연성이 있다.

4.2 핀란드어 원문에서 빈도가 높은 연결사

번역 텍스트에서 관계대명사 *jossa*(단수형)/ *joissa*(복수형) 'in which', 'where'의 빈도가 낮은 이유는 선행 연구(푸르티넨, 1995)에서 밝혀진 바와 같이 상응하는 분사형 수식 구조가 흔히 사용되는 양상에서 일부 찾을 수 있다. 장소를 지칭할 때 번역에서 *jo(i)sa*가 간혹 선호되는 이유로 *missä* 'where'를 고려할 수도 있다. 실제 *missä*의 빈도는 원문보다 번역문에서 약간 높게 나타난다(26.3건 대 17.4건, 단 *missä*와 *jo(i)sa*가 모두 동일하게 가능한 대안인 건수만 포함). 어쩌면 영어의 *where*가 *jo(i)sa*보다 *missä*로 번역되는 경향 때문일 수도 있겠다. 그러나 *missä*와 *jo(i)ssa*를 합한 통합 빈도마저 명백한 이유 없이 핀란드어 원문에서 더 높게 나타났다(92.4건 대 71.8건).

마지막으로 양보 접속사 *vaikka* '(al)though(비록)'는 원문 텍스트와 번역 텍스트 사이에서 일부 흥미로운 차이가 나타났다. 번역 텍스트에서 *vaikka*의 빈도가 다소 낮게 나타나는 현상은 *despite the fact that*(~라는 사실에도 불구하고)의 직접 등가로서 더욱 긴 구조인 *siitä huolimatta että* 또는 *huolimatta siitä että*를 선택하는 양상으로 설명이 가능할 것이다. 그러나 이러한 구조의 발생 빈도는 두 하위 코퍼스 모두에서 극히 드물게 나타났다(원문의 경우 1.0건, 번역 텍스트의 경우 1.2건). 다만 *vaikka* + 동사+ 접어 첨사-*kin/kaan* (21.8건 대 15.0건) 및 *vaikka* + 조건의 -*isi* (20.1 건 대 13.4건) 등 *vaikka*와 함께 사용되는 2개 동사 형태가 번역 텍스트에서 더 일반적으로 사용되는 것으로 보인다. 핀란드어 원문에서 더욱 전형적인 *vaikka*의 유일한 맥락 또는 의미는 'on the other hand(반면)', 'but(그러나)'이다. 다시 말해 *vaikka*는 언제나 양보 접속사로 쓰이는 것이 아니라 앞 절에 대한 추후 생각의 시발점이 될 수도 있고, 핀란드어 원문의 하위 코퍼스에서 추출한 다음의 예와 같이 *tosin, kylläkin, mutta,* 또는 *toisaalta*로 대체될 수도 있다.

(5) Lisko voisi olla kiva, vaikka en tiedä onko sekään erityisen seurallinen.
'A lizard might be nice, but I don't know if it's particularly sociable either(도마뱀도 좋겠지만 특별히 사교적일지는 모르겠다).'

(6) Miksi hän ei ollut paremmin katsonut jalkoihinsa? Vaikka mitä se olisi auttanut?
'Why hadn't he watched his step more carefully? But what would that have helped?(그 사람은 왜 계모를 더 유심히 보지 않았지? 하지만 그랬다 한들 무슨 도움이 됐겠어?) '

(7) Sinä olet vielä suurempi noita kuin minä aavistinkaan. Vaikka kyllä sinä aina olet erikoistapaus ollut.
'You are an even greater witch than I suspected. But you have

always been a special case(내가 생각했던 것보다 훨씬 뛰어난 마녀군. 하지만 너는 늘 특별한 케이스였어).'

위의 예문에서 *vaikka*는 '~라는 사실에도 불구하고'라는 의미 대신 '재고(再考)'의 의미가 있다. 이러한 발생 건수의 빈도는 번역 텍스트에서는 8.1건(모든 *vaikka* 접속사의 7퍼센트), 원문에서는 이보다 두 배가 높은 16.6건으로 나타났다(모든 *vaikka* 접속사의 13퍼센트).

5. 결론

위의 연구 결과는 외연화 가설을 완전히 지지하지도, 명백히 위배하지도 않는다. 일부 연결사는 번역 텍스트에서 빈도가 높았으므로 외연화 정도의 강화에 기여하나 2개 연결사는 원문에서 빈도가 높은 반대의 경향을 보였다. 그러므로 가정에 반하여 비정형 구조의 높은 빈도는 연결사의 낮은 빈도와 상관관계가 없는 것으로 보인다. 그러나 가장 흥미로운 결과는 빈도가 아니라 맥락 상 하위 코퍼스와 특정 연결사의 기능 간 제반 차이와 관련된다. 자료를 더욱 면밀히 분석한다면 이러한 경향에 대한 추가 정보를 얻을 수 있을 것이다. 일부 차이는 당연히 번역 텍스트에 반영된 ST의 특징, 즉 ST 표현을 직역하는 경향으로 설명할 수 있을 것이다. 학문적 텍스트나 성인 픽션 등 기타 장르는 물론 동질성을 강화한 아동 문학의 하위 코퍼스를 통하여 원문과 번역문을 구분하는 명확한 패턴을 드러낼 수 있을 것이다. 본 코퍼스에 포함된 아동용 픽션의 범위는 동화에서 소녀용 도서, 그리고 추리 소설을 아우르며, 예상 독자의 연령대는 8세에서 12세이다. 마찬가지로 하위 장르별로 전체적인 문체가 다양한 상황에서 외연화 역시 다양한 패턴을 보일 것이다.

미주

1. 문법 관계와 달리 절 관계를 명시적 어휘로 구현하는 것은 본고에서는 논하지 않는다(예: *syy epävarmuuteen* 'the reason for uncertainty(불확실성의 근거)')

2. 핀란드 아동 문학의 통사론에 대한 기존 연구(푸르티넨, 1995)는 축약절의 상이한 유형과 해당 기능에 대한 구분이 제시되지 않은 관계로 각 유형과 대안 구조를 절 연결사와 비교하는 작업은 불가하다.

참고문헌

Baker, Mona (1995). Corpora in translation studies: An overview and some suggestions for future research. *Target, 7*(2), 223-243.

Baker, Mona (1996). Corpus-based translation studies: The challenges that lie ahead. In H. Somers (Ed.), *Terminology, LSP and Translation: Studies in Language Engineering, in Honour of Juan* C. *Sager* (pp.175-186). Amsterdam/Philadelphia: John Benjamins.

Blum-Kulka, Shoshana (1986). Shifts of cohesion and coherence in translation. In J. House & S. Blum-Kulka (Eds.), *Interlingual and Intercultural Communication: Discourse and Cognition in Translation and Second Language Acquisition Studies* (pp.17-35). Tübingen: Gunter Narr.

Chesterman, Andrew (this volume). Beyond the particular. In A. Mauranen & P.Kujamäki (Eds.), *Translation Universals - Do They Exist?* Amsterdam/Philadelphia: John Benjamins.

Daniels, Lucy (1996). *Koiranpentuja komerossa.* (Orig. *Puppies in the Pantry* 1994) Trans. Jaana Kapari. Helsinki: Tammi.

Daniels, Lucy (1998). *Mäyrä mummilassa.* (Orig. *Badger in the Basement* 1994) Trans. Jaana Kapari. Helsinki: Tammi.

Eskola, Sari (2002). *Syntetisoivat rakenteet käännössuomessa. Suomennetun kaunokirjallisuuden ominaispiirteiden tarkastelua korpusmenetelmillä* [Synthesising structures in translated Finnish. A corpus-based analysis of the special features of Finnish literary translations], [University of Joensuu Publications in the Humanities 30]. Joensuu: University of Joensuu.

Halliday, Michael A. K. (1994). *An Introduction to Functional Grammar.* 1985. London : Arnold.

Laviosa-Braithwaite, Sara (1996). Comparable corpora: Towards a corpus linguistic methodology for the empirical study of translation. In M. Thelen & B. Lewandowska-Tomaszczyk (Eds.), *Translation and Meaning, Part* 3 (pp.153-163). Maastricht: Hogeschool Maastricht.

Karvonen, Pirjo (1991). Kieliopillinen metafora ja sen vaikutukset tekstissä [Grammatical metaphor and its effects on a text]. In T. Lehtinen & S. Shore (Eds.), *Kieli, valta ja eriarvoisuus. Esitelmiä 18. kielitieteen päiviltä* (pp.149-165). Helsinki: University of Helsinki.

Mauranen, Anna (2000). Strange strings in translated language: A study on corpora. In M. Olohan (Ed.), *Intercultural Faultlines. Research Models in Translation Studies I. Textual and Cognitive Aspects* (pp.119-141). Manchester: St. Jerome.

Olohan, Maeve, & Baker, Mona (2000). Reporting *that* in translated English: Evidence for subconscious processes of explicitation? *Across Languages and Cultures, 1*(2), 141-158.

Øverås, Linn (1998). In search of the third code: An investigation of norms in literary translation. *Meta, 43*(4), 571-588.

Puurtinen, Tiina (1993). Kieliopilliset metaforat Jastenkirjojen suomennoksissa [Grammatical metaphors in Finnish translations of children's books]. *Virittäjä, 4,* 546-563.

Puurtinen, Tiina (1995). *Linguistic Acceptability in Translated Children's Literature* [University of Joensuu Publications in the Humanities 15]. Joensuu: University of Joensuu.

Puurtinen, Tiina (2003). Nonfinite constructions in Finnish children's literature: Features of translationese contradicting translation universals? In S. Granger, J. Lerot, & S. Petch Tyson (Eds.), *Corpus-Based Approaches to Contrastive Linguistics and Translation Studies* (pp.141-154). Amsterdam: Rodopi.

Ravelli, Louise J. (1988). Grammatical metaphor: An initial analysis. In E. H. Steiner & R. Veltman (Eds.), *Pragmatics, Discourse and Text. Some Systemically-Inspired Approaches* (pp.133-146). London: Pinter.

Scott, Mike (1998). *WordSmith Tools.* Oxford: Oxford University Press.

Vanderauwera, Ria (1985). *Dutch Novels Translated into English: The Transformation of a 'Minority' Literature.* Amsterdam: Rodopi.

특수소는 번역 언어에서 과잉 또는 과소 대표되는가?

소냐 티르코넨-콩디(Sonja Tirkkonen-Condit)
요엔수대학교(University of Joensuu), 핀란드

번역은 도착어의 전형적 언어 특징을 과잉 대표하는 경향이 있다는 가설은 번역 보편소 후보로 꼽힌다. 이러한 가설은 직관에 반할 뿐 아니라 견고한 경험적 근거가 부족하다고 판단된다. 전형적 특징 중에는 해당 출발어의 언어적 대응어가 없는 언어 항목 또는 요소, 즉 본 연구자가 특수소라 명명한 언어 현상이 있다(본서의 사리 에스콜라(Sari Eskola) 편 참조). 과잉 대표 가설은 한 언어에서 비교적 자주 발견되는 특수소는 당초 출발어로 작성된 텍스트보다 번역 텍스트에서 빈도가 높아야 한다고 예측한다.

본고는 번역 핀란드어에서 *ehtii, mahtuu, jaksaa, malttaa*(각각 'has enough time'/'is early or quick enough(시간이 충분하다/충분히 이르거나 빠르다)', 'is small enough(충분히 작다)', 'is strong enough(충분히 강하다)', 'is patient enough(충분히 인내하다)'라는 의미) 등 충분성 동사(verbs of sufficiency), 그리고 접어 화용 첨사인 -*kin*과 -*hAn* 등 두 종류의 특수소의 빈도 비교를 통한 검증을 실시하였다. 비교 결과 위의 핀란드어 특수소는 원문 핀란드어 텍스트보다 번역 텍스트에서 빈도가 낮게 나

타났다. 본고는 번역 언어에서 특수소의 과소 대표에 대한 설명을 번역 과정 자체에서 모색해야 한다고 제안한다.

1. 들어가며

모든 언어는 다른 언어에 직접적인 언어 대응 표현이 부족하다는 의미에서 특수한 언어 요소를 가지기 마련이다. 이러한 언어 요소의 형태는 어휘, 구(句), 통사, 텍스트적으로 나타날 수 있으며 결코 번역이 불가하지는 않다. 단지 다른 언어로 유사하게 표현(어휘화)되지 않을 뿐이다. 이러한 특수 요소는 출발어에서 유사하게 표현되지 않으므로 순조롭게 번역 등가를 제시하지 못한다고 예상되는데, 이는 출발 텍스트에서 특수 요소에 대한 명확한 언어 자극이 없기 때문이다. 그러므로 출발어에 유사한 언어 등가가 없는 특수 요소의 형태와 기능을 일부만 표현하는 것이 실제 번역의 보편적 경향일 수 있다. 다시 말해 '특수한' 언어 요소는 원문텍스트보다 번역 텍스트에서 빈도가 낮게 나타날 수 있다.

특수소의 빈도는 텍스트가 독자에게 주는 인상에 영향을 줄 수 있다. 본 연구자는 특수소의 빈도가 해당 텍스트의 일반 독자에게 미치는 인상에 영향을 준다는 경험적 근거가 있다. 빈도가 낮을 경우 독자는 해당 텍스트를 번역으로 생각하게 되고, 빈도가 높으면 해당 텍스트를 번역보다는 원문으로 생각하게 된다. 본 연구자는 핀란드어 원어민에게 다수의 실제 텍스트 발췌문을 제공하고 이를 번역 핀란드어와 원문 핀란드어 두 부류로 분류하는 실험을 실시하였다(티르코넨-콩디(Tirkkonen-Condit), 1998/2002 참조). 분류 결과를 분석하면서 대부분의 독자가 실제 여부와 상관 없이 원문 텍스트라고 판단한 텍스트에서 공통적으로 나타나는 단 하나의 언어 현상은 특수소의 빈도가 상대적으로 높게 나타난다는 것이었다. 이제 유관 코퍼스(마우라넨(Mauranen), 1998)인 번역 핀란드어 코퍼스를 통하여 특수소의 실제 빈도를 조사할 수 있게 되었으며, 이러한 조사 결과를 보고하는 것이 본고의 목적이다.

2. 목적

본고는 안나 마우라넨(Anna Mauranen) 교수가 진행한 연구 프로젝트 중 사본린나 번역대학에서 구축한 번역 핀란드어 코퍼스를 활용하여 일부 동사와 접어 첨사의 빈도를 확인함으로써 특수소 가설을 검증한다. 연구 대상은 많은 인구어족 언어에서 어휘화된 번역 등가가 바로 존재하지 않는 어휘 영역인 충분성 동사이다. 충분성 동사는 핀란드 연구자 사이에서 관심을 끌었다. 아일리 플린트(Aili Flint)는 박사학위 논문(플린트(Flint), 1980)에서 40여 개 충분성 동사를 의미론적으로 설명한다.

코퍼스에서 조사한 접어 첨사는 -*kin*과 -*hAn*이다. 첨사 -*kin*은 화용 기능에 따라 번역이 달라지며, *also(또한), but(그러나), in contrast(대조적으로), consequently(결과적으로), thus(그러므로)* 등 연결사에 따라 맥락이 달라질 경우 번역도 다르게 진행된다. 접어 첨사 -hAN 역시 다기능적이며, 구어체 영어의 첨사인 *you know(알다시피)*와 같이 지식을 공유한다는 가정의 의미를 전달한다(하쿨리넨(Hakulinen), 1976; 외스트만(Östman), 1981, 1995).

사본린나 번역대학에서 구축한 코퍼스의 규모는 이제 1,000만 단어에 달한다. 연구 대상 항목의 빈도는 본 연구자가 학술, 픽션으로 명명한 2개 장르에서 확인하였으며, 각 장르는 모두 번역 및 원문 하위 코퍼스가 있다. 4개 하위 코퍼스는 각각 약 100만 단어로 구성되며, 비교 연구는 원문 픽션 텍스트와 번역 픽션 텍스트, 원문 학술 텍스트와 번역 학술 텍스를 대상으로 진행한다. 픽션과 학술 텍스트는 많은 측면에서 다르다는 타당한 근거를 바탕으로 본 연구자는 각 장르를 분리하여 다룰 것이다. 즉 본고에서 진행하는 원문과 번역문의 비교는 보통 각 장르를 대상으로 진행한다는 의미이다.

3. 결과

본 연구의 정량적 결과는 다음의 표 1과 2에 제시하였다.

표 1에 제시한 동사는 원문 픽션 텍스트 상 출현 빈도 순서로 제시하였다. 연구 대상 동사는 문체적으로 드러나지 않으면서 상대적으로 빈도가 높은 *ehtii*[1]('has enough time(시간이 충분하다)', 'is early enough(충분히 이르다)'), *jaksaa* ('is strong enough(충분히 강하다)'), *uskaltaa* ('has enough courage(충분히 용감하다)'), *riittää* ('is enough(충분하다)'), *malttaa* ('is patient enough(충분히 인내하다)'), *viitsii* ('has enough initiative or interest(충분한 주도권 또는 관심을 가지다') 등이며, 충분성의 의미 영역에서 빈도가 다소 낮은 동사도 포함되었다.

본 연구의 전체적인 결과는 특히 픽션 분야를 중심으로 특수소 가설을 매우 강력하게 지지하는데, 번역 언어 코퍼스에서 빈도가 상당히 낮게 나타나기 때문이다. 일부 동사(*viitsii, kehtaa, viihtyy*)의 경우 거의 픽션 텍스트에 국한되어 출현하며 학술 텍스트에서는 거의 나타나지 않는다. 따라서 본고에서 사용한 코퍼스 규모에서는 차이가 분명하게 나타나지 않을 것이다.

빈도 비교 외에 번역 언어 대(對) 원문 언어를 기준으로 동사가 결합하는 문법적 패턴과 연어 패턴을 비교하는 것도 흥미롭다. 픽션과 학술 텍스트에서 자주 등장하는 제반 동사는 번역 언어와 원문 언어에서 유사한 용례를 보이지 않는다. 이런 동사들은 통사, 의미, 또는 연어 행동 양상이 다르게 나타난다. 예컨대 *uskaltaa* ('has enough courage or daring(충분히 용감하다 또는 감히')는 번역 학술 텍스트보다 원문 학술 텍스트에서 비인칭 용법으로 사용되는 경우가 많다. 번역 픽션 텍스트에서 *viitsii* ('has enough initiative or interest(충분한 주도권 또는 관심을 가지다') 는 대부분 관용 표현인 *Älä viitsi!* ('Come on!(힘내!)')의 용례에 국한된다. *Malttaa* ('has enough patience(충분히 인내하다)')는 번역 픽션 텍스트보다 원문 픽션 텍스트에서 더욱 다양한 용례를 보인다. 가령 원문 픽션 텍스트에서는 *malttoi mielensä* ('s/he controlled him/herself(그(녀)는 자신을 통제했다'), *malttaa olla tekemättä* ('s/he has enough control of him/herself not to...(그(녀)는 ~하지 않기 위해 자신을 충분히 통제한다'), *malttaa odottaa* ('s/he is patient enough(그(녀)는 충분히 인내한다)') 등의 연어가 등장한다. 반면 번역 픽션 텍스트는 대부분 *[tuskin] malttoi odottaa* ('could [barely]waitto...([거의] ~를 기다릴 수 없었다)')라는 연어를 사용한다. 번역 학술 텍스트에서 *riittää*의 용례는 *riittää osoittamaan, selittämään, kuvaamaan, korostamaan, perustelelmaan,opettamaan* ('is enough to show / explain / describe / emphasise / justify / demonstrate(충분히 보이다/설명하다/기술하다/강조하다/정당화하다/나타내다') 등과 같이 *riittää*와 제3의 동사 원형의 결합이라는 통사 구조로 국한되는 반면 원문 학술 텍스트는 이보다 넓은 범위의 통사 구조를 보인다.

표 1. 원문 핀란드어 하위 코퍼스와 번역 핀란드어 하위 코퍼스의 충분성 동사

		픽션		학술	
		원문	번역문 (출발어: 영어)	원문	번역문 (출발어: 영어)
		1,000,015	1,147,555	1,116,441	974,906
		1,000단어 당 빈도	1,000단어 당 빈도	1,000단어 당 빈도	1,000단어 당 빈도
ehtii	'has enough time'; is early/quick enough	0.499	0.324	0.094	0.026
jaksaa	'is strong enough'; 'has enough energy	0.277	0,132	0.023	0.017
riittää	'is enough'	0.265	0.246	0.202	0.143
uskaltaa	'has enough courage; 'has the nerve to'; 'is brave enough'; 'is daring enough'	0.234	0.097	0.021	0.029
kelpaa	'is good enough'	0.096	0.045	0.032	0.004
mahtuu	'is small enough'	0.087	0.038	0.017	0.008
viitsii	'has enough initiative or interest'	0.080	0.096	0.004	0.005
kehtaa	'is bold enough'	0.069	0.012	0.009	0.001
viihtyy	'is comfortable enough'	0.064	0.039	0.004	0.008
malttaa	'is patient enough'	0.050	0.020	0.004	0.002
rohkenee	'is brave enough';' has enough courage'	0.037	0.009	0.005	0.007
joutaa	'is idle enough' 0.499	0.020	0.007	0.001	0.000

표 2는 핀란드어에서 접어 첨사 *-kin*이 자주 사용되는 현상을 보여준다. 각 95만여 단어로 구성된 하위 코퍼스에서 *-kin*은 5,000건에서 7,000건 출현한다. 픽션 텍스트에 비하여 학술 텍스트에서 빈도가 약간 높으며, 체계적으로 번역 핀란드어 텍스트보다 원문 핀란드어 텍스트에서 빈도가 높다. 원문 픽션 텍스트에서는 1,000 단어 당 약 7건, 번역 픽션 텍스트에서는 약 5건이 나타나며, 원문 학술 텍스트에서는

1,000 단어 당 7건, 번역 학술 텍스트에서는 6건 출현한다. 앞서 동사에 관한 논의에서 살펴본 바와 같이 원문과 번역문의 차이는 다시금 학술 텍스트보다 픽션 텍스트에서 더 유표적이다.

표 2. 원문 핀란드어 하위 코퍼스와 번역 핀란드어 하위 코퍼스에서 첨사 -*kin*과 -*hAn*

	픽션						학술	
	원문 950,000 단어		번역문 950,000 단어		원문 950,000 단어		번역문 950,000 단어	
	합계	1,000 단어 당	합계	1,000 단어 당	합계	1,000 단어 당	합계	1,000 단어 당
-kin	6595	6.942	4810	5.063	6895	7.258	5579	5.873
-hAn	1856	1.954	1216	1.280	635	0.668	251	0.264

접어 첨사 -*hAn*은 -*kin*보다 빈도는 낮으나 특수소 가설 검증을 위한 비교가 가능할 만큼 충분하다. -*hAn*은 회화체에서 빈도가 더 높게 나타나므로 픽션 텍스트에서 빈도가 더 높을 것이라는 예상이 가능하였다. 1,000 단어 당 발생 건수를 살펴보면 원문 픽션 텍스트는 2건, 번역 픽션 텍스트는 1건을 나타냈다. 원문 학술 텍스트의 경우 1,000 단어 당 발생 건수는 0.7건인데 반하여 번역 학술 텍스트는 0.3건이었다.

접어에 관한 연구는 특수소 가설을 매우 강력하게 지지한다. 접어는 문체적으로 비교적 무표적(unmarked)이므로 어휘 항목에 비하여 가설 검증에 더욱 적합한 시험대 역할을 한다. 더욱이 핀란드어를 영어나 독일어로 번역하는 경우 접어는 번역사에게 결정 시점을 제공한다. 접어는 바로 대응하는 언어 쌍이 없으므로 맥락 별로 의미적, 화용적 분석이 필요하다. 반면 영어나 독일어에서 핀란드어로 번역하는 경우 앞서 언급한 접어로 번역할 *필요*가 있는 항목이 출발 텍스트에서 보이지 않는다. 접어를 사용하여 번역될 *수 있는* 항목이라면 어휘화 접속사로도 번역이 가능하기 때문이다.

4. 논의

충분성 동사는 출발 텍스트에서 어느 특정 항목에 대한 명확한 등가가 아니므로 번역사가 충분성 동사를 잊게 된다는 특수소 가설 자체의 설명을 통하여 번역 언어에서 충분성 동사가 상대적으로 드문 현상을 설명할 수 있다. 따라서 충분성 맥락에 매우 적합한 경우에도 번역사의 첫 번째 선택이 아니다. 영어 출발어에 *has enough/is enough*(충분하다) 패턴이 나오면 번역사는 이 패턴을 모방함으로써 충분성 동사 대신 *on tarpeksi*라는 표현을 제시하게 된다. *Thus*(따라서)가 *niinpä*, *also*(또한)는 *myös*, *but*(그러나)은 *mutta*로 번역되는 접어 역시 번역 과정에서 쉽게 간과될 수 있다.

이전에도 번역학자들은 이러한 유형의 출발어 의존성을 주목했으나 코퍼스를 통한 체계적 연구는 아니었다. 카타리나 라이스(Katharina Reiss)는 번역 수준 평가에 대한 저서에서 "사라진 단어들(missing words)" 문제를 지적하였다(라이스(Reiss), 1971). 라이스는 번역사가 도착어의 언어 자원을 어쩌면 온전히 이용하지 않을 수도 있다고 보았다. 라이스는 귀팅거(Güttinger, 1963, p.219)의 견해에 따라 출발 텍스트에 의존하지 않고 실시 가능한 번역 비평의 방법으로 간단한 텍스트를 실시하라고 제안한다. 출발어에서 존재하지 않는 도착어 표현 중 빈도가 가장 높은 단어들을 선정하여 번역에서 나타나는 정도를 확인한다. 이러한 "사라진 단어들"은 번역사가 양질의 번역 수준을 달성하기 위하여 번역사가 도착어를 충분히 잘 알고 있는지 여부를 드러낼 것이다. 라이스(1971, p.19)에 따르면 이러한 경험 법칙은 "사라진 단어들"은 물론 "alle Begriffe und Wendungen, die in der anderen Sprache mit unterschiedlichen sprachlichen Mitteln zum Ausdruck gebracht warden(다른 언어에서 상이한 언어 수단으로 표현된 모든 용어와 구(句))"에도 적용된다.

미리암 슐레징어(Miriam Shlesinger, 1992)는 출발어에서는 여러 단어로 아이디어를 표현하지만 도착어에서는 한 단어 등가로 표현해야 하는 상황에서 번역 학습자가 여러 단어 대신 한 단어를 사용하는 어휘화에 실패하는 사례에 주목하였다. 이러한 경향은 번역 학습자뿐 아니라 전문 번역사 집단에서도 목도된다. 그러므로 영어 단어인 *deadline(마감 시간)*과 *shortlist(최종 후보자 명단)*의 경우 영어 번역사가 히브리어를 자신의 모국어인 영어로 번역한 텍스트에서조차 제대로 제시되지 않았다.

기드온 투리(Gideon Toury, 1995, pp.224-225)는 과정으로서의 번역이 도착어 상 유사한 맥락에서 전형적인 표현보다 SL과 유사한 표현에 의지하는 경향을 유발한다고 보았다. 투리(1995, p.225)는 "번역 발화에서 의사 소통 요건이 자체적인 행동 패턴을 인식시킬 수 있다는 사실에 대한 강력한 표지"라고 제안한다. 도착 텍스트에서 단어 대 단어 번역 경향을 보이지 않는 번역사들조차 번역 사고발화법(think aloud protocol)에서 직역 등가와 단어 대 단어 번역 방식을 매우 빈번하게 사용된다. 직역 표현은 번역 본연을 모색하기 이전에 해당 표현이 의미하는 바를 '경청'하기 위한 수단으로 사용될 수 있다. 직역 등가가 완전한 의미를 구성하면서 도착어 규범을 위반하지 않는다면 이를 즉각적으로 배제할 이유는 없다. 이 또한 원문 텍스트보다 출판 번역 텍스트에서 특수 요소의 빈도가 낮게 나타나는 경향을 보이는 이유이다.

5. 결론

번역 언어에서 특수 언어 현상이 과소 대표되는 여러 이유는 일정 정도 직역으로 진행하는 번역 과정의 (보편적일 수 있는) 경향에서 찾을 수 있을 것이다. 이는 번역사가 자신의 머릿속 이중언어 사전에서 어휘 항목, 통사 패턴, 관용 표현을 골라내는 과정에서 발생하는 것이다. *Has enough*(충분하다) 패턴은 *on tarpeeksi* 패턴을, 그리고 접속사 *also*(또한), *thus*(따라서) 등은 *myös, niinpä*와 같은 연결사로 제시되는 경향이 있다. 본고에서 논한 여러 동사와 첨사는 언어 대응 표현이 없기 때문에 머릿속 이중언어 사전에 나타나지 않으며, 즉각적인 등가로서 이러한 동사나 첨사를 유발하는 요인은 출발 텍스트에는 전혀 없다. 따라서 이러한 동사나 첨사는 원문 텍스트에서 출현하는 빈도에 비하여 도착 텍스트에서 선택될 가능성이 더 낮다.

미주

1. 제시한 동사는 3인칭 단수 형태이다. 따라서 *ehtii*는 영어로 'has enough time to…' 또는 'is early enough'로 제시할 수 있다.

Eskola, Sari. (this volume). Untypical Frequencies in Translated Language: A Corpus-Based Study on a Literary Corpus of Translated and Non –Translated Finnish. In A. Mauranen & P.Kujamäki (Eds.), *Translation Universals* - Do *They Exist?* Amsterdam/Philadelphia: John Benjamins.

Flint, Aili (1980). *Semantic Structure in the Finnish Lexicon: Verbs of Possibility and Sufficiency.* Helsinki: Suomalaisen Kirjallisuuden Seura.

Güttinger, Fritz (1963). *Zielsprache: Theorie und Technik des Übersetzens.* Zürich: Manesse Verlag.

Hakulinen, Auli (l976). Liitepartikkelin – han/-hän syntaksia ja pragmatiikkaa [On the syntax and pragmatics of the clitic particle -hAn]. *Meddelanden från Åbo Akademi Forskningsinstitut, 7*, 1-60.

Östman, Jan-Ola (1981). 'You know': *A discourse-functional approach* [Pragmatics and Beyond II: 7]. Amsterdam: John Benjamins.

Östman, Jan-Ola (1995). Pragmatic particles twenty years after. In B. Wärvik, S. K. Tanskanen, & R. Hiltunen (Eds.), *Organization in Discourse. Proceedings from the Turku Conference* (pp.95-108). Turku: University of Turku.

Mauranen , Anna (1998). *Käännössuomi ja kääntämisen universaalit: tutkimus korpusaineistolla* [Translated Finnish and Translation Universals: A Corpus Study]. Project research plan, MS. Savonlinna School of Translation Studies.

Reiss. Katharina (1971). *Möglichkeiten und Grenzen der Übersetzungskritik.* Munich: Max Hueber.

Shlesinger, Miriam (1992). Lexicalisation in translation: An empirical study of students' progress. In C. Dollerup & A. Loddegaard

(Eds.), *Teaching Translation and Interpreting. Training. Talent and Experience* (pp.123-127). Amsterdam/Philadelphia: John Benjamins.

Tirkkonen-Condit, Sonja (1998/2002). Translationese, a myth or an empirical fact? A study into the linguistic identifiability of translated language. Paper read at The 24th University of Wisconsin-Milwaukee Linguistics Symposium, September 10-12, 1993. *Target, 14*(2), 207-220.

Toury, Gideon (1995). *Descriptive Translation Studies and beyond.* Amsterdam/Philadelphia: John Benjamins.

John Benjamins Series

07

Translation universals

제 4 부

번역 보편소 교육

학습자 번역에서 "특수소(Unique Items)"의 번역 양상

"좋은 번역"에 대한 초보 학습자의 관점에서 제반 "이론"과 "개념"의 어려움

페카 쿠야매키 (Pekka Kujamäki)
요엔수대학교(University of Joensuu), 핀란드

본고는 번역 학습자가 전문적으로 자신을 이해하는데 어려움을 겪는 두 가지 요소, 즉 전문적 역량의 일부를 구성하는 이론적 지식의 관련성, 그리고 자신의 L1 역량에 대한 확고한 믿음에 관한 의문을 다룬 실험 보고서이다. 실험은 투리(Toury)가 제시한 "간섭의 법칙(law of interference)", 그리고 학습자의 번역 분석은 번역에서 특수소와 TL 특정적 요소가 과소 대표될 수 있다는 티르코넨-콩디(Tirkkonen-Condit)의 가설에 근거하여 진행하였다. 관찰 결과 길이가 짧은 영어와 독일어 출발 텍스트의 학습자 번역물은 티르코넨-콩디의 가설과 일치하는데, 실험 결과 표면 구조 상 번역의 어려움이 없어 보이는 출발 텍스트라 하더라도 번역에 강력한 제약을 가하며, 그 결과 생산되는 번역물은 소규모 빈칸 채우기 시험에서 나타난 바와 같이 비(非)번역 도착어 용례에서 낯설거나 벗어난 언어 패턴을 보인다.

1. 서론

번역 학습자는 시작 단계부터 자신의 역량과 핵심 요소 전개 방법을 강력하지만 경도된 방향으로 이해하는 것으로 보인다. 학습자 지도에서 야기되는 어려움에도 불구하고 끊임 없이 갖게 된 공통적인 인상은 학습 과정에서 이론적 지식이 필수적인 부분인지, 그리고 학습자 자신의 역량에 대하여 의구심이 있다는 점이다. 사실 교수자는 연구 세미나 등에서 "이론은 이론이고 실제는 실제"라는 주장과 주기적으로 접한다. 이론화는 자기 만족 행위로서 번역 전공 학생들의 삶을 어렵게 만들기만 하고 학습자들이 실용 번역 연습 시간을 앗아간다는 견해이다. 전문 번역사 사이에서도 이러한 생각이 만연하다(체스터만 (Chesterman), 1993b; 회니히(Hönig), 1995, p.25, 158 참조). 그러나 도발적이고 명확한 비평 글 등을 통하여 이러한 견해를 더 깊이 들여다보면 학습자가 좌절하는 이유는 실제라는 미명 하에 제반 "이론"과 "개념"이 아직도 너무 자주 간과되는 번역 수업 경험에서 비롯된다는 사실이 바로 드러난다.

번역 학습자의 (준(準))전문적 자기 이해에서 보이는 또 다른 공통점은 출발어가 외국어(FL)인 경우 자신들의 모국어(L1, 본고의 경우 핀란드어) 역량에 확고부동한 믿음이 있다는 점이다. L1 번역에서 학습자는 FL 출발 텍스트 이해가 가장 중요한 문제라고 판단하며, 따라서 텍스트를 이해하고, 여기에 번역의 목적까지 고려하면, 적절하고 자연스런 도착어 텍스트를 만들어내는 일이 큰 문제가 아니라고 보는 듯 하다. 필자는 2001년 봄 학기에 세미나 수업을 수강한 3학년 학생들과 투리(Toury)의 "간섭의 법칙(law of interference)"(1995, p.275)에 대한 토론에서 위와 같은 모국어에 대한 절대적 믿음과 관련한 한 가지 흥미로운 표현(아마도 배운 표현이겠지만)을 알게 되었다. 지금 같은 기능 중심 번역 시기에 학습자는 "번역체(translationese)"나 "간섭(interference)"과 관련하여 "이러한 현상은 여하간 존재해서는 *안 된다*"라는 (확실히 배웠을) 주장을 (감히) 연구 관련 주제로 생각조차 못했다. 현재까지 기술론적 번역 연구에서 제시한 근거(투리(1995, pp.206-220) 자신의 연구 등)에 비추어 볼 때 위와 같은 사고는 다소 이상하게 들린다. 그러나 슈미트(Schmidt, 1989) 등과 같이 "간섭"을 올바른 도착어 용법에서 피할 수 있는 이탈, 혹은 출발 텍스트를 불충분하고 불완전하게 수용한 결과(홀츠-맨태리(Holz-Mänttäri), 1989, p.132)로 정의하는 관점에서 보면 위의 견해는 어쨌든 완벽하게 유의미하다(간섭에 대한 자세한 내용은 본서의 마우라넨(Mauranen) 또는 에스콜라(Eskola) 편을 참조).

필자는 위의 두 가지 관찰을 계기로 작은 실험을 하게 됐다. 한편으로는 학습자의 자기 확신에 의문을 갖게 하고, 출발 텍스트의 표층 구조에 번역 문제가 없어 보이더라도(예컨대 "거짓 친구(false friends)"의 가능성이 있는 형태로) 이러한 출발 텍스트가 번역 과정에서 강력한 제약 요소로 작용하며, 번역 결과물의 언어 패턴이 일반적인 도착어 용법에 이질적이거나 용법에서 벗어날 가능성이 농후하다는 점을 보여주고자 하였다. 이러한 목적을 달성하는 동시에 다른 한편으로는 교실 실습에서 적어도 일부 "개념"과 "이론"의 적용 가능성을 보고 싶었다. 이를 위해 고안한 시험은 TL 특정적 요소인 "특수소(unique items)"가 번역물에서 과소 대표될 수 있다는 소냐 티르코넨-콩디(Sonja Tirkkonen-Condit)의 가설(티르코넨 콩디, 2000, 2002, p.16 및 본서)에 기반했다. 필자는 겨울철 핀란드에서 운전하기와 관련한 짧은 텍스트를 만들면서 눈 또는 핀란드 날씨 상황을 의미하는 "독특한(unique)" 명사를 여럿 포함시켰다. 텍스트는 원어민(native speaker)이 각각 독일어와 영어로 번역한 후 최종적으로 사본린나(Savonlinna)대학과 탐페레(Tampere)대학 학습자 36명이 핀란드어로 역(逆)번역했다. 다음 단계에서 번역된 항목을 소규모 괄호 채우기 테스트를 통해 파악한 학생들의 비(非)번역 언어 용법과 비교하였다.

본고는 실험의 결과와 일부 함의를 다룬다. 본 실험은 일반적으로 일종의 규범적 진술(normative statement)과 가치 판단(value judgement)을 포함하는 번역 연습 맥락에서 진행되었다(체스터만, 1993a). 그러나 본고는 주로 기술적이며, 교육 목표는 학습자들이 적어도 번역 작업 성과에서 나타나는 일부 특징을 규명함으로써 자신들이 무엇을 하고 있는지 인지하고, 그 결과를 제시하며, 번역에 대한 학생들의 모호한 견해에 문제 의식을 제기하는 데 있다.

2. 특수소

특수소 개념은 최근 티르코넨-콩디가 도입한 개념으로, 번역 언어에서 "다른 언어에 *직접적(straightforward)* 등가가 없는 경우 기존 언어의 형태와 기능의 일부만 나타날 수 있는" 현상이 특히 해당 출발어를 중심으로 보편적 경향일 수 있다고 본다(티르코넨-콩디, 2000, 이탤릭 체는 필자가 강조를 위하여 사용. 아울러 본서의 티르코넨-콩디 편을 참조). "특수소"는 언어적 특성이 확대되고 역동성을 갖춘 범주로서 어휘, 구(句), 통사적 또는 텍스트적 요소를 다루고(티르코넨-콩디, 2000), 화용적 기능까지 대상으로 하며(마우라넨, 2001), 확장은 대개 언어 조합별로 다르게 나타난다. "직접적"을 강조한 이유는 위의 제반 요소 또는 기능의 번역이 전혀 불가능하지는 않기 때문이다.

> 오히려 다른 언어에서 부분적으로만 중복되는 등가, 즉 함축적인 SL 의미를 *외연화하는 경향이 있는* 등가만 존재하는 듯한 경우가 매우 많은데, 이는 SL 사용자의 배경 지식(world knowledge)의 일부이다.
>
> (티르코넨-콩디, 2000, 이탤릭 체는 필자가 추가)

환언하면, 핀란드어는 "눈(snow)" (핀란드어로 *hanki, kinos, nuoska* 등)과 같이 다른 언어에서는 대개 일상적이지도, 필요하지도 않은 의미-화용적 구분을 수반하는 어휘 항목이 상당히 많다. 이는 L1 화자가 보통 단어 의미를 바로 파악하는 화용적 상황과는 다른 상황에서 사용된다는 측면에서 의미적으로 모호한 항목일 수도 있다. 예컨대 핀란드어에서 *keli*('surface condition(표면 조건)')는 도로에서 주행 상태, 숲에서 스키 타기 상태, 심지어 악천후 중 항해 등의 의미가 있다. 이러한 항목을 다른 언어로 번역할 경우(첨부 1 참조), 그리고 사전에서 제시하는 등가에서도 모호성은 나타난다. 위의 두 가지 경우에서 사용되었거나 사용 될 수 있는 번역 등가물은 해당 핀란드어 특수소보다 훨씬 더 명료*하거나* 해당 항목의 의미적 근사치에 불과하다. 아래 표(표 1)에 제시된 핀란드어-독일어 사전과 핀란드어-영어 사전의 일부 사례를 통하여 사전으로 제시되는 등가는 앞서 설명한 항목의 의미를 다른 언어로 명료하게 제시한다는 경향을 볼 수 있다. 또한 핀란드어의 첫 두 항목의 경우 (의미적으로나 기능적으로 모두) 밀접한 동의성(synonymy)을 볼 수 있다.

표 1. 〈핀란드어-독일어 사전〉(*Finnisch-Deutsches Grosswörterbuch*, 카타라와 슈넬바흐-코프라(Katara & Schnellbach-Kopra, 1997), 이하 FD) 및 〈핀란드어-영어사전〉(*Finnish-English General Dictionary*, 후르메, 말린, 시베오야(Hurme, Malin, & Syväoja, 1984), 이하 FE)에 제시된 *hanki, kinos, keli*의 사전적 등가

Hanki	Schneefläche, Schneedecke, Schneekruste, Schnee (FD)	→ *lumikerros, lumikasa, lumi*
	snow;(kinokset) snowdrifts (FE)	→ *lumi, lumikasat*
Kinos	Schneewehe, -verwehung (FD)	→ *lumikasa*
	drift, snowdrift, snowbank(FE)	→ *penkka, lumikasa, lumipenkka*
keli	Zustand der Wege (im Winter), Straßenzustand; (säästä)Wetter, Witterung (FD)	→ *teiden kunto, tieolosuhteet, sää*
	conditions, road/snow/surface conditions, weather (FE)	→ *olosuhteet, tieolosuhteet / lumiolosuhteet/tien pinta, sää*

요약하면 어떤 의미에서 "특수소" 범주는 L1에서 L2로의 번역에서 정의가 유래된다. 그러나 연구 대상으로서 관심을 두는 범주는 반대 방향, 즉 L2에서 L1로의 번역이다. 앞서 제시한 사례에서 알 수 있듯 "특수소" 개념은 (항상 그렇지는 않지만 제시한 어휘 단위의 경우) 번역의 실제소(realia) 문제에 새로운 관점을 제공한다. 즉 위와 같은 L1의 문화 특정 항목(culture-specific items)이 다른 언어(L2)로 어떻게 번역될 수 있는가 또는 번역 되었는가 등의 구식 질문 대신, 이제 해야 할 질문은 이러한 도착 문화의 실제소가 번역 결과물에서 어떻게 사용되는가 이다. 앞서 제시한 "특수소" 표현들이 핀란드어에서는 어휘화 되었으나 핀란드어로 번역이 이뤄지는 독일어나 영어 등의 출발어에서는 (본고의 실험 등의 경우) 어휘화가 되지 않았으므로 출발어는 해당 표현의 용법에 어떠한 직접적인 자극도 주지 않는다. 그렇다면 이러한 어휘 요소를 학습자들이 어떻게 핀란드어로 번역하는가라는 흥미로운 연구 질문이 생긴다. 이러한 특수소가 표현되기는 하는가? 학습자 자신의 모국어에 대한 확신을 고려하면 응당 긍정적인 답변을 기대하게 된다. 그러나 현실을 고려하고, 앞서 제시한 티르코넨-콩디가 제기한 여러 가설, 그리고 티르코넨-콩디 자신이 얻은 핀란드어 번역 비교 코퍼스(CTF: Comparable Corpus of Translated Finnish) 결과를 살펴보면, 학습자 번역물에서 영어나 독일어 출발어의 표면 구조로 촉발되는, 소위 어휘 또는 단어 대 단어 번역과 비교할 때 핀란드어 특수소는 사용 빈도가 상대적으로 낮게 사용된다는 가정을 하게 된다(표 1의 오른쪽 칼럼).

3. 번역 시험 설계

번역 실험에 사용된 출발 텍스트는 필자가 핀란드어로 작성한 텍스트를 독일어 및 영어 원어민 화자가 번역한 번역물이다. 이러한 준비 단계가 필요했던 이유는 다음과 같다.

실험에서 출발 텍스트의 난이도는 번역사의 능력을 발휘화는 과정에 개입하는 여러 잠재적 변수 중 하나이다. 리타 예스켈레이넨(Ritta Jääskeläinen, 1999, p:245)이 지적한 바와 같이 출발 텍스트 난이도는 "다양한 문제와 적절한 전략 선택은 물론" 제시된 지시 사항에 따라 번역 작업을 수행하려는 "번역 주체의 능력 또는 의지"도 영향을 줄 수 있다. 학습자의 번역 능력은 실험이든 "일상적인" 교실 연습이든 출발 텍스트 난이도에 매우 취약한 양상을 보인다. 텍스트 난이도가 높을 경우 학습자는 방대한 출발 텍스트의 처리에 상당한 노력을 기울여야 하므로 좌절감이나 피로감을 느낄 위험이 높아진다(예스켈레이넨, 1999, p.198; 예스켈레이넨과 티르코넨-콩디(Jääskeläinen & Tirkkonen-Condit), 1991 참조). 본 실험의 목적은 도착어로의 번역에 초점을 맞추므로 학습자가 출발 텍스트 이해와 분석에 *과도한* 힘을 쏟기보다는 도착 텍스트 생산에 집중할 수 있는 텍스트가 필요하였다. 따라서 필자는 학생들이 기존의 배경 지식을 통해 주제 맥락을 이해할 수 있는 출발 텍스트가 필요하였다.

학습자에게 실험 참여 편의성(번역 시간을 최소화하는 방법 등)을 제공하면서 동시에 본 필자의 편의(이러한 류의 실험에서 사용할 단문 텍스트 검색을 위하여 지루하게 신문, 잡지, 인터넷 등을 검색하는 상황을 피하는 등)를 위하여 *겨울철 핀란드에서 운전하기*에 관한 핀란드어 텍스트를 직접 만들었다. 해당 텍스트에는 *keli, kinos, hanki* 등 어느 정도 문화 특정적 실제소 (culture-specific realia) 표현을 포함시켰다. 이후 해당 핀란드어 텍스트는 영어와 독일어 원어민 화자들이 번역했다(첨부 1 참조).[1] 각각의 원어민 화자에게는 출발 텍스트를 핀란드 국립자동차협회(National Motoring Organisation in Finland, http://www.autoliitto.fi/eng.cfm 및 "핀란드에서 운전하기(Motoring in Finland)"로 링크) 웹사이트에 번역 후 게재할 긴 텍스트의 첫 부분으로 생각해달라고 요청하였다. 이후 해당 텍스트를 학습자에게 새로운 출발 텍스트로서 제공하되 출처가 번역된 텍스트라는 사실은 알리지 않았다. 학습자에게 제시한 지침은 다음과 같다. 해당 (샘플) 텍스트의 번역 텍스트 사용 고객은 폭스바겐 핀란드 지사의 고객용 계간지 *에투맛카아(Etumatkaa)*이다. 이번 겨울호에 핀란드 거주 외국인들의 겨울철 운전 경험에 대한 기사를 게재할 예정이다. 현지 폭스바겐 딜러가 2001년 가을호에 실은 고객용 전단지의 스캔 발췌본인 첨부 2는 학습자에게 제시한 번역 작업의 주제 연관성은 물론 앞서 논의한 *keli*가 사용된 텍스트의 실제 사례를 제공한다.

독일어 텍스트인 "Winter, oh weh(겨울, 아! 슬프다!)"는 2001년 4월에 진행한 대학원생 세미나를 수강했던 3학년 학생(실험군 A, N=13), 2001년 9월 필자의 독일어-핀란드어 번역 수업에 참여한 2학년 학생(실험군 B, N=10), 그리고 추가로 탐페레(Tampere)대학교 독일어통번역학과 2학년 및 4학년 학생(실험군 C, N=6)이 번역하였다. 마지막으로 영어 텍스트인 "An Ordinary Winter's Tale(어느 평범한 겨울 이야기)"은 2001년 9월 대학원생 세미나에 참여한 사본린나 번역학부 영어전공 3학년 학생 7명(실험군 D)이 번역하였으므로 분석 대상 번역물은 총 36건이었다.[2] 번역에 참여한 학생들은 선택한 시간과 장소에서 (단독으로 진행하되 비교적 넉넉한 기한 내에) 평소 사용하던 참고 자료를 활용할 수 있도록 조치하였다.

학습자의 문제 해결 방안을 자세히 살펴보기에 앞서 유의할 사항이 있다. 출발 텍스트는 임의로 만든 핀란드어 텍스트의 번역물이므로 핀란드어 원본과 학습자 번역물 간 규범적 비교는 실시하지 않았다. 필자가 특히 주목한 문화 특정 실제소의 번역 문제 해결 방안은 *해당 실제소를 도착 텍스트에 사용한 경우만 올바른 번역이며 다른 대안은 배척한다는 의미가 아니다*. 교실 상황 시험은 물론 본 실험의 다음 단계에서도 본고의 주요 관심사는 '결과물로서의 번역물이 학습자 자신의 번역 과정에 대하여 알 수 있는 것은 무엇인가?'를 가르치는 것이다.

4. 학습자 번역의 "특수소"?

번역 시험의 결과는 표 2, 3, 4에 제시하였다. 요약하면 번역 패턴에서 해당 출발 텍스트의 어휘 표면 구조와 직접적으로 관련 있는 해결책을 선호하는 양상이 나타난다. *Hanki, keli, kinos* 등 실제소는 번역 대신 간과하는 경향이 분명하게 드러나므로 앞서 제시한 L1으로의 번역에서 나타나는 특수소 번역에 관한 가설과 일치한다. 각각의 실험에서 모든 실험군은 매우 유사한 분포를 보였다.

표 2. 학습자의 *Straßenverhältnisse*(독일어, '도로상태') 및 *conditions*(영어, '상태')의 핀란드어 번역

"Keli"	*die Straßenverhältnisse* wurden immer miserabler (도로상태는 항상 엉망이 된다)	N=29
a.	*tieolosuhteet* (12), *ajo-olosuhteet* (4), *liikenneolosuhteet* (1)	17
b.	*katujen kunto [huononi]* (1), *teiden ajokunto* (1), *tiet [surkeammksi/huononivat]* (2)	4
c.	*keliolosuhteet* (3), *ajokeli* (2)	5
d.	*keli*	3
	conditions rapidly worsened (상태가 급속히 악화된다)	N=7
a.	*Olosuhteet* (2), ajo-olosuhteet (1), sääolot (1)	4
c.	*ajokeli*	1
d.	*keli*	2

표 2를 보면 번역 36건 중 5건에서 항목 *keli*는 *die Strassenverhältnisse*(도로 상태), 또는 *conditions*(상태)로, 6건에서는 복합어 *ajokeli* ('driving(운전하기) + 'conditions(제반 상태)') 및 *keliolosuhteet*로 번역되었다. 현대 핀란드어 사전(Suomen kielen perussanakirja, 하랄라 외(Haarala et al. 1990-1994))에 따르면 *ajokeli*는 *keli*의 맥락적 동의어이자 더욱 외연화된 동의어이며, *ajokeli*는 의미적 동의어 중복('conditions(제반 상태)' + 'conditions(제반 상태)')이므로 해당 개념을 매우 명시적으로 드러낸다.

나머지 번역은 주로 독일어 또는 영어의 출발 텍스트 항목을 어휘적 번역(*tieolosuhteet* 'road conditions(도로 상태)') 혹은 의미적 근사치를 제시하는 양상을 보였다.

또한 다음의 표 3과 4와 같이 특수소 *kinos*(또는 동사 형태 *kinostaa*)가 사용된 번역은 8건(도착 텍스트에서 명사 *keli*를 포함하지 않은 각각의 건수)인 반면 항목 *hanki*는 전혀 사용되지 않았다. 표 4와 같이 학습자 2명이 추가적으로 *kinos*를 사용하였는데, 이는 앞서 제시한 2개의 문화 특정 항목 간 동의성을 드러내는 사례이다. 그러나 두 사례 모두 학습자의 압도적 다수는 출발 텍스트에서 해당 개념을 명시적으로 표현하는 독일어 혹은 영어 표층 구조의 어휘적 번역에 가까운 표현을 선호하는 것으로 나타났다.

언급한 *ajokeli*와 마찬가지로 복합어 *lumikinos*와 *lumihanki*는 이러한 양상을 보여주는 흥미로운 사례이다. 앞의 복합어는 핀란드어 특수소에 대한 학습자의 인식을 드러내지만, 동시에 학습자는 출발 텍스트에서 명시적으로 표현된 의미 요소인 "snow(눈)" (*lumi*)를 번역 텍스트에서도 확실히 드러내기 위하여 주의를 기울이는 것으로 판단된다.

표 3. 독일어 *den Schnee zu Häufchen häufeln*과 영어 *snowbank*의 학습자 핀란드어 번역

"Kinos"	*...häufelte **den Schnee** am Straßenrand zu schon recht ansehnlichen **Häufchen** auf.*	N =29
	lunta – töyräiksi (1), kasoiksi/kasoihin (10), vall(e)iksi (3), keoiksi (1), penkoiksi (2), tienreunaan (1)	18
	lumikasat	2
	lumikinoksiksi	2
	*lunta...**kinoksiksi***	7
	...left a low snowbank on the side of the road	N=7
	lumipenkka	3
	lumikinos	3
	kinostilunta	1

표 4. 독일어 *mittenim Schnee*와 영어 *snowdrift*의 학습자 핀란드어 번역

"Hanki"	...*fand ich mich in meinem Wagen* ***mitten*** *im* ***Schnee*** *wieder.*	N =29
	lumen–keskellä (13), saartamana (1), ympäröimänä (1)	15
	keskellä – lumikasaa (3), lumipenkkaa (4)	7
	keskellä lumisohjoa	1
	keskellä ***lumikinosta***	3
	kinoksesta	2
	keskellä ***lumihankea***	1
	...*found myselfand my car stuck in a snowdrift.*	N = 7
	juuttuneena	
	– lumipenkereeseen (1), lumipenkkaan (1)	2
	– ***lumikinoksessa***	2
	– ***kinoksessa***	2
	– ***lumihangessa***	1

5. 1차 설명

이러한 관찰 결과를 설명하기 위하여 티르코넨-콩디(2000)는 "특수소" 자체에 대한 가설이 제한하는 설명을 언급한다. 이러한 견해를 본고에 적용하면 다음과 같은 의미이다. 특수소는 본고에서 학습자 번역이 이루어지는 출발 텍스트에서 어휘화되지 않으므로 특수소 자체가 출발 텍스트 표현에 대하여 명백히 1차적으로 선택되는 등가를 의미하지는 않는다. 오히려 독일어 및 영어 자극이 도착 텍스트에 직접적인 어휘 또는 사전적 번역을 제안하는 것으로 보인다. 코퍼스 기반 및 번역 과정 연구 결과를 근거로 티르코는-콩디는 최근 논문에서 다음과 같은 견해를 표명하였다.

여과 요소(filtering element)는 번역 과정에서 언어적 대응을 가지고 있는 도착어의 언어 요소로 번역사의 마음을 움직인다. 번역사의 눈을 가리는 이러한 여과 요소로 번역사는 특수 언어 항목을 간과하곤 한다.

(티르코넨-콩디, 2002, p.16)

티르코넨-콩디(2000)가 지적한 대로 여과된 직역 등가의 의미가 완벽하고 도착어 규범을 위반하지 않는(듯 한) 경우 번역사는 대안을 고려할 하등의 이유가 없을 것이다. 그 결과 특수소(본 실험의 경우 *hanki, keli, kinos*)는 간헐적으로만 사용되며, 핀란드어 번역 코퍼스와 비(非)번역 코퍼스의 비교 연구를 통한 "충분성 동사"와 핀란드어 접어 화용 분사의 연구(상게서)에서 티르코넨-콩디가 제시한 바와 같이 특수소는 비(非)번역 핀란드어 텍스보다 번역 핀란드어 텍스트에서 빈도가 낮게 나타난다.

그러나 학습자의 비(非)번역 발화에 대한 정보가 없으므로 본고에서 진행한 소규모 번역 시험으로는 아직 이러한 류의 비교 혹은 일반화는 할 수 없다. 번역 시험은 필수 질문, 즉 앞서 제시한 실재소인 *keli, hanki, kinos*를 학습자가 능동적으로 사용하거나 수동적으로 알고 있는 정도에 대한 질문을 하게 된다.

6. 대조 시험

위의 질문에 답하고자 번역 및 비(非)번역 발화 상황에서 학습자의 언어 사용에 관한 (모방) 비교 코퍼스 작성을 위하여 소규모 대조 시험을 실시하였다. 대조 시험은 메리 스넬-혼비(Mary Snell-Hornby, 1983; 반네렘과 스넬-혼비(Vannerem & Snell-Hornby, 1986)도 참조)의 실험 테스트에서 영향을 받은 "빈칸 채우기 시험", 그리고 교실 상황에서 창의적 번역 과정을 강화하기 위하여 파울 쿠스마울(Paul Kussmaul, 2000a, 2000b 참조)이 도입한 "틀에서 장면 요소 골라내기(picking out scene elements in a frame)" 방법을 혼용하였다. 스넬-혼비와 쿠스마울의 생각은 모두 필모어(Fillmore, 1977)가 제안한 장면과 틀에 관한 인지적 모델에 근거한다. 본고는 스넬-혼비의 방법론 중 "소형 빈칸 채우기"(투리, 1991, p.48), 그리고 사라진 한 개의 비유를 자연스러운 보완 표현으로 수집하기 위하여 동일한 텍스트를 시각적으로 제시하는 방법을 사용하였다. 다시 말해 스넬-혼비는 규칙적으로 특정한 정신 상태와 연관되는 틀(frame)이라는 습관화된 언어 선택을 탐색하는데, 본고에서는 말 또는 글로 표현되는 그림, 즉 장면(scene)이 된다. 이어서 이러한 선택을 학습자의 동일한 텍스트 및 동일한 직유 번역물과 비교한다. 반면 쿠스마울의 방법론에서는 이러한 틀에 속하는 장면에서 세부 내용을 골라 특정 단어의 의미를 논하는 방식으로 학습자가 난이도가 높은 출발 텍스트 틀에 대하여 더욱 창의적인 번역 대체 표현을 찾는 과정에 도움을 제공한다.

이번 연구에서는 앞서 언급한 번역 시험 텍스트와 유사한 이야기로 "틀에서 장면 요소 골라내기"를 사용하되, 본 연구자가 교실 앞에서 자유롭게 이야기하는 방식으로 실시하였다. 생략된 핀란드어 단어 3개를 넣으면 텍스트가 완성되는 형태의 번역에서 소소한 문제가 있는 무력한 번역사가 되어보자는 생각이었다. 이에 학습자는 제시된 이야기 구성 요소로 해당하는 특정 장면을 떠올린 후 제일 먼저 떠오르는 동시에 특정하게 기술된 맥락에 적합해 보이는 어휘 후보로 세 칸의 공란을 각각 적어낸다. 빈칸 채우기 시험은 사본린나 번역대학의 1, 2학년 학생 38명(영어번역전공 1학년 13명 및 2학년 12명, 독일어번역전공 1학년 13명)을 세 그룹으로 나누어 실시하였다.[3] 대조 시험 결과는 표 5와 6에 제시하였다.

표 5. 빈칸 채우기 항목 "keli"가 생략된 상황에서 학습자가 제시한 단어

"Keli"	1차 선택	2차 선택	3차 선택	합계/N = 38:
keli	26	5	2	33
ilma, sää ('weather(날씨)')	6	10	6	22
others: *tuuri, mäihä* ('luck(운)'), *wheather*	6	4	1	11

표 5와 같이 38명 중 33명이 "문제가 있는" 첫 번째 빈 칸에 *keli*를 제안하였고, 이 중 26명은 이를 1차 후보로 제시하였다. 이를 근거로 앞서 제시한 단어들은 외국어 자극의 제약이 없다면 학습자 언어에서도 습관화된 명사라는 주장을 견지할 수 있을 것이다. 빈도가 현저히 낮기는 하지만 다른 후보로는 장면에서 나오리라 예측도 되고 수용도 가능한 해석인 "weather(날씨)", 그리고 약간 다른 의미인 "luck(운)" 등이 제시되었다. 학습자 1명은 전체 수행 작업을 잘못 이해한 결과 영어 단어 3개를 제안하였다. 아울러 번역 텍스트에서 빈도가 높은 *ajoolosuhteet, liikenneolosuhteet, tieolosuhteet* 등의 표현이 학습자 응답에서 전혀 나타나지 않았다는 결과도 흥미롭다.

표 6과 같이 *kinos*와 *hanki*의 마지막 두 사례에서는 이미 차이가 크게 나타나지만, 그럼에도 연구 대상 특수소의 경우 학습자의 3분의 1 이상이 *kinos*와 *hanki*를 사용한 바 여전히 번역 시험 상황에 비하여 비(非)번역 상황에서 빈도가 높게 나타났다. 여기에 *kinos*의 사용 빈도를 *hanki*의 적절한 상황적 동의어로 본다면 번역 언어와 비(非)번역 언어 사용 간 차이는 더욱 분명해진다.

표 6. 빈칸 채우기 항목 "kinos" 및 "hanki"가 생략된 상황에서 학습자가 제시한 단어

"kinos"	1차 선택	2차 선택	3차 선택	합계/ N=38:
kinos	11	1	-	12
lumikinos	3			3
lumikasa, lumikeko, lumivalli, lumipenkka('snowdrift(날려 쌓인 눈 더미)'/ 'snowbank(눈 더미)')	11	2	1	14
keko, valli, kasa, penkka ('drift(바람에 휩쓸려 쌓인 눈 더미)' / 'bank(바람에 쓸려 쌓인 눈 더미)')	11	4	2	17
기타: ura ('trail(흔적)'), weather	2	2	-	4
"hanki"				
Hanki	11	-	-	11
lumihanki	2			2
kinos	6	1	-	7
lumipenkka, lumikasa, lumivalli	3	1	-	4
lumi ('snow(눈)')	6			6
penkka("bank(은행)")	6			6
others: *loska*, *sohjo* ('slush(녹기 시작한 눈)'), *kiinni* ('stuck(갇힌)'), pelto ('field(필드)'), *ditch*	6	3		9
"무응답"	2			2

더욱이 이러한 비(非)번역 빈칸 채우기 시험에서 다소 중복적인 동의어인 *lumikinos*와 *lumihanki*를 비롯한 다른 복합어의 빈도가 학습자 번역보다 빈도가 낮다는 관찰 결과도 흥미롭다. 또한 빈칸 채우기 시험에 사용한 표현은 *keko, penkka, valli* ('drift(바람에 휩쓸려 쌓인 눈 더미)' 또는 'bank(쓸려 쌓인 눈 더미)') 및 실제소 *asloska, sohjo* ('slush(녹기 시작한 눈)') 등 본고의 특정 장면에서 "snow(눈)"을 지칭하는 상황적 등가를 포함하였으나 번역에서는 실질적으로 전혀 나타나지 않았다.

7. 결어

본고에서 함께 고찰한 번역 초보자의 번역 및 비(非)번역 언어 사용은 출발 텍스트 표층 구조가 번역 도착어 사용에 미치는 영향에 관한 제반 가설인 "간섭의 법칙(law of interference)"(투리, 1995, p.275)의 기능 중 1개 사례에 불과하다. 학습자의 제반 번역 과정은 출발어의 제약에 따라 도착 텍스트에 "번역체의 맛(a taste of translationese)"(티르코넨-콩디, 2002, p.12)을 느끼게 하는 특유의 어휘 선택 분포를 보이며, 비(非)번역 표현에 비하여 어떻게든 텍스트를 의미적으로 외연화한다. 따라서 본 연구 결과는 초보 또는 전문 번역가 대상의 실증적 시험(스넬-혼비, 1983 등)이나 확실한 번역 텍스트 혹은 비(非)번역 텍스트의 대규모 코퍼스 연구(올로한과 베이커(Olohan & Baker), 2000; 에스콜라, 본서; 티르코넨-콩디, 2000 및 본서) 등 번역 언어의 특징에 관한 선행 연구 결과와 일치한다.

그러므로 본 실험의 결론은 앞서 소개한 스넬-혼비의 실험 결과 자료에 대하여 제시한 투리의 견해로 요약하고자 한다.

> 그렇다면 소위 내재된 "상황적 등가"를 인지하고 이를 비교 가능한 유사 태생적 상황에 사용하는 이들은 *번역 관계를 가능한 최고의 층위에서 만들고 설정하도록 배웠음에도 불구하고(본 실험의 대상이 현대적 교육 기관에서 번역을 전공하는 학생이므로)* 이를 번역 대체로 간과하는 경향이 있는 듯 하다. 개인적으로는 "번역 발화에서 의사소통"(투리, 1980)의 필요성이 자체적인 패턴, 마땅히 더 많이 고려하고 구체화해야 할 진술을 강제한다는 분명한 징표이다. 실험 방법론도 마찬가지이다. (투리, 1991, p.50, 이탤릭 체는 필자가 표시)

투리의 결론은 쉽게 동의할 수 있다. 위의 견해에 필자가 넣은 이탤릭체로 알 수 있듯이 필자는 이러한 관찰 결과가 교육적으로 연관이 있다는 점을 추가하고자 하였다. 본고의 실험에 참가한 학습자가 변역 관계를 가능한 최고의 층위에서 설정하고자 시도했을까?

학습자 번역물을 다시 한 번 살펴보자. 가령 핀란드어 실제소인 *keli*를 사용하지 않은 번역은 출발 텍스트에서 *(-)verhältnisse* 혹은 *conditions*로 표현되는 의미 요소인 "condition(상태)"을 사용하는 공통적 특징이 있다. 서두에서 지적한 바와 같이 의미 요소는 핀란드어 단어에서 표현되지 않는다. 학습자의 도착 텍스트의 경우 출발 텍스트의 언어 표층 이면의 *장면*은 고사하고 텍스트를 이해하고 전달하기보다는 대체로 여러 단어, 기껏해야 문장을 이해하고 전달한다는 번역 개념을 준수한다는 사실을 알 수 있다. 대조 시험 관점에서 볼 때 학습자는 맥락에 "몰입"해서 상황을 재구성함으로써 SL 표층 구조를 벗어나 텍스트에 포함된 장면 또는 정신 모델을 온전히 구축할 능력이 없거나 주저하는 모습을 보인다. 그러므로 제시된 장면에 대하여 학습자는 TL의 내재적 틀을 찾지 못한다. 번역 과정에 대한 연구에서 이러한 현상은 "형식 중심의 학습자 번역" 대(對) "의미 중심의 전문적 번역"(뢰셔(Lörscher), 1987), 비(非)전문적이며 실패한 행위이자 준(準) 전문 번역가가 잠재적 번역 문제를 점차 인지하는 특징인 "피상적 처리"(예스켈레이넨, 1999, p.202; 티르코넨-콩디, 1987), 또는 번역 초보자의 결과물에서 나타나는 "감시 없는 등가 생성" 등 관점(및 실험 조건, 대상 개체 및 자료)에 따라 여러 방식으로 기술되었다. 그러나 본 실험에 (대부분) 자원한 학습자들은 단어 혹은 복합어 1개의 번역 층위보다 높은 층위에서 번역 관계를 설정한다는 생각이나 이상을 아직 수용하지 않았다는 기본적인 관찰은 동일하다.[4)]

이러한 작업 결과는 신참 번역사가 사고 과정에서 다양하게 적용하는 소위 *암묵적 번역 규칙*과 관련이 있을 수 있다. 회니히(1988, p.158, 1995, p.25)에 따르면 "번역의 정확성"을 이중언어사전으로 확인할 수 있는 "가능한 한 단어 대 단어로 번역하되 최대한 자유롭게 번역하기", "가능한 한 정확하게 번역하기" 등이 암묵적 번역 규정에 포함된다. 이러한 규정을 따르면 번역 결과물은 필연적으로 출발 텍스트보다 떨어지며, 보통은 어색하거나 결코 비(非)번역 도착어 원문처럼 읽히지 않는다. 일련의 주장과 마찬가지로 이러한 현상은 필연적이므로 상당히 정상적이다(상게서). 모든 규정 목록과 기타 개념화한 규정은 번역하기, 번역물, 그리고 이에 따른 번역사의 지위와 역할에 대한 담론이 번역물 사용자, 번역 소설 리뷰, 각급 학교에서의 외국어 훈련, 자막의 정확성에 대한 일반인 간 논의 등 현대 사회에서 표현되는 방식을 정의하며, 아울러 번역 공부를 시작하는 학습자의 "번역 능력 부족(translatorische Inkompetenz)"(회니히, 1988, p.156)의 근간을 이룬다. 더욱이 번역 교육을 통하여 이를 해결하지 못한다면 학습자의 번역 결과물은 계속해서 능력 부족이라는 특성을 드러낼 것이다. 결국 번역 과정 및 결과물로서의 번역, 전문성의 특징 등에 대하여 더욱 현실적 견해를 구축하려는 과정에서 과학적 지식은 분명한 도구 역할을 한다. 이것이 바로 연구 세미나는 물론 모든 번역 수업에서 제반 "이론", "모델", "개념" 및 이를 이용한 실험이 필수적인 역할을 수행해야 하는 이유이다. 이러한 활동은 초보 번역사가 향후 인간 번역 전문가로서 자신의 역할에 대한 이해를 강화하는 길을 열어주기 때문이다.

미주

1. 번역을 도와준 사본린나 번역학부(Savonlinna School of Translation Studies)의 스티븐 콘디트(Stephen Condit)와 마르티나 나투넨(Martina Natunen)에게 감사를 전한다.

2. 도움을 아끼지 않은 사본린나 번역대학의 리타 예스켈레이넨 및 탐페레대학교 현대언어 번역학부의 디터 헤르만 슈미츠(Dieter Hermann Schmitz)에게 깊은 감사를 전한다.

3. 도움을 준 사본린나 번역대학의 리타 예스켈레이넨과 운토 싱코넨(Unto Sinkkonene)에게 감사를 전한다.

4. 이러한 가설은 화면 녹화 소프트웨어를 사용하여 학습자의 번역 과정을 녹화하는 본 연구 프로젝트의 다음 단계에서 검증할 예정이다(쿠야매키, 2003 참조).

첨부

• 본고의 실험에 사용한 출발어 텍스트

SE TAVALLINEN TALVINEN TARINA

Tänään aamulla herättyäni huomasin kauhukseni, että yöllä oli satanut syksyn ensimmäinen lumi. Eikä minulla ole talvirenkaita autossa tai edes autotallissa! Aamun linja-auto kaupunkiin oli kuitenkin ehtinyt jo mennä, joten minun oli pakko lähteä ajelemaan töihin omalla autolla. Rengasliikkeestä saisin sitten turvalliset renkaat alleni. Matkalla tuiskuava lumi muuttui rännäksi ja keli vain paheni. Edellä ajelevan aura-auton jäljiltä tien viereen jäi jo matalia kinoksia. Ajelin hiljaa mutta en sitten kai kuitenkaan tarpeeksi varovasti: yhdessä risteyksessä auto vain lähti puskemaan kohti tien oikeaa reunaa, ja pian löysin itseni ja autoni hangesta. Hieno alku päivälle! Vaikkei itselleni kummemmin käynytkään, tiesin kuitenkin siinä apua odotellessani, millaisin otsikoin tämän aamupäivän liikenteestä raportoitaisiin huomisen lehdessä: (...) (112 단어)

WINTER, O WEH!

Als ich heute morgen aufwachte, bemerkte ich zu meinem Entsetzen, dass es in der Nacht zum ersten Mal in diesem Herbst geschneit hatte. Und ich hatte noch nicht die Reifen gewechselt, besaß nicht mal Winterreifen! Den morgendlichen Bus in die Stadt hatte ich schon verpasst, so musste ich wohl oder übel mit dem Auto zur Arbeit fahren. Beim Reifenhändler würde ich mir dann Winterreifen montieren lassen.

Unterwegs verwandelte sich der Schnee in Schneeregen und die Straßenverhältnisse wurden immer miserabler. Vor mir fuhr ein Schneepflug und häufelte den Schnee am Straßenrand zu schon recht ansehnlichen Häufchen auf. Ich fuhr ganz langsam, aber wohl doch nicht vorsichtig genug: An einer Kreuzung verlor ich plötzlich die Kontrolle über den Wagen und ab ging es Richtung rechter Straßenrand. Kurz darauf fand ich mich in meinem Wagen mitten im Schnee wieder. Was für ein erfreulicher Tagesbeginn!

Auch wenn mir nichts weiter passiert war, erschienen, während ich auf Hilfe wartete, vor meinem inneren Auge die Schlagzeilen, mit denen in der morgigen Zeitung über das heutige Verkehrschaos berichtet würde: (...) (175 단어, 번역: 마르티나 나투넨)

AN ORDINARY WINTER'S TALE

Upon awakening one morning I noticed to my dismay that the first snows of autumn had falling during the night, and I didn't even have my winter tyres on the car yet, or even ready waiting in the garage. But the morning bus to town had already left, so I had to drive. I thought I would be able to get some proper tyres put on at the service station. On the way the snow flurries turned to sleet, and conditions rapidly worsened. A snowplow ahead of me had left a low snowbank on the side of the road. I was driving slowly, but apparently not with sufficient care: at an intersection the car simply began to slide toward the right shoulder, and I found myself and my car stuck in a snowdrift. A great way to start the day. Even though I didn't hurt myself, I knew, while waiting for help to arrive, what kind of headlines about the morning's traffic would appear in the papers tomorrow. (...)(172 단어, 번역: 스티븐 콘디트)

• 핀란드 현지 폭스바겐 고객 전단지 2의 표지

실험 시작 당시 번역 초안

"YOU CAN'T CHOOSE THE WEATHER CONDITIONS ...WINTER IS COMING! Dark nights and rainy weather weaken visibility and headlights seem powerless. The first frosty morning can cause problems; door locks are frozen, the accumulator is empty, dampers don't work, the hand break is stuck etc. IS YOUR CAR READY FOR THE WINTER TO COME? [...]"

("날씨 상태를 선택할 수는 없습니다…겨울이 목전입니다! 며칠을 이어지는 어두운 밤, 그리고 비가 내리는 날씨로 가시성이 낮아지고 헤드라이트도 무력해지죠. 첫 서리가 내리는 아침에는 도어락 동결, 배터리 방전, 댐퍼 고장, 핸드브레이크 고장 등 여러 문제가 발생할 수 있습니다. 귀하의 차량은 월동 준비가 됐나요? […]")

Chesterman, Andrew (1993a). From 'is' to 'ought': laws, norms and strategies in translation studies. *Target, 5*(1), 1-20.

Chesterman, Andrew (1993b). Translation as theory. Kääntäjä, 3, 1.

Eskola, Sari (this volume). Untypical Frequencies in Translated Language: a Corpus-Based Study on a Literary Corpus of Translated and Non-Translated Finnish. In A. Mauranen & P.Kujamäki (Eds.), *Translation Universals- Do They Exist?* Amsterdam/ Philadelphia: John Benjamins.

Fillmore, Charles J. (1977). Scenes-and-frames semantics. In A. Zampolli (Ed.), *Linguistic Structures Processing* (pp.55-88). Amsterdam: N. Holland.

Haarala, Risto et al. (1990-1994). *Suomen kielen perussanakirja* [Dictionary of Contemporary Finnish]. Vol. 1-3. Helsinki: Kotimaisten kielten tutkimuskeskus.

Holz-Mänttäri, Justa (1989). Interferenz als naturbedingtes Rezeptionsdefizit: ein Beitrag aus translatologischer Sicht. In H. Schmidt (Ed.), *Interferenz in der Translation* (pp.129-134). Leipzig: Enzyklopädie.

Hönig, Hans G. (1988). Obersetzen lernt man nieht durch Obersetzen: Ein Pladoyer fur cine Prcpadeutik des Übersetzens. *Fremdsprachen lehren und lernen, 17,* 154-167.

Hönig, Hans G. (1995). *Konstruktives Übersetzen.* Tübingen: Stauffenburg. Hurme, Raija, Malin, Riitta-Leena, & Syväoja, Olli (1984). *Uusi suomi-englanti suursanakirja/Finnish-English General Dictionary.* Porvoo/Helsinki/Juva: WSOY.

Jääskeläinen, Riitta (1999). *Tapping the Process: An Explorative Study of the Cognitive and Affecitve Factors Involved in Translating*

[University of Joensuu Publications in the Humanities 22]. Joensuu: University of Joensuu .

Jääskeläinen, Riitta, & Tirkkonen-Condit, Sonja (1991). Automatised processes in professional vs. non-professional translation: a think-aloud protocol study. In S. Tirkkonen-Condit (Ed.), *Empirical Research on Translation and Intercultural Studies. Selected Papers of the TRANSIF Seminar, Savonlinna* 1988 (pp.89-109). Tübingen: Gunter Narr.

Katara, Pekka, & Schellbach-Kopra, Ingrid (1997). *Suomi-saksa - suursanakirja/Großwörterbuch Finnisch-Deutsch.* Porvoo, Helsinki, Juva: WSOY.

Kujamäki, Pekka (2003). Kaappaa käännösprosessi! Näytönkaappauschjelmistot aineisto nkeruumenetelmänä ja kääntämisen opetuksen ja tutkimuksen työkaluna [Capture the screen! Screen recording applications as a method of data collection and as a pedagogical tool in translation class]. Paper presented at the KÄTU 2003 Translation Studies Symposium, April 4-5, 2003, Turku.

Kussmaul, Paul (2000a). A cognitive framework for looking at creative mental processes. In M. Olohan (Ed.), *Intercultural Faultlines. Research Models in Translation Studies I: Textual and Cognitive Aspects* (pp.57-71). Manchester, UK / Northampton, MA: St. Jerome.

Kussmaul, Paul (2000b). Types of creative translating. In A. Chesterman, N. Gallardo San Salvador. & Y. Gambier (Eds.), *Translation in Context: Selected Contributions fromt the EST Congress, Granada* 1998 (pp.117-126). Amsterdam/Philadelphia: John Benjamins.

Lörscher, Wolfgang (1987). Zur Genese und Entwicklung von Übersetzungskompetenz. *Textcon Text, 2,* 193-215.

Mauranen, Anna (2001). Strange strings in translated language: a study on corpora. In M. Olohan (Ed.), *Intercultural Faultlines. Research Models in Translation Studies I: Textual and Cognitive Aspects* (pp.119-141). Manchester, UK / Northampton, MA: St. Jerome.

Mauranen, Anna (this volume). Corpora, Universals and Interference. In A. Mauranen & P.Kujamäki (Eds.), *Translation Universals* - Do They *Exist?* Amsterdam/Philadelphia: John Benjamins.

Olohan, Maeve, & Baker, Mona (2000). Reporting *that* in translated English: evidence for subconscious processes of explicitation? *Across Languages and Cultures, 1*(2), 141-158.

Schmidt, Heide (1989). *Interferenz in der Translation.* Leipzig: Enzyklopädie. Snell-Hornby, Mary (1983). *Metaphorical Thought and Translation: Taking a stand on P.Newmark.* Trier: L.A.U.T.

Tirkkonen-Condit, Sonja (1987). A pilot study into an aspect of the translation process. *Neuphilologische Mitteilungen, 88*, 221-229.

Tirkkonen-Condit, Sonja (2000). In search of translation universals: non-equivalence or 'unique' items in a corpus test. Paper presented at the UMIST/UCL Research Models in Translation Studies Conference, 28-30 April 2000, Manchester.

Tirkkonen-Condit, Sonja (2002). Process research: state of the art and where to go next. *Across Languages and Cultures, 3*(1), 5-19.

Tirkkonen-Condit, Sonja (this volume). Unique Items - Over- or Under-Represented in Translated Language? In A. Mauranen & P.Kujamäki (Eds.), *Translation Universals – Do They Exist?* Amsterdam/Philadelphia: John Benjamins.

Toury, Gideon (1980). *In Search of a Theory of Translation.* Tel Aviv: Porter Institute for Poetics and Semiotics.

Toury, Gideon (1991). Experimentation in translation studies: achievements, prospects and some pitfalls. In S. Tirkkonen-Condit (Ed.), *Empirical Research in Translation and Intercultural Studies: Selected papers of the TRANSIF Seminar, Savonlinna 1998* (pp.45-66). Tübingen: Gunter Narr.

Toury, Gideon (1995). *Descriptive Translation Studies and Beyond.* Amsterdam/Philadelphia: Benjamins.

Vannerem, Mia, & Snell-Hornby, Mary (1986). Die Szene hinter dem Text: 'scenesand- frames semantics'in der Übersetzung. In M. Snell-Hornby (Ed.) , *Übersetzungswissenschaft: Eine Neuorientierung* (pp.184 -205). Tübingen: Francke.

"메데인의 가족들 (The Families of Medellín)"의 운명

번역 보편소 후보를 활용한 번역 수업 사례

리타 예스켈레이넨 (Ritta Jääskeläinen)
요엔수대학교(University of Joensuu), 핀란드

반복 회피는 (훌륭한 작가와 마찬가지로) 전문 번역사가 거의 자동으로 반응하는 번역 보편소 가설(assumed translation universals) 가운데 하나이다. 그러나 반복은 문체상 기교의 일환으로써 의도적으로 사용되기도 한다. 본고는 번역을 배우는 학생들이 텍스트에서 의도적 반복에 대하여 인지하는지, 또 어떻게 인지하는지 알아보기 위하여 진행 중인 소규모 연구 프로젝트에 대한 내용을 소개한다. 연구 자료는 학생들이 동일한 출발어인 영어를 핀란드어로 번역한 결과물로 구성되며, 출발 텍스트(ST)의 문체가 번역물에 보존되어야 한다는 등의 번역 브리프가 제공되었다. 두 학생 그룹 중 한 그룹은 "백지 상태(blind)"에서, 다른 그룹은 문체 분석과 문체상 기교에 대한 지침을 받고 번역을 진행하였다. 학생들의 번역 결과물을 비교해본 결과 출발 텍스트 문체의 중요성에 대한 주의를 환기시킨 경우를 제외하고 대체적으로 반복을 회피하는 경향을 보였다.

1. 서론

본고는 "반복 회피(avoidance of repetition)"라는 보편소가 번역 학습자(또는 초보자)의 번역 과정에서 목도되는지 알아보고, 반복 회피가 목도되는 경우 번역 학습자가 필요 시 반사적인 번역 회피에서 자유로울 수 있는지를 알아보기 위하여 진행 중인 소규모 연구 프로젝트의 중간 보고서이다. 본 연구는 필자가 번역 수업 현장에서 일상적으로 관찰한 내용에서 시작되었다. 학생들에게 반복이 문체상 기교로 사용된 출발 텍스트(source text)를 제시하였고, 학생들에게는 비교적 "충실한(faithful)" 번역을 하도록 요구하였다(출발 텍스트와 번역브리프는 아래에서 더욱 자세히 설명할 것이다). 놀랍게도 여러 번역물에서 반복이 사라지면서 일부 결과물은 확실히 요약본이 되었다. 이러한 관찰을 계기로 필자는 학습자의 행위를 설명할 수 있는 방법과 이에 대한 해결책을 모색하게 되었다.

이러한 학습자의 행위는 번역보편소 가설(assumed universals of translation) 가운데 하나인 반복 회피로 설명될 수 있는데, 반복 회피는 출발 텍스트에서 나타난다. 기드온 투리(Gideon Toury, 1991, p.188)는 반복 회피가 "지금까지 연구가 진행된 모든 언어에서 나타나는 가장 끈질기고 확고부동한 규범"이라고 주장한다. 투리(상게서)는 반복 회피가 "특정한 출발 텍스트에서 나타날 수 있는 여러 기능적 반복에 상관 없이" 나타난다고 보았는데, 이는 필자의 수업 관찰에서 확인된다. 이러한 투리의 주장은 전문 번역(예: 블룸-쿨카와 레벤스턴(Blum-Kulka & Levenston), 1983, 라비오사-브레이스웨이트(Laviosa-Braithwaite), 1998, p.289에서 인용; 투리, 1991)의 연구 근거에서도 확인된다. 이와 같은 (일견 보편적인) 반복 회피 경향은 좋은 글쓰기를 위한 언어 규범 및 규정 가설로부터 비롯된 것으로 판단되며, 번역사들은 훌륭한 전문 텍스트 생산자로서 이를 따르는 경향이 있다.

한편으로는 초보자들의 번역에서 "반복 회피"가 실제 작용하는지 알아보고, 다른 한편으로는 (학생들에게 반복의 문체상 기능에 대한 주의를 환기시킨 상황에서) 해결책을 모색하기 위하여 필자가 담당한 번역 수업 과정에서 소규모 연구 프로젝트를 수행하기로 하였다.[1] 약술하면 일단의 학생 그룹은 "백지 상태(blind)"에서 번역을 하고, 다른 학생 그룹에게는 문체 분석에 대한 지침을 제공한 상태에서 번역을 한 후, 이 두 번역 그룹간에 구조적인 차이가 나타나는지 알아보기 위한 연구이다.

먼저 연구 설계, 출발 텍스트, 번역브리프 및 학생들에게 제공된 문체 분석 지침을 소개하고, 이어서 자료의 사례를 논의하고자 한다. 현재의 연구 프로젝트 단계에서 전체 텍스트상 반복의 기능과 번역에 대한 면밀한 분석이 유의미한지 결정하기 위하여 출발 텍스트의 반복과 이에 대한 번역 사례 중 일부 (임의로 선정한) 사례를 살펴보았다. 다시 말해 다음의 관찰 내용은 텍스트 전체가 아니라 임의로 선정한 일부 사례에 한하여 적용된다.

2. 연구 설계

연구 자료는 영어-핀란드어 번역 입문 과정 수강생들의 번역물에서 수집하였다. 수강생들은 영어(통번역) 전공 1학년이기에 확실히 번역 초보자들이다. 2000년도에 수집된 번역물을 제외하면 메데인(Medellín) 번역은 학생들이 수업 과정에서 번역 작업을 진중하게 다루게 하는 대표적인 평가 번역(assessed translation)이다. 공정성 담보를 위하여 문체 지침이 관련된 경우에는 특정 학생 그룹을 항상 동일하게 다루었다. 지침을 사용한 번역물(N=37)은 1996년과 2000년에 수집되었으며, 지침을 사용하지 않은 번역물(N=45)은 1996년, 1999년, 그리고 2001년에 수집되었다. 그러므로 현재 번역물 자료는 총 82개이다.

문체 분석 양식은 카리 혼카넨(Kari Honkanen)이 1996년 지침에 따라 자료를 수집할 당시 작성되었다. 지침 양식은 다양한 핀란드어 출처를 통하여 수집되었고, (반복과 대조를 포함하는) 응결 장치(cohesive device)의 활용을 묘사하는 구절, 그리고 상이한 텍스트 유형 분류를 기술하는 구절을 포함한다. 지침 양식이 최선도 아니고 필자가 현재 꼭 사용하는 것도 아니지만 번역이 진행되는 상황을 최대한 유사하게 조성하려면 반드시 동일한 지침 양식을 사용해야 한다. (물론 교수자가 다르면 학습 환경도 달라지지만 프로젝트 현 단계에서는 어쩔 수 없는 요인이다. 반면 교수자가 달라지면 결과물에서 "교수자 효과(teacher effect)"를 고르게 할 수 있다.) 그럼에도 불구하고 본 지침 양식은 필자의 연구 관심 초점과 관련된 특성을 지나치게 강조하지 않으면서도 관련 정보를 담고 있다. 환언하면, 본 지침 양식을 통해 학생들은 충분히 창의적 사고와 문제 해결을 할 수 있다. 학생들은 번역물 제출 기한 이전 수업 시간에 문체 분석을 실시함으로써 확실히 지침을 숙지하되 텍스트 번역 시 실제 어떻게 해야 하는지에 대한 명시적 설명을 받지는 않았다.

3. 출발 텍스트 분석

출발 텍스트인 "메데인의 가족(The Families of Medellín)"의 저자는 오스카르 카예(Oscar Calle)로, 콜롬비아 메데인 출생이나 1988년 3월 14일자 뉴스위크(Newsweek)에 텍스트가 출판된 당시에는 미국에서 거주하고 있었다. 논증적 텍스트를 통해 저자는 주장을 내세운다. 콜롬비아의 국내 마약 관련 범죄와 죽음은 개인화하면서, 해외 폭력 보도에 대해서는 응당 무감각해지는 상황을 통하여 저자는 독자들에게 마약 거래로 인한 원거리 희생자가 실제로는 누군가로부터 사랑을 받고, 누군가의 가족이라는 점을 일깨운다. 이는 출발 텍스트의 예문 1과 2에서 확인된다. 예문 1은 ST의 두 번째 문단(첫 문단 시작 부분은 아래 예문 4에 제시된다)으로 메데인에서 암살된 28세 남성에 대해 언급한다.

(1) ST: The news of his assassination was hardly noticed in the newspapers in his hometown of Medellín, Colombia; they are so used to it – 16 of these killings take place every single week in that city. It was not mentioned in the newspapers of other Colombian cities; this news is no news anymore in a country where 11,000 of these murders take place every single year. The international wire services didn't carry this event to their foreign affiliates; how many thousands of killings take place every single day in the world?
(ST: 그가 암살됐다는 소식은 고향인 콜롬비아 메데인 신문에는 거의 보도되지 않았다. 암살 관련 소식이 너무 익숙하기 때문이다. 이 지역의 암살 건수는 매주 평균 16건에 달한다. 이 사건은 여타 콜롬비아 도시들에서는 보도조차 되지 않는다. 연간 11,000건의 살인 사건이 발생하는 콜롬비아에서 살인 사건은 뉴스거리도 아니다. 국제 통신사 역시 이 사건을 해외 제휴사에 제공하지 않았다. 전 세계에서 단 하루 동안 발생하는 살인 사건이 얼마나 많은가?)

세 문단 아래의 예문 2에서 암살된 청년이 저자와 친한 친구의 아들이라는 사실이 나오는데, 이러한 사실은 저자가 메데인과의 밀접한 개인적 관계를 설정한 이후 제시된다.

(2) ST: I was born in Medellín. Many years ago I fell in love there. My first two children were born there. My father is buried there. I remember Christmas, birthdays, baptisms and funerals. And serenades at midnight. Medellín is also home for so-

called Medellín cartel, possibly the most powerful group of narcotraffickers in the world. It was the home, too, of the 28-year-old boy. His family is like my family. The father, Luis Fernando, is my friend, who, not so long ago, drank aguardiente with me on nights of serenade. Last December he lost his son.

(ST: 나는 메데인 태생이다. 오래 전 그곳에서 나는 사랑에 빠졌다. 첫째와 둘째가 태어난 곳이자 아버지가 묻힌 곳이다. 크리스마스, 생일, 영세, 그리고 장례식을 기억한다. 자정의 세레나데도. 메데인은 세계 최강의 마약 거래상인 소위 메데인 카르텔의 본거지이기도 하다. 살해당한 28세 청년의 고향도 그 곳이다. 그의 가족은 우리 가족과 진배 없다. 청년의 아버지 루이스 페르난도(Luis Fernando)는 나의 친구로, 얼마 전까지 밤중이면 세레나데를 들으며 나와 증류주인 아구아르디엔테(aguardiente)를 마셨다. 지난 12월, 내 친구는 아들을 잃었다.)

저자는 논점을 내세우기 위해 자서전적 서술과 해설적 산문을 동시에 제시하는 등 흥미롭고 다양한 문체상 기교를 구사한다. 저자는 *narcotraficantes*(마약 거래상), *aguardiente*(증류주의 일종), *corrida*(투우) 등 스페인어 차용어를 사용하여 지역적 색채를 더한다. 다양한 종류의 반복을 주요 기교로 종종 대조 기법도 함께 사용한다. 반복은 저자가 *family*(*가족*), *home*(*가정*) 등 주요 이미지나 비유를 떠올리게 하는 수단이기도 하다. 텍스트는 선한 가족 대(對) 악한 가족의 대조, 선한 물건/사람과 악한 물건/사람(위의 예 2 참조), 과거와 현재의 가족 등이 다음의 ST 발췌문에 묘사된다.

가족/*가정*에 대한 의미망은 제목인 "메데인의 *가족들*(The *Families* of Medellín)"에서 촉발되어 "내가 태어나고 아버지가 묻힌 도시는 코카인 카르텔이 *본거지*(*hometown*)이기도 하다"라는 캡션에서 한층 강화된다. 캡션은 헤드라인에 언급된 가족들을 선(저자의 가족)과 악(마약 거래

상)의 가족들 (즉 가족들의 대조)로 의미망을 확충한다. 캡션은 또 저자와 저자의 *태생지*, 저자의 *아버지*와 *묻힌 곳* 등 가족/가정의 이미지를 대조를 통하여 확장한다. (가족사에 대한 지시체는 앞의 예 2에서와 같이 추후 반복된다.)

가정/가족은 아래 예 3과 같이 비유적 확장도 나타난다. 저자는 어린 시절 자신이 기억하는 메데인을 그리워하며, 해당 단락은 아래 문단의 내용을 포함한다.

(3) ST: "The City of the Eternal Spring" and "The Beautiful Village" are two of the names that have been given to my hometown. When I was growing up that's exactly what it was, a city of beauty and charm located in a valley where the color green must have been born, and where rainbows made their home.
("상춘(常春)의 도시(The City of the Eternal Spring)"와 "아름다운 마을(The Beautiful Village)"은 내 고향을 부르는 또 다른 이름이다. 내가 자라는 동안에는 꼭 맞는 이름이었는데, 녹색이 태동했음 직 하고, 그리고 무지개가 집을 지었을 계곡에 자리잡은 아름답고 매력적인 도시였다.)

텍스트는 어휘 및 구조의 반복을 활용한다. 예컨대 첫 문단 초반부는 예 4와 같이 어휘의 반복('28')과 대용('한 발씩…')을 모두 사용한다.

(4) ST: Twenty-eight holes, 28 bullets, 28 years old. *One by one*, the 28 shots were fired with wrath from a short distance. *One by one*, they pierced the skin, ripped the flesh, tore the muscles, blew the vital organs away, and then with savage fury, they exploded on their way out of the lifeless body, carrying with them a young man's dreams and tomorrows.

(ST: 스물 여덟 개의 구멍, 탄환 28발, 28세. *한 발씩* 분노의 28발이 근거리에서 발사됐다. *한 발씩* 탄환은 피부를 뚫고, 살을 찢고, 근육을 찢고, 주요 기관을 날려버리고 나서야 숨을 앗긴 몸을 빠져 나와 격한 분노로 폭발하면서 청년의 꿈과 미래를 앗아갔다.)

요약하면 저자는 반복을 포함하는 여러 문체적 기교를 활용하여 매우 개인적인 메시지를 콜롬비아 마약 거래로 발생한 비극에 투영한다. 결과적으로 해당 텍스트는 번역사 훈련을 위한 교실 실험에서 흥미로운 자료가 된다.

4. 학생 번역물

본 장에서는 학생 번역물 중 무작위로 추출한 번역 사례를 논하고자 한다. 학생들에게 제공된 번역브리프는 상대적으로 "충실한(faithful)" 번역을 요하는 방식으로 작성되었는데, 해당 텍스트를 핀란드 교양 주간지 수오멘 쿠발레히티(Suomen Kuvalehti)의 칼럼처럼 번역하도록 제시하였다. 물론 도착 문화(target culture)의 기능을 고려해서 출발 텍스트의 문체상 두드러지는 특징을 무시하도록 지침을 제공할 수도 있었으나 당초 본 연구의 목적은 학생들에게 문체 보존이 매우 중요한 번역 연습의 기회를 제공하는 것이었다.

첫 번째 사례는 "메데인의 가족들"이라는 헤드라인 번역이었다. 앞서 언급한 바와 같이 헤드라인과 캡션은 "*가족/가정*"과 관련된 모든 표현의 출발점 역할을 한다. 따라서 이러한 기능을 하는 헤드라인의 일부("가족들")를 유지하는 것이 중요하다. 표 1은 이러한 출발점 기능을 알아보기 위해 학생들의 핀란드어 번역물을 거의 축어적으로 역(逆) 번역한 결과물이다. 참고로 핀란드어는 "가족"이라는 단어에 대하여 직계 또는 핵가족을 의미하는 '*perhe*'와 삼촌, 숙모, 사촌 등이 함께 사는 대가족 개념의 '*suku*' 등 두 개의 등가가 존재한다. "가족들"이라는 어휘가 주격(*perheet*)이나 부분격(*perheitä*)으로 번역된 경우도 제외하였다. *가족/가정*이라는 어휘가 보존된 번역을 먼저 제시하고, *가족/가정*이 사라진 헤드라인을 아래에 기재하였다.

표 1. 헤드라인 역(逆) 번역

지침이 없는 경우 (N=45)		지침이 있는 경우 (N=37)	
The families of Medellín (메데인의 그 가족들)	24	The families of Medellín (메데인의 그 가족들)	27
Families of Medellín [PART] (메데인의 가족들 [일부])	1	Families of Medellín [PART] (메데인의 가족들 [일부])	1
Medellín, my hometown (메데인, 나의 고향)	2	The different families of Medellín (메데인의 다른 가족들)	1
My hometown Medellín (나의 고향 메데인)	1	The families of the city of Medellín (메데인 시의 그 가족들)	1
The children of Medellín (메데인의 아이들)	1	The families [EXT] of Medellín (메데인의 그 가족들 [확장])	1
		Family life in Medellín (메데인의 가족 생활)	1
		Family life in Medellín [PART] (메데인의 가족 생활 [일부])	1
The drug families of Medellín (메데인의 마약 파벌들)	1	Medellín is ruled by drug families [EXT] (마약 파벌이 지배하는 메데인 [확장])	1
Family life in the shadow of drugs (마약 그늘이 드리운 가족 생활)	1		
계	31	계	35
Life in Medellín (메데인에서의 삶)	3	Life in Medellín (메데인에서의 삶)	1
The inhabitants of Medellín (메데인의 거주민들)	1	Life in Medellín, the centre of the drug world (마약계의 중심, 메데인에서의 삶)	1
The city of Medellín (메데인 시)	1		
Which way, Medellín? (메데인, 어디로?)	1		
Medellín – the city of drugs (메데인, 마약의 도시)	1		
The Medellín cartel (메데인 카르텔)	1		

지침이 없는 경우 (N=45)		지침이 있는 경우 (N=37)	
Will drug destroy Medellín? (마약이 메데인을 망칠까?)	1		
Medellín – hell on earth (메데인, 세상의 지옥)	1		
The two faces of drug trade (마약 거래의 두 얼굴)	1		
The price of drugs (마약의 대가)	1		
Rough game in Colombia (콜롬비아의 거친 게임)	1		
Once upon a time in Colombia (옛날 옛적, 콜롬비아에서)	1		
계	14	계	2

표 1을 보면 지침이 제공된 학생들이 헤드라인 번역 시 *가족*이라는 어휘를 보존하는 경향을 보였다. 반대로 지침 없이 번역한 학생들은 다양한 어휘 조합이 나타났다(헤드라인을 잘 풀어 쓴 경우도 있었다). 표 2는 *가족*과 관련된 표현의 보존 또는 손실 비율을 나타낸다.

표 2. 헤드라인 번역 분포도

지침이 없는 경우 (N=45)	%	지침이 있는 경우 (N=37)	%
비유 보존 (N=31) 비유 손실 (N=14)	69 31	비유 보존 (N=35) 비유 생략 (N=2)	95 5

지침을 제공 받은 학생들의 경우 절대 다수(95%)가 헤드라인 번역에서 *가족* 관련 어휘를 보존하였다. 지침 없이 번역한 학생들은 더 자유롭게 어휘를 선택했는데, 헤드라인 번역의 31퍼센트에서 *가족* 관련 어휘가 보존되지 않았다. 반복이라는 보편소와 관련, 헤드라인은 특수 사례이므로 물론 문제의 소지가 있을 수 있다. 그러나 문체와 관련한 "감수성 훈련(sensitivity training)" 효과라는 측면에서 본 사례는 도움이 되는 측면이 더 크다.

두 번째 사례는 첫 번째 문단 시작 부분의 대용어 문장들이다 (앞의 발췌문 (2) 참조). 학생들의 대안은 표 3과 같다.

표 3. 첫 번째 문단 대용어 문장의 번역

ST: One by one, -One by one,- (한 발씩, - 한 발씩, -)	지침이 없는 경우 (N=45)	지침이 있는 경우 (N=37)
대용어 보존 대용어 변경	27 = 60% 18 = 40%	27 = 73% 10 = 27%

표 3에 제시된 통계치를 보면 지침이 있는 경우와 없는 경우 모두 충실한 번역 경향을 보이고 있는데, 대다수 학생들이 대용어를 보존했기 때문이다. 그러나 지침이 있는 경우 충실성 위주 번역 경향이 강화되었는데, 지침이 원하던 효과를 가져온 것으로 볼 수 있다.

학생들의 세 번째 번역 결과물 사례는 문단 마지막 문장의 어휘 반복에 관한 것으로, 내용은 예문 5(굵은 글씨)와 같다.

(5) 요즘 아이들은 미스트랄(Mistral)의 작품으로 아름다움을 배우지 않는다. 소녀에 대해 가르칠 때 조이스(Joyce) 작품을 필요로 하지도 않는다. 열 다섯 살이면 우리 생각보다 더 많이 알게 된다. 그러나 아이들은 더 이상 꿈꾸지 않는다. **그들은 사고, 그들은 죽이고, 그들은 죽는다.**

표 4a는 학생들이 마지막 문장을 어떻게 번역했는지 보여주고, 표 4b는 대명사 "그들(they)"이 번역에서 반복되는지, 아니면 바뀌는지를 비율로 나타낸다.

표 4a. 대명사 반복 번역의 다양한 사례

역(逆) 번역	지침이 없는 경우 (N=45)	지침이 있는 경우 (N=37)
They buy, they kill, they die. (그들은 사고, 그들은 죽이고, 그들은 죽는다)	13 = 29%	17 = 46%
They buy, they kill and they die. (그들은 사고, 그들은 죽이고, 또 그들은 죽는다)	4 = 9%	5 = 13.5%
They buy, kill, die. (그들은 사고, 죽이고, 죽는다)	8 = 18%	5 = 13.5%
They buy, kill and die. (그들은, 사고, 죽이며, 또 죽는다)	9 = 20%	8 = 22%
기타	11 = 24%	2 = 5%

표 4b. 번역물의 대명사 반복 보존 및 변경 비율

ST: They buy, they kill, they die. (그들은 사고, 그들은 죽이고, 그들은 죽는다)	지침이 없는 경우 (N=45)	지침이 있는 경우 (N=37)
대명사 반복 보존	17 = 38%	22 = 59%
대명사 반복 변경	28 = 62%	15 = 41%

표 4b를 보면 반복이라는 보편소와 시정 조치의 효과 모두 유효한 것으로 보인다. 지침을 사용하지 않은 대부분 학생들(62%)은 대명사 반복을 주저한 반면, 지침을 사용한 학생들은 대부분 (59%) 대명사를 보존하는 경향을 보였다. 이 사례에서는 감수성 훈련이 학생들의 반복 회피 경향을 되돌리는 효과를 가져온 것으로 보인다.

마지막 사례는 가족/가정의 비유 확장(metaphoric extension)에 관한 것으로, 예문 (3)에서 " a valley where the color green *must have been born*, and where rainbows *made their home*(녹색이 *태동했음직 하고*, 그리고 무지개가 *집을 지었을* 계곡)."으로 제시된 내용이다. 학생들의 해결 방안은 표 5에 제시되는데, (1) 두 개의 비유를 모두 보존하거나, (2) 두 개의 비유 중 한 개만 보존하거나, (3) 두 개의 비유를 변경 또는 생략한 경우로 구분된다. 먼저 세 가지 해결 방안의 역(逆) 번역 사례를 하나씩 제시하겠다. (표 5에서 지침이 있는 경우의 번역물 수가 37개가 아니라 35로 제시되었는데, 본 페이지 번역물 2개가 복사 과정에서 실수로 누락되었기 때문이다. 누락된 2개 번역물은 최종 분석 용으로 사용할 예정이나, 프로젝트 초기에 해당 번역물을 자료로 보관해두었다.)

a. 두 개 비유가 모두 보존된 경우:
   녹색이 반드시 태동했음 직 하고 무지개가 집을 지었을
b. 한 개 비유가 보존된 경우:
   녹색이 태동한 것처럼 보이고 무지개의 끝이 있는
c. 두 개 비유 모두 변경되거나 생략된 경우:
   늘 푸른 계곡에 하늘은 무지개로 장식되고

표 5. 가정/가족의 비유 사례 보존 대(對) 변경

가정/가족 비유	지침이 없는 경우 (N=45)	지침이 있는 경우 (N=35)
두 개 모두 보존	22 = 49%	15 = 43%
한 개 보존	16 = 36%	14 = 40%
두 개 모두 생략	7 = 15%	6 = 17%

비유 확장의 반복과 관련하여 학생들은 비록 차이가 크지는 않지만 ST의 "일반적인(normal)" 반복에 비하여 임의성이 증가하는 태도를 보인다. 이러한 이유의 근원은 다루는 텍스트에서 나타나는 현상이 약간 달랐기에 학생들이 해당하는 비유 확장을 규명하지 못한 데 있는 것으로 판단된다. 또, 이러한 현상을 통해 학생들의 번역 단위(unit of translation)가 충분히 길지 않았을 수도 있다. 학생들은 문장 또는 문단 층위에서는 성공적으로 번역을 수행했으나 전체 텍스트 층위에서는 그러지 못했을 수 있다.

5. 결론

본고에서 살펴본 ST 반복에 대한 일부 사례와 이에 대한 학생들의 반응은 다소 앞뒤가 맞지 않는 모습을 보인다. 어떤 경우에는 반복을 회피하는 흔적이 보이기도 하고, 또 "충실한" 번역 원칙이라는 기재가 작동한 경우도 보인다(학교에서 배운 번역 개념이 강한 대학 1학년 학생들에게 전형적인 현상이다). 일부 문체에 대한 감수성 훈련이 결과물로 이어지는 경우도 있으나, 훈련의 효과가 전혀 없는 경우도 있다. 분명 번역 초보자로서 학생들은 전문 번역사들이 공유하는 무언의 번역 "규범"의 내면화가 아직 진행되지 않았다(블룸-쿨카와 레벤스턴, 1983). 더욱이 경험이 적은 작가와 마찬가지로 학생들이 전문 번역사와 같은 체계적이고 경험을 갖춘 작가들의 "좋은 글쓰기 규정(rules of good writing)"을 적용하지 못했을 수도 있다. 실제로 필자의 자료에는 예컨대 영어학 등을 수 년 간 공부한 후 번역 교육을 받은 학생들의 번역물처럼 아주 흥미로운 예외 사례가 있었다. 이 학생들은 고등학교 졸업 후 대학에 바로 입학한 순수 초보자들에 비해 반복을 회피하려는 경향이 더 강하게 나타났다.

본 연구 결과는 예문이 상이한 제반 현상을 다루고 있다는 사실에서도 유추할 수 있다. 향후 "평범한(ordinary)" 어휘 및 구조 반복과는 별개로 의미 확장과 관련된 반복을 처리하는 것이 더욱 유의미할 수도 있다. 또 고려할 수 있는 요소로는 앞서 언급한 교육 환경의 요소인데, 필자와 동료들이 수집한 번역물에 대해서는 아직 체계적 비교가 진행되지는 않았다. 또한 지금까지 필자는 동일한 문체의 특징이 영어와 핀란드어 모두에서 유사하게 작동할 것이라는 직관적 가정에 따라 연구를 진행하였는데 후속 연구를 통하여 직관적 가정 문제를 해소할 필요가 있다. 그러나 전반적으로 필자는 본고에서 논한 현재 진행 중인 교실 실험을 후속 연구에서도 관심을 기울일 것으로 판단한다.

미주

1. 필자가 항상 번역 수업 강좌를 개설하지 않기에 본 자료 수집에 동료들로부터 도움을 받았다. 카리 혼카넨(Kari Honkanen), 카티 마르티카이넨(Kati Martikainen), 티나 푸르티넨(Tiina Puurtinen)의 도움에 특히 감사를 표한다.

참고문헌

Blum-Kulka, Shoshana, & Levenston, Edward A. (1983). Universals of lexical simplification. In C. Faerch & G. Kasper (Eds.), *Strategies in Interlanguage Communication* (pp.119-139). London/New York: Longman.

Laviosa-Braithwaitc, Sara (1998). Universals of translation. In M. Baker (Ed.), *Routledge Encyclopedia of Translation Studies* (pp.288-291). London/New York: Routledge.

Toury, Gideon (1991). What are descriptive studies into translation likely to yield apart from isolated descriptions? In K. van Leuven-Zwart, & T.Naaijkens (Eds.), *Translation Studies: The State of the Art. Proceedings from the First James* S. *Holmes Symposium on Translation Studies* (pp.179-192). Amsterdam: Rodopi.

색인

색인

ㅅ

ㅇ

ㅈ

ㅊ

ㅋ

ㅌ

ㅍ

ㅎ

John Benjamins Series

07 Translation universals

존 벤자민스 통번역 총서 07

번역 보편소

Translation universals

초판 인쇄	2017년 9월 8일
초판 발행	2017년 9월 15일

편저자	Mauranen, Anna and Kujamäki, pekka
기 획	정호정(존 벤자민스 통번역 총서 기획위원장)
옮긴이	조재범
발행인	김인철
총괄 · 기획	가정준 Director, University Knowledge Press
편집장	신선호 Executive Knowledge Contents Creator
도서편집	김민정 Contents Creator
전자책편집	이리나 e-Contents Creator
재무관리	김은혜 Managing Creator
마케팅 파트장	백승이 Chief Marketing Creator
마케팅	박종원 Chief Marketing Creator
발행처	한국외국어대학교 지식출판원 02450 서울특별시 동대문구 이문로 107 전화 02)2173-2493~7 팩스 02)2173-3363 홈페이지 http://press.hufs.ac.kr 전자우편 press@hufs.ac.kr 출판등록 제6-6호(1969. 4. 30)
디자인 · 편집	(주)이환디앤비 02)2254-4301
인쇄 · 제본	네오프린텍(주) 02) 718-3111

ISBN 979-11-5901-236-5 94700 정가 27,000원
978-89-7464-914-2 (세트)

*잘못된 책은 교환하여 드립니다.

HUiNE은 한국외국어대학교 지식출판원의 어학도서, 사회과학도서, 지역학 도서 Sub Brand이다. 한국외대의 영문명인 HUFS, 현명한 국제전문가 양성(International +Intelligent)의 의미를 담고 있으며, 휴인(携引)의 뜻인 '이끌다, 끌고 나가다'라는 의미처럼 출판계를 이끄는 리더로서, 혁신의 이미지를 담고 있다.